文化交流の
エリアスタディーズ
日本につながる文化の道

松原広志・須藤　護・佐野東生 編著

ミネルヴァ書房

はしがき
―― エリアスタディーズの新たな地平 ――

　21世紀の世界はグローバル化の進展と同時に，世界各地域がその文化的，あるいは政治経済的な独自性を主張する，一種のローカル化も進んでいるように見られる。中国やインドをはじめとするアジア諸地域の台頭と存在感・発言権の向上はその端的な例と言えるだろう。その中で，日本は極東アジアの島嶼部という特殊な文化地理的位置にあり，古来，大陸とのヒト・モノ・文化の交流を通じ，独自の文化を展開させてきた。また近代以降は，アジアに先駆けた近代国家としていち早く成功を収めたと言える。しかし今日，アジア太平洋地域をはじめとする世界各国の台頭を前に，日本は難しい立場におかれているという状況も否めない。

　従来，日米を含め世界でなされてきたエリアスタディーズ（Area Studies：地域研究）は，たとえば東アジア，西アジアやヨーロッパといった世界のある地域に特化し，その文化・歴史的実態の究明を主としてきた。したがって細分化され，閉鎖的な研究方法に満足してきた憾みがある。しかし，先に述べたように，一方でグローバル化に伴う新たな現象が起こりつつあり，その例としてインターネットの普及に象徴されるような国・地域の枠組みや境界を越えたヒト・モノ・文化の瞬時で大規模な移動，それに伴う国境を超えた新たなネットワークの形成などが起こっている。これに対応すべく，狭義の地域を超え，多地域を総合的・複合的に理解する，新たな学際的研究の展開が求められていると言えよう。また他方で先述のローカル化に対応すべく，従来の地域研究をさらに深化させ，世界のある地域に対しよりいっそうの理解を得る必要も生じている。いわば，今日のエリアスタディーズは，他の学問領域以上に，学際性，総合性と地域に特化した専門性を兼ね備えた分野となることが期待されているのである。

　同じくグローバル化の波にさらされている日本についても，こうしたエリア

スタディーズの方法を通じて、今日の世界における新たな総合的位置づけ、そして独自性の探求をしていくべきではないだろうか。そのためには、やはり従来の閉じられた日本研究だけでなく、まず世界諸地域との様々な関連性の中で、日本とその文化を捉え直す必要があるだろう。それは、本書の副題でもある、世界諸地域から日本につながる「文化の道」(Cultural Route) を通じた相互の関連性を究明することによって進展していくと思われる。

本書の第Ⅰ部で主に扱う、日本と東アジアとの紀元前に遡る密接な関連性はその最も分かりやすい例であろう。つまり、考古学・歴史学・民俗学等の成果によって、日本人の主食であるコメ、環濠都市の構造といったモノから文字や宗教（特に仏教）といったソフト面に至る多様な文化を伝える道があったことが判明する。それは当然、こうした文化を携えたヒトの移動を伴うものであり、日本文化を形成する上で不可欠であったことが理解できる。特に、日本人がこれらの道を通じて自分たちに有用な文化を選択的に摂取し、出口のない島嶼部という環境の中で新たな融合文化を生み出し、結果として大陸の古代文化の保存にも役立った点は世界でも稀有な事例であったと言える。言いかえれば日本における融合文化の研究は、大陸文化の質の高さや周辺諸民族に与えた影響力と同時に、それを再編して独自の文化を形成した日本文化のしなやかさを再確認するためにも重要であろう。

一方、本書の冒頭で扱う、東アジアを越えて世界に広がる華僑華人の社会は、沖縄（琉球）をはじめ日本各地をも包摂する独自の文化ネットワークを構築してきており、グローバルな視野でエリアスタディーズ、そして日本を捉え直す機会を提供している。それは島嶼部で形成された独自の日本文化が、華人ネットワークとも関連しながら、今日では日本から世界に広がるもう１つの豊かな文化ネットワークに発展していることも示唆している。第Ⅰ部でみるように、その中心の１つに千年の都・京都の文化があり、いわば「文化の道」は京都など複数の結節点を有する双方向的なネットワークを世界に張り巡らす道となっていると思われる。

第Ⅰ部の後半から第Ⅱ部にかけて扱う、欧米から西アジアに至る、より広範な世界との関わりも、上記の日本を軸とする双方向的ネットワークの存在を裏づけるものとなる。江戸時代に遡るロシアとの交流をはじめ、ニュージーラン

はしがき

ドとの 19 世紀以来の関係，さらには正倉院に保存されている文物が証拠となる，古代に遡る西アジアとの交流などは，一般に考えられている以上に融合文化としての日本文化の国際性，およびそのネットワークの広大さを示唆している。また，本書で触れる，アメリカのポップミュージックの受容のあり方や，いわゆる「中東欧」との経済的関係など，必ずしも肯定的とは言えない関係の事例にあっても，今後の日本的ネットワークの再構築を考える上での反省材料として有意義であると言えるだろう。

　以上に述べた世界諸地域と日本との「文化の道(カルチュラルルート)」を通じた多様で双方向的な関係を見ていく中で，予想以上に日本が今日においても国際的に稀有な文化圏であることが認識されていくであろう。こうした日本の再評価が，「グローカル」化，とも表される今日のグローバル化とローカル化が同時進行する世界において，新たなエリアスタディーズの地平，そしてグローバルな日本学の可能性を示唆していくことが期待されるところである。

2011 年 3 月

編者一同

文化交流のエリアスタディーズ
——日本につながる文化の道——
目　次

はしがき——エリアスタディーズの新たな地平

序　章　「アジア地域文化」を考える……………………濱下武志…1
　　1　文化のつながり……1
　　2　「文化」の重なり……2
　　3　東アジア地政文化は今に続いているか……4
　　4　ネットワーク論で考える地域文化のつながり……8
　　5　「混一疆理歴代国都之図」——文化の空間表現……13
　　6　地域文化を考える……16

第Ⅰ部　アジア・太平洋の交流

第1章　移動する文化とグローバル世界——華僑華人の文化ネットワーク
　　　………………………………………………………濱下武志…22
　　1　世界を結ぶ6人の隔たり……22
　　2　文化の移動とネットワーク文化……23
　　3　ネットワーク化する世界——グローバリゼーション……25
　　4　移民ネットワークと移動する文化……27
　　5　華僑華人ネットワークの中の「業縁」と「血縁」……29
　　6　中国の経済発展と華僑華人ネットワークの変化……31
　　7　多様な華人の移民経路と文縁——文化ネットワーク……32
　　8　文化ネットワークによる多様な結びつき……34
　　9　「華人世界」と社会・文化的ネットワーク……37
　　10　ネットワーク論とアジア社会……38
　　11　華人ネットワークについての課題と日本……41

第2章　固有の文化をさぐる旅——アジアの稲作文化を訪ねて
　　　………………………………………………………須藤　護…44
　　1　人文景観に見る「相異」と「共通」……44
　　2　多様な稲作文化の展開……45

　　　　3　日本におけるコメ文化の変容……55
　　　　4　文化の受け皿と固有の文化……67

第3章　集落形態から見る東アジア初期国家の形成過程
　　　　………………………………………………徐　　光輝…73
　　　　1　環壕系集落と初期国家の形成……73
　　　　2　黄河流域における先史時代城郭都市の原型……75
　　　　3　西遼河流域の集落形態……86
　　　　4　稲作の伝来をめぐって……92

第4章　ニュージーランドと日本の知られざる結びつき
　　　　………………………………………チャプル・ジュリアン…96
　　　　1　最初のコンタクト……97
　　　　2　第二次世界大戦——敵対関係のニュージーランドと日本……106
　　　　3　戦後の関係発展……110
　　　　4　知られざる共通点……115

第5章　日本の「エレキブーム」と「グループサウンズ」——1961～1966年
　　　　………………………………マイケル・ファーマノフスキー…119
　　　　1　アメリカの影響を受けた日本の音楽産業……119
　　　　2　日本のポピュラー音楽……120
　　　　3　日本のエレキブーム……128
　　　　4　日本のグループサウンズとその限界……137

第6章　京都とアジア——いにしえからの交流をひもとく……泉　文明…147
　　　　1　千年の都　京都の魅力……147
　　　　2　平安京の造営と唐都風水の影響……148
　　　　3　京都に遺した朝鮮通信使の足跡……150
　　　　4　交流・創造を重ね続ける京都……153

第Ⅱ部　ユーラシアの交流

第7章　江戸から明治・大正期の日露の交流 ……………松原広志…160
1. 日露の遭遇……160
2. 世界の中の日本とロシア──2つの「謎の国」……161
3. ロシアにおける漂民＝日本語教師たち……163
4. ロシアにおける日本イメージ……169
5. ロシア遣日三使節と日本人漂民たち……174
6. 文明開化期の日本とロシア文化……185
7. 今後の日露交流……192

第8章　「東ヨーロッパ」の概念と日本の投資
　……………………………………キグリチュ・イシュトヴァーン…194
1. 冷戦終結と日本……194
2. EU新加盟の背景……194
3. ヨーロッパの概念──歴史的・文化的・学術的な見方の展開……195
4. 中部ヨーロッパ（中欧）……200
5. 中欧の価値観と現在の経済状況……204
6. 中欧諸国の経済事情と日本の経済活動……207
7. ヨーロッパの諸地域と日本……210

第9章　西アジア・中央アジアと日本の交流──飛鳥時代から現代まで
　…………………………………佐野東生／アイスン・ウヤル…213
1. 古代ペルシアと飛鳥の交流……213
2. 近現代のイラン・中央アジアとの交流……221
3. 近現代のトルコとの交流……233

第10章　南アジア・中央アジアからの仏教の伝播と交流
　……………………………………………………三谷真澄…244
1. インドと日本……245

2　中央アジアと仏教……252
　　3　中央アジアと大谷探検隊……258
　　4　日本と仏教文化……262

索　　引……270

序　章

「アジア地域文化」を考える

濱下武志

1　文化のつながり

「文化」の内容は広くて深い。捉えどころがないようであるが，そもそも捉えどころがないところを捉えようとする対象が「文化」であるとも言える。近代分析科学の対象外に位置している対象であるとも言える。たとえば「若者文化」と言うときなど，これまでの通念ではなかなか理解しがたい斬新さや異端性を意味している。ひるがえって，「伝統文化」と呼ぶときなどは，何か地域に根ざした動かしがたい歴史の重さを持った慣習であることを示すことがある。同じ「文化」の表現でも，とてもかけ離れた使われ方である。

文化の現れ

文化の表象も，それが感性や精神の活動に深く関連しているところから，文字資料に限らず，広く非文字資料を含んでいるが，文化は，まず「ことば」としてわれわれの前に現れる。そしてわれわれの生活の中で，1つの言葉の中に，またその背後に，様々な事柄と感性の重層と相互のつながり，人と人との相互の影響を見ることができる。ここでは，このように文化のつながりと，そこでつながる生活を織りなしている「手」，すなわち文化の「文（あや）」を考えてみよう。

長崎ちゃんぽんに見る食文化のつながり

「ちゃんぽん」という言葉が沖縄にもあり，長崎（日本）にもあり，さらに韓国にもあるということの理由や背景を例として，文化のつながりや背景を見

てみよう。食物について見ると，沖縄のチャンプルーは，ゴーヤチャンプルーというように，ゴーヤ（苦瓜）を他のものと混ぜた炒め物であり，豆腐チャンプルーやソーメンチャンプルーについても同様である。ここでは，混ぜ物という一般的な表現がチャンプルーとなっている。しかし，「長崎ちゃんぽん」というときには，ちゃんぽんという表現は同じであるが，混ぜ物の意味と背景が異なっている。すなわち，長崎ちゃんぽんは，西洋風・中華風・和風の食べ物あるいは調理の仕方が混ざり合っているという意味であり，背景により文化的な違いの意識が働いているようである。また，韓国におけるちゃんぽんという料理は，中華風のラーメンを唐辛子の粉で表面が真っ赤になるまで覆ったものである。一見ラーメンであるが，背景は中国風と韓国風が交じり合ったものであるということのようである。

交じり合う文化

これらの事例は，同じ「ちゃんぽん」という表現でありながらその内容とするところはそれぞれに異なるということである。背景には，より広い文化圏の存在を窺わせるものがある。南から北へと伝播した言葉であるとするならば，海洋文化としてのマレー世界文化圏の広がりと無関係ではないはずである。確かに，マレー語のチャンプーは"混ぜ合わせる"という内容である。そしてマレー語世界は，さらにその歴史的背景として，パーリ語やサンスクリットにどのようにつながるかという，源流をたどる課題も視野に入ってくる。ここでは，「ちゃんぽん」，「チャンプルー」がつながる「手」となって，食文化のつながりと同時に多様な受容のあり方を見ることができる。

2 「文化」の重なり

文化の範囲は人々の様々な生活のあり方，すなわち，自然とのかかわり，時間や空間の扱い，人々の間の交流や交渉，さらには，紛争や対立への対処の仕方，価値評価や価値判断などにおける長い歴史の中の知恵や工夫，伝統や習慣，倫理や道徳，さらには自然崇拝や信仰・宗教などを含む。これらの極めて広い範囲は，学問という領域や分析的な論理を超えた，感性や主観，価値観などの

領域にも及んでいる。

　文化は英語のカルチャー（Culture）の訳語であると言うことができるが，歴史的に振り返るとそう簡単ではない。そこには，①日本文化の中の使われ方，②中国・東アジア漢字文化圏の歴史的な使われ方，③西洋との出会いから生じた知的・文化的な刺激や，日本語としての外来語という使われ方がある。これらの文化という言葉を概念的に捉えると，どのようになるだろうか。

やまと言葉の「文（ふみ）」

　文化という字は文と化の2つからなっているが，それぞれはどのような背景を持っているのであろうか。文は，日本語の中では，文字や「ふみ（手紙）」を表している。文は文字の綾（あや）であり，手紙によって自らのメッセージを伝える。ここで見るように，手紙は，現在の「文化」の内容と関係がないように見えるが，その後，文武などと使われる場合，文字・文章を読み，また書くことができる力や環境は，社会的に貴重な条件となっていたことを表していたことも見逃せない。

儒教の文化──「文に教化すること」

　「文化」という熟語は，儒教の秩序意識から導入された。言葉通りに解釈すると「文」に向けて「化」する，ということである。儒教の華夷秩序認識から見ると，朝貢・互市（ゴシ）という影響力が及ぶ範囲のさらに外側は，「化外の地」であり，中心からの影響力の及ばない領域であり，文に化することができない地域という意味である。「文化」は，統治者・為政者から見て，統治（「文治」）の影響力を民衆や外地に行使する一種の政策である。歴代皇帝に「文帝」など「文」字を持つ皇帝が登場したり，日本においても，「大化」と表現されている例は，このような統治＝教化を行うという「文化」を指している。

　したがって，同じ「文化」という表現でも，江戸時代第11代将軍家斉時代の後半に，文化（1804～1817）期，文政（1818～1829）期とある「文化」に見る「文」と，文「ふみ」や「文字」とは来源が明らかに異なっている。

ヨーロッパCultureの翻訳語としての「文化」

「文化生活」や「文明開化」などの文化や文明と，上記の「文」や「文化」は異なるのか否か。明治維新を経て，ヨーロッパにおける"Culture"の翻訳語としての「文化」が使われるようになる。これは，近代化＝西洋化＝工業化を目標とした近代日本において目標とした，ヨーロッパにおけるCultureの翻訳からきている。これは，ヨーロッパにおける人文主義に基づく人間の啓蒙や修練さらには知性を強調する時代の表現である。ここから，日本や他の東アジアにおける文化という用法の時代的な違いと同時に，それらが重層している側面も浮かび上がる。

以上に見てきたように，これらの文化という表現をめぐる歴史的・地域的な違い——主体の置き方によって異なるとも言えるが——は，やまと言葉，中華，西洋人文主義，などによって異なる内容を示してきた。今，これらの違いは，時代的な，地域的な，そして内容的な違いとして表現されているが，文化という概念はこれらから1つを選び取るというのではなく，また，東西比較として対比するのみではなく，文化概念それ自体が持つ多様性・多層性であるとも言える。ここでは，「文」や「文化」が「手」となって，地域文化のつながりや，時代的な比較による相互間のつながりを見ることができた。文化という概念は，人文・社会科学においては，政治・経済・社会と並んで文化と呼ばれる独自の領域を持つと同時に，政治文化・経済文化・社会文化などとして組み合わされた文化を考えることによって，よりいっそう特定の地域の特徴を多様に表現することを可能にしている。

3　東アジア地政文化は今に続いているか

東アジアを広く東北アジアから東南アジアまでに跨る地域としてのつながりであると考えて見たとき，そこには，歴史的にはどのような地域文化像が登場したであろうか。ここで「地政文化（Geo-culture）」と言うとき，地理的空間としての地域ではなく，人文的な社会的空間における地域文化を指す。また，時代的に見て，同時代の知識人たちは，どのようにして自らの文化的な位置を測

序　章　「アジア地域文化」を考える

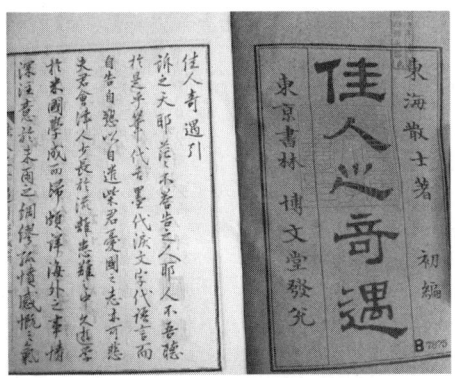

図 0-1　東海散士の『佳人之奇遇』
（東京書林博文堂, 1885〜89年）

図 0-2　『佳人之奇遇』の挿図

り，文化的な空間を設定したのであろうか。19世紀中葉以降の近代という時期においてこの動きを考えてみよう。

グローバル的視野のアジア論——東海散士の『佳人之奇遇』

　明治期の日本において，東西の対比やヨーロッパの衝撃論からでないアジア論は，果たして存在したのであろうか。また存在したとすれば，それはどのようなものであったのであろうか。また，どのように論ぜられてきたのであろうか。

　明治知識人のグローバルな視野を探すことは必ずしも難しいことではない。むしろ，これまで，福沢諭吉と岡倉天心のみがあたかも近代日本の近代化論や

アジア論の代表として扱われすぎてきたとも言える。政治小説のジャンルの中で当時の国会議員を務めた柴四郎（筆名は東海散士）によって書かれ，多くの読者を得たグローバルな近代文化論を見てみよう。

東海散士の『佳人之奇遇』（図0-1）は，全4編に及ぶ，十九世紀後半の政治小説である。作者柴四郎は，従来近代日本の西洋化を論じた知識人として議論されてきた福沢と岡倉とは，基本的に異なる視野と方向性を持っている。すなわち，この歴史小説に著された世界論・時代論さらに女性論にまで及ぶ一連の議論，そして挿絵を取り込んだ画報スタイルの表現形式は，当時の時代性に基づいた世界認識をより明確に示していると言うことができる（図0-2）。同書は，主人公がアメリカのフィラデルフィアの自由の塔（インディペンデントホール）で，没落するスペイン帝国や清朝（1636～1912年）の末裔の子女たちと出会い激動する時代を憂う会話をおこなう。いわば，近代の過程を旧帝国の没落という側面から見ており，そこでは新時代の登場と旧権力の交代という文脈ではなく，むしろ旧帝国の持つ長期の安定性や，帝政末期における社会の激変が強調されている。そしていわゆる「近代」の新勢力は，不安定かつ暴力的，さらに異質なものとして描かれ，総じて近代が持つ流動性や限界性を特徴づける議論になっているという点は，極めて興味深い。

東アジアが歴史的に共有する漢字文化

この『佳人之奇遇』は，清末の知識人梁啓超によって同名の『佳人之奇遇』としてその一部が翻訳され（「佳人奇遇」『飲冰室専集之八十八』上海中華書局，1898年，1-220頁），さらにそれがまたベトナムの潘周楨（Phan Châu Trinh）によってベトナム詩に翻案されている。すなわち，東海散士（柴四郎）の世界観あるいは帝国観，さらには革命観は，東アジアの知識人によって共感され共有され得るものであり，ヨーロッパとアジアを，あるいは日本とアジアを文明と非文明として対比するのではなく，それぞれの旧体制の特質から「近代」国家を考えさせる内容となっていると言える。

同時代のアジア概念を見ても，井上哲次郎・有賀長雄『哲学字彙　附梵漢対訳仏法語藪・清国音符』（図0-3）では，"Orient"を「東洋」と訳して，東アジアの伝統的表現に視点を置くアジア論へと変換し，"Economics"を「家政

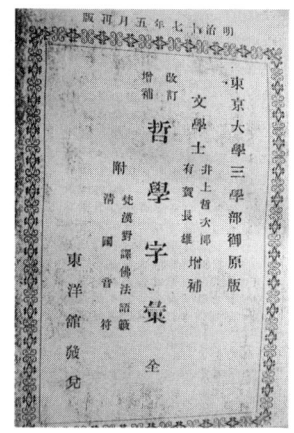 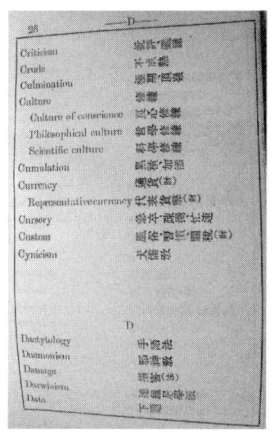

図0-3 『哲学字彙 附梵漢対訳仏法語藪・清国音符』(東洋館，1885年)

図0-4 『哲学字彙 附梵漢対訳仏法語藪・清国音符』の一部

／理財学」と訳している。また，"Category"（範疇）については，「按書洪範，天乃錫禹洪範九疇，範法也，疇類也。」と割注し，「洪範九疇」に由来したとする。また，「経済」は「経世済民」に拠っているように，現在においても活用されている概念のいくつかは，中国古典の4字句を2字句に短縮したものであり，東アジア知識人の間に共有されている中国古典に基づいた漢字文化である（図0-4）。

　西洋に対する「アジア」の対応においても，それをアジアから見ると，共通の受け止め方があると言える。「近代」韓国の知識人兪吉濬による福沢諭吉の『西洋紀聞』（『福澤全集　巻一』［時事新報社，1899年］）の翻訳である『西洋見聞』（開国498年：1891年）は，アジア概念と西洋概念とを比較しうる代表的な例である。そこでは，西洋からの概念を翻訳する際に，直接の導入や仮借の概念のほかに，在来のまた在地の概念による説明が存在している点が注目される。

　他方，東海散士に見られる歴史論・帝国論・世界論・革命論はどうであろうか。理想主義的でありすぎるかもしれないが，グローバルな視野の中にアジアを位置づけようとしている。そこにおけるアジアは決して閉塞的ではない。むしろ閉塞的かつ排他的なアジアやアジア・ナショナリズムを批判するものであり，アイルランド独立運動に対するイギリスの対応などの面においては西洋の

植民地主義をも批判するものであったと言える。そこにこそ，清末の梁啓超や20世紀初頭のベトナム知識人潘周楨が，世界論として受け止めた東アジア共通の知や知性が表現されていたと見なすことが可能であろう。そこには，多様なアジア視野，世界視野，国家視野が重なり合ったアジアの地政的文化の基層とも言うべき文化空間を窺い知ることができるのである。

地域文化の中の文化ナショナリズム

近代世界史にあって，オスマン王朝・ムガール王朝・清王朝などのアジアの旧帝国では，それらとどのように区別された国家を作るのかという課題に条件づけられた近代化が試みられたと言える。そのため，民族主義国家主義などのナショナリズムが形成された。しかし，福沢諭吉の「脱亜論」に見られるナショナリズムは，実は旧帝国に対して距離を置くものとして主張されたと言える。このように選択されたナショナリズムは，アジア旧体制への批判としてのそれであったと言える。いわゆる明治期近代知識人の一部は，近隣諸国と格差をつけるために近代化を行うという方法でナショナリズムを選び取ったと言うことができる。しかし現実には，アジアの知識人たちは，隔離されたナショナリズムの方向ではなく，世界論に展開する帝国論やアジア地域文化を論ずることができる，相互に通底する知的な歴史的基盤の上に立っていたと見なすことができるのである。

4　ネットワーク論で考える地域文化のつながり

地域文化という文化と地域の結びつきについては，人文地理，地勢論，地名学，風土論，などの範囲と分野において様々に検討されてきた。伝説や説話などとして言い伝えられている伝統文化についての研究も極めて豊富である。民族学や民俗学として積み重ねられ，また絶えず新しく発掘されている様々な地域文化の中の生活習慣がある。そこでは，それぞれの地域に特有の何かを導き出すことが試みられている。

ただ，少し立ち止まって考えてみたいことは，それぞれの地域が持つ文化的な特徴とは，果たしてどのような条件の下で作られてきたものであろうか，と

いうことである。そこでは，他の地域との文化の往来はないのだろうか。実際には，他の地域との相互影響の下で形作られた地域文化の特徴を，われわれは，あたかもその地域のみの特徴として表現しているだけではないだろうか。

たとえば，隣接する地域がある特徴を持っており，そことの交流や交渉の結果として，その当該地域は自らの特徴を表しているということはないであろうか。ここに，比較や相互検討を行うという課題が生まれる。さらに，この比較は，異なるそれぞれを比べて，似ているところ，あるいは異なるところを指摘すれば足りるであろうか。むしろ，この相互に比較すべき両者は，ともにその基層に共通の地域の特徴を共有しており，その下ではじめて交流や交渉が可能となり，さらにそれぞれが歴史的に独自の特徴を表現する過程を共有している，とは言えないであろうか。すなわち，これら両者は，分業関係にあり，さらに両者を包み込む1つの特徴を形作っていると言うことはできないであろうか。文化の伝播，受容，起源，影響関係などを検討する目的は，できるだけ大きく包み込む文化を探し求めることにほかならないと言える。

東アジアの文化領域を歴史的に見てくるとき，様々な文化領域において相互のつながりや共通性が確認される。共通性の表れ方は一様ではなく，それぞれの地方に特有の表れ方があるが，それらは一定の上位文化を共有している場合が多い。たとえば，東アジアは漢字文化圏とも形容されるように，歴史的には中華文化による漢字を用いていた。それらを基礎としながら，その後，日本では片仮名・平仮名，朝鮮・韓国ではハングル，ベトナムではチュノムなど，独自の表現手段が工夫された。また，中華文化の下に，それを通して，律令制度・仏教・皇帝制度・儒教が継起的に，または同時に受け継がれてきた。

他方で古来，いわゆる陸と海のシルクロードを通じて，遠く地中海・西アジア・南アジアの文物が往来し，鉄器をはじめとする技術や仏教など宗教文化も伝播してきており，ユーラシア規模の上位文化の影響もあった。さらに近代になると，ヨーロッパのみならずアメリカやオセアニア地域といった，近代の上位文化を背景にした環太平洋の交流も顕著となっている。東アジアは中華文化をはじめとするこれらの上位文化が歴史的交流を通じて重層的に重なり，地域ごとに異なる受容・発展の仕方を示してきた。その中にあって日本は，シルクロードの終点にして太平洋の西端に位置しているため，東アジア，ユーラシア，

そして環太平洋規模の様々な文化的枠組みをそれぞれ重層的に受容し，独自の発展を遂げてきたと言えよう。

今このつながりを，文化ネットワークという視点から取り上げてみたい。

昆布の道——ネットワーク論で考える文化の型とその伝播

文化は人間社会における「社会ネットワーク」のあり方を示すものである。そこで，ネットワーク（結びつき）のあり方を考えることによって，文化の内容と特徴を見ることができる。ネットワークという概念は，現在でこそ情報革命以降の情報ネットワークとして広く知られているが，たとえば社会学の分野においては，家族の結びつきが，実際には広範囲な社会的ネットワークによって維持され機能していることを議論するための方法として，ネットワーク概念が用いられている。ネットワークそれ自体が現代社会の特徴を表していることから，今後の文化研究の領域においても検討が可能であると考え，ここでは，文化のつながりと伝播をネットワークという視覚から考えてみよう。

食文化のネットワークと食文化圏という捉え方も，文化のつながりを表す大切な指標となっている。しかも，その地域文化の特徴を表す大切な対象であると同時に，文化の流動や伝播を示す対象でもある。歴史的には南北関係という方向と東西関係という方向の伝播や受容の事例，海と陸との交流，異なる気候・風土の間の交流や交渉が見られる。

今，北海道から琉球・沖縄を経由して中国に輸出されていた「昆布の道」を考えてみよう。「シルクロード（絹の道）」はよく知られた文化の道であるが，すべての地域文化には内外を結びつなげる「道」が必ず存在している。「塩の道」，「鯖街道」など，枚挙に暇がない。

昆布の道は，江戸時代から北海道産の昆布が，本州沿海を南下して琉球に至り，その後，琉球と清朝との朝貢貿易によって福州に上陸し，その後内陸各地へと流通するという移動を指す。琉球に産しない昆布が北海道から移出され，長崎からの俵物輸出と同じように，琉球と清朝との朝貢関係という歴史的交流関係を通して移動し受容されている。昆布は，ヨードの補給源として，内陸では不足しがちな重要な栄養素であり，不足するとバセドー氏病として甲状腺に問題が発生する。この歴史的な昆布の道に起因して，現在においても沖縄県は

昆布の1人当たり年間消費量が全国1位である。

　琉球の朝貢貿易は，中国（福州）との関係のみに留まらない。琉球から中国への朝貢品のうち重要なものは，東南アジアの特産物である蘇木(そぼく)（赤の染料を取り出す）と胡椒であったことから，琉球国王はこれらの朝貢品を調達するために，使節をシャム（アユタヤ），パレンバン，マラッカなどに派遣した。この東南アジア諸地域との交流の結果，琉球へは多くの東南アジア特産品がもたらされ，琉球の食文化を育むことになった。その第1は，シャムからの米の到来である。食用のほかに，琉球特産の焼酎である泡盛（あわもり）は，タイ米が原料であり，タイの地酒ラオカオと同じ黒麹が用いられている。さらに琉球の食文化の南方経由の特徴の1つに，ゴーヤ（苦瓜）がある。味の5要素の中の苦味は，南方の味覚圏に入っており，北方は塩味を中心とする味覚圏である。

　朝貢という広域地域秩序を上位文化理念として，朝貢貿易時代からの琉球とシャムとの交易と交流は長い歴史を持ち，食文化のほかに，陶磁器の壺屋焼への影響が見られる。東南アジアから東アジアへの，琉球を経由する文化の道を見出すことができる。同時に，北の朝鮮半島，とりわけ済州島と琉球との社会・文化的つながりも注目される。

　この方向とは逆に，東南アジアから南アジア，西アジアを経由し，地中海・ヨーロッパに至る胡椒交易の海上ルートも存在した。これは大航海時代以前に主にインド・イスラーム商人，そしてヴェネツィアなどの南欧商人によって営まれた，東アジアの「朝貢貿易」の範疇に属さない，もう1つの文化の道であったと言えよう。このように，東アジアの文化ネットワークは重層的に重なり，中華的秩序を上位理念として発展しながら，それを超えたユーラシア規模の広がり・つながりをも有していたのである。

シンガポールとチェティアの金融ネットワーク

　ここでは，シンガポールにおけるヒンドゥー教とインド系移民をつなぐ金融ネットワークについて見てみよう。

　歴史的に見て，マレー島にまたがったイギリスの海峡植民地では，インド系移民と華人系移民とが交差している。シンガポールにおいて，インド・タミル系チェティア（Chettiar）移民は金融業に特化しているが，彼らはインド系に

対してだけではなく，華人系移民に対しても金融をおこなっている。金融業者から華人系移民実業家が資金を借り受け，約束手形を現金化できずにチェティアから訴えられるという事例もある。チェティアの金融業は，ヒンドゥー教の宗教的な儀式と結びつけられている。チェティアの寺院は，信仰の中心であると同時に金貸し業者にとっては経済活動の中心でもある。寺院はチェティアが金を借りる銀行として機能する。そしてこの借りるという行為は，自発的というより，どちらかと言えば義務的である。実際はこの借りるという行為に宗教的な意味が付与されると言ってよい。この寺院基金は，企業の投資総額ならびに利益のうちから，ある一定の比率を自発的に寄進したものが蓄えられたものである。これはマハマイ（Mahamai）と呼ばれる。この一部が直接チェティアに貸し付けられるが，その額は，企業の規模と能力に比例して配分される。寺院基金からこのようにして使われる資本は，ヒンドゥー神のムルガン（Murugan）を直接的に彼らのビジネスに引き込むものとして，宗教的に特別な重要性があるものとして考えられているが，寺院の墓地費用の支出などによって，この部分は次第に減少している。寺院はまたチェティアの商業会議所としても機能している。シンガポールにおいては1931年に創設された。

　他方，チェティアは常に寺院基金から金を借りるわけではなく，必要に応じて相互に融通しあっている。これも寺院において規律づけられている。たとえば，長期・短期貸付の利子率は，毎月1回ムルガンの吉日であるカルチガイ（Karthigai）の日に寺院において決定される。長期貸付の利子は，公的な金融市場におけるプライムレートよりやや高めに設定され，複利である。また短期は長期よりやや高めに設定され，短期も1日計算でかつ複利である。このように信用貸付がチェティア相互に行われるとき，ムルガン神が神聖な立会人と見なされ，またいかなる口約束や取引に対しても，最高の立会人とされる。不誠実あるいは不正は，神聖な神を冒涜したものとして罰せられるという運命に至る。

　ここには，2つの型のネットワークが示されている。1つは，ヒンドゥー寺院の宗教的な役割を中心に置いた厳密な求心的な結びつきを求めるネットワークであり，特定のメンバーによってのみ共有されている。いま1つは，外に向かって，ここでは金融業を営むというビジネスに関連した投資のネットワーク

序　章　「アジア地域文化」を考える

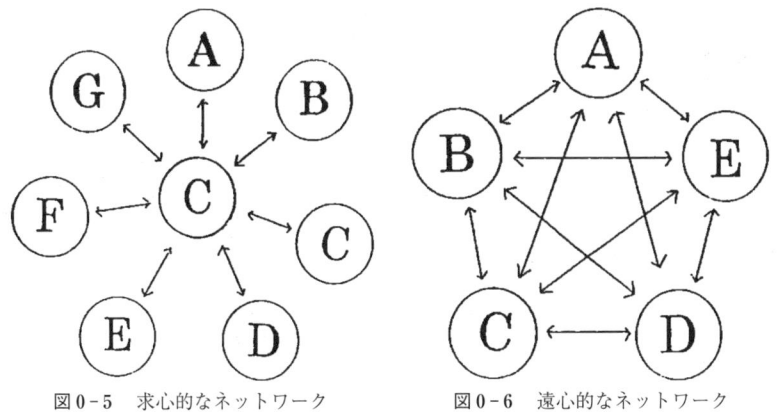

図0-5　求心的なネットワーク　　　図0-6　遠心的なネットワーク

であり，外に向かって遠心的に作用している。このようにネットワークが，自らの内部の結びつきや外部への展開を保障しながら組み合わされていることが分かる。求心的なネットワーク（図0-5）は，グループ内部の結びつきを強めるときに強調され，遠心的なネットワーク（図0-6）は，自分たちの行動を外に向かって広げ展開しようとするときに活用される。これらは，社会的・文化的機能の収縮と拡散としての動態を示していると言えよう。

5　「混一疆理歴代国都之図」——文化の空間表現

14世紀末に明朝の都の北京に派遣された朝鮮王朝の官吏金士衡は，いくつかの地図を持ち返った。それらに朝鮮半島図と日本図を合成し，一枚の世界地図を1402年に作成した。それが複製されその一枚が龍谷大学大宮図書館にある「混一疆理歴代国都之図（コンイツキョウリレキダイコクトノズ）」である。「混一」は「合成」を意味し，「疆理」は辺境管理の役所名である。

「混一疆理歴代国都之図」（龍谷大学大宮図書館所蔵）（図0-7）に注目する現代的課題が，グローバリゼーションの歴史文化研究への影響として登場している。それは，これまでのヨーロッパが中心となって世界を作り上げてきたという歴史，すなわち16世紀以降のポルトガル・スペインに始まるとされる世界史に対して，それ以前はどのような世界があったのかという関心に因っている。

図0-7　混一疆理歴代国都之図（龍谷大学大宮図書館蔵）

マルコ・ポーロによって発見されたモンゴル帝国（1206〜1634年）やチンギス・ハーン（在位1206〜1227年）などの東方の文明は，その体験や記載の真偽について，近年改めて注目されている。

　他の事例として，1405年から30余年にわたって繰り返されたいわゆる鄭和（ていわ）の西洋下り（鄭和の征西）に関する議論がある。同時代の琉球王国の朝貢貿易資料『歴代宝案』などによっても，鄭和および同時代の海洋活動の広がりとその影響は，改めて近代以前の世界が想像以上に大きかったことが明らかにされつつある。1402年という「混一疆理歴代国都之図」の作製年代は，この鄭和の大航海の時期や琉球王朝の東南アジアへの交易活動のピークと重なっている。この年代はまた，すでに中世アラブの大旅行家・イブン・バットゥータがイスラーム世界の西の果て・モロッコからはるばるメッカ巡礼を経て南アジア，そしておそらく東アジア方面まで大旅行を敢行した半世紀後である。さらには，ちょうど中央アジアに発して西アジア一帯を征服したトルコ・モンゴル系のイスラーム帝国・ティムール朝（1370〜1507年）のティムール大帝がトルコのオスマン帝国（1299〜1922年）を破り，鄭和の属する明朝（1368〜1644年）に征服の矛先を向けようとする直前でもあった（ティムールの急死によって実現はしなかった）。すなわち，この地図はこうしたユーラシア規模の動向，そして鄭和の

艦隊も訪問したとされるアフリカまでも含む，当時の壮大な世界的つながり・ネットワークを示す「世界地図」と思われるのである。

世界地図か，世界図（天下図・華夷図）か
「混一疆理歴代国都之図」に対しては，これまで主に「世界地図・世界地理図」としての検討が行われてきた。他方では，これとは異なる接近方法として，同時代人の世界観・天下観が地理認識を通して表現されたという捉え方がある。東アジア地域の同時代的な視野から論ずるならば，世界図・文化地図としての「混一疆理歴代国都之図」という位置づけも可能であろう。コロンビア大学のガリ・レドヤード（Gari Ledyard）教授は，「天下図」と「混一疆理歴代国都之図」の間には，内陸大陸部が展開したという相互転移関係を見ることができると論ずる。中央アジアの西域を界限とする天下図が「混一疆理歴代国都之図」と関連づけられるという考え方は，中国を中心とする東アジア地域の自他認識や世界認識を考える上で，異なる観点を提供するものである。ただし，このような作製の意図は，具体的な地図表現にはどのように表されているであろうか。タイトルが「混一疆理歴代国都之図」と，世界図とはされずに一つの地域の図としてつけられていることと，地図の広がりとの間に開きがあることも，天下図という意図を表しているのであろうか。歴史文化地図としての検討がよりいっそう求められている。

琉球の登場と琉球＝日本＝朝鮮半島の歴史文化情報
モンゴル時代に登場した琉球は，朝鮮＝中国の朝貢貿易と不可分の関係にあった。モンゴル時代に朝鮮は，大都への朝貢品として胡椒の朝貢を求められたが，遠く東南アジアに赴いて胡椒を確保することは困難であった。その後，琉球が長距離の海路の中間にあって胡椒を中国への朝貢品として送り続けることになる。琉球王朝の朝貢使節の記録である『歴代宝案』に現れる琉球は，環中国海の各地を結びつける交易ネットワークセンターであったが，そのことの地図上の表現と，天下図の中の琉球の地図上の位置，朝鮮半島から見た琉球と日本との関係表現は主体をどこに置くかによってそれぞれに異なっていたと言える。歴史文化地図への地理情報の取り込みが，主体の位置によって異なってい

ることが分かる。

　この地図の海の色は緑であり，これはイスラームの描く海の色である。この地図は，明朝初期に中国に使した朝鮮の金士衡が持ち帰った元代の中国図に，朝鮮図と日本図が書き加えられ，モンゴル高原・ロシア・ヨーロッパやさらに東南アジア・インドからアフリカまでをも含んだ地図として作成されたのであった。いわば，中国・朝鮮を中心とした天下図としての面と，モンゴル帝国（その伝統は当時のティムール帝国によって継承されていた）の世界認識をも反映した世界地図としての両面を備えた，ユーラシア的規模の歴史文化地図であったとも評価できよう。

6　地域文化を考える

　地域文化を考えるということは，文化が地域的な特徴を持っており，地域空間において表現されるという特徴を持つという視点からする取り組みである。もちろん，より根源的に，文化は衣食住という人類に共通する領域として検討することも可能であり，他方，文化の究極の評価のあり方として，「真」，「善」，「美」という価値を頂点に置く捉え方もある。ただし，ここで言う地域文化という文化問題への取り組みは，地域という空間と，地域が持つ歴史に注目する。

　そこではさらに，1つの地域には1つの文化の特徴がある，という捉え方のみではなく，地域間関係によって構成される複合的な，また相互分業的重層な文化構造や，それぞれの要因の組み合わせの変化によって引き起こされる地域文化の動態にも注目する。そこにおいては，収斂し凝縮する排他的な集中力を持つ文化や文化アイデンティティと，これとは対照的に開放的な多様性を持ち，複合したり分業関係を構成することによって，より大きな文化領域を形成する包括的な文化表象も存在している。

　これに反して，あるいはそれゆえにこそと言うべきかもしれないが，文化の領域にも近代国家の領域観と境域観の主張が入ってきたことによって，また，アジアにおける国家形成の特徴として，民族が根拠となった国家と国家主権が示されてくることになる。そこでは，文化政策としてまず民族が原理化され，あたかも民族には本来根源的な特徴が備わっているという政策がとられること

になり，国家と民族という，本来後発的に付与されてきた特質が前提となりまた出発点としての普遍性の下に位置付けられることになった。この結果，文化に対しても，国境と国籍が刻印されるようになり，それらを跨いで形成される文化領域は，視野から遠ざけられるようになる。

　このようにして，特に近代以降のアジアの地域文化は，主体の特徴を表現するために，それぞれの違いを明らかにしようとする概念装置や政策原理であるとする側面を強く持ってきたということができる。そして，ときにはこの自己認識が原理的に求心的に深められ，自他に優劣をつけたり，また排他的に過度に強調されることによって歴史的には様々な摩擦を引き起こしてきた。しかし同様に，歴史的に文化の動態を考えてみると，違いがあるからこそ，文化は多様に流動し，相互に影響し，その中で違いは分業関係を形成することによってより広い地域文化圏を形成してきたと見ることができる。近代世界における近代文化をめぐって生じたこれらの地域文化間の摩擦や衝突に対し，現代世界におけるグローバリゼーションの動きの中で今一度，文化間相互のつながりを通してそれらの上位理念が構想され，社会生活により適合し，それをより充実させていく文化的条件の共有と深化に向けた様々な試みがなされなければならないと考える。

　以上の視点を基に，本書では，現代のグローバル化が進行する世界の中で，広義・狭義の地域文化が果たす役割とその意義を再考する。特に琉球の事例で示したように，日本とのかかわりの中で，東アジア・東南アジア，そしてユーラシアや太平洋に広がる世界の諸地域がいかなる文化ネットワークの下で交流してきたかを考察していく。この目的のため，本書は第Ⅰ部，第Ⅱ部において世界を2つの広域の地域文化圏，すなわちアジア・太平洋地域と，ユーラシア地域に分けて，その中における狭義・個別の地域文化と日本との交流について，歴史的視野を念頭に置いて考察していくこととする。この試みによって，ちょうど先に述べた「混一疆理歴代国都之図」が中国・朝鮮的天下図とモンゴル的世界地図を複合的に示す文化的世界地図であったことにも似て，日本を軸とした新たな複合的文化ネットワークの世界地図が作成できるかもしれない。そしてこの文化地図が，日本にかかわる人々が21世紀という未知の大洋に乗り出す際の新たな羅針盤となることが期待される。

参考文献

伊波普猷『古琉球』（1912年初版）岩波文庫，2000年。
井上哲次郎・有賀長雄『哲学字彙　附梵漢対訳仏法語藪・清国音符』東洋館，1885年。
海野一隆『地図の文化史――世界と日本』八坂書房，1996年。
尾本恵一ほか編『海のアジア5　越境するネットワーク』岩波書店，2001年。
尚弘子・渡辺茂編『沖縄の長寿』学会センター関西，1999年。
申叔舟『海東諸国記』（1471年初版）岩波文庫，1991年。
銭国紅『日本と中国における「西洋」の発見――19世紀日中知識人の世界像の形成』山川出版社，2004年。
東海散士『佳人之奇遇』東京書林博文堂，1885～89年。
濱下武志『沖縄入門』ちくま新書，1997年。
濱下武志『香港――アジアのネットワーク都市』ちくま新書，1996年。
福澤諭吉『西洋紀聞』（『福澤全集　巻一』）時事新報社，1899年。
溝口雄三ほか編『漢字文化圏の歴史と未来』大修館書店，1992年。
兪吉濬『西洋見聞』（開国498年）1891年。
芳井研一『環日本海地域社会の変容』青木書店，2000年。
梁啓超「佳人奇遇」『飲冰室専集之八十八』上海中華書局，1898年。

＜日本の文化に関する文献＞

大林太良『神話の系譜』講談社学術文庫，2002年。
佐伯彰一・芳賀徹編『外国人による日本論の名著――ゴンチャロフからパンゲまで』中央公論社，1987年。
宮本常一『日本文化の形成』講談社学術文庫，2005年。
米山俊直『いま，なぜ文化を問うのか』日本放送出版協会，1990年。

第Ⅰ部

アジア・太平洋の交流

第Ⅰ部　アジア・太平洋の交流

　アジア・太平洋地域は，地球最大の海洋である太平洋をひかえ，その周囲に日本，韓国，中国，東南アジア，アメリカ，オーストラリア，ニュージーランドなどの国々，そして南太平洋の島嶼部を擁する広大な地域である。

　近年の人類学や考古学研究の新たな展開により，日本文化のルーツは氷河期が終わった約１万年前，いわゆる縄文時代の初期にまで遡り，しかも遺伝学的，形質人類学的に見て，今日のシベリア，そして東南アジア，オセアニア地域からいくつもの集団が渡来していたことが判明しているという。

　北海道に分布する縄文時代の諸遺跡，青森県三内丸山遺跡，福井県鳥浜貝塚，鹿児島県上野原遺跡等の縄文時代の大規模集落の発見も，この時代の日本文化の存在を証明するものであった。しかも海をへだてた大陸や島嶼部との文化交流が認められているのである。歴史時代に至るまでの日本文化は，縄文文化を基層として，大陸と海洋の文化が重層的に融合し成立していたことが明らかになってきた。

　東アジアにおいても，人と物の交流は古くから行われていた。まず中国が黄河と揚子江流域の農耕地帯を中心に古代文明を開花させ，西アジアから伝わった青銅器，そして鉄器を活用した農耕と都市の文明を発展させた。加えて象形文字に基づく漢字を生み出し，文明国としての基盤を築いた。日本へは稲作をはじめ青銅器や鉄器，古墳の様式，仏教等が伝来し，その多くは朝鮮半島を経由しており，日本文化に圧倒的な影響を及ぼすことになる。４世紀から奈良時代に至るまでの間は，半島系技術者が多数渡来し，政治，外交，文化的に大きな貢献をしたことが知られている。滋賀県を含めた近畿圏は多くの渡来人を受け入れた地域であった。

　630（舒明天皇２）年にはじまった遣唐使の派遣は，894（寛平６）年に終わっている。この間，中国の唐王朝から政治，法律，都市計画，仏教など多くの知識や制度を学び，日本という国の形を作り上げたと考えてよいであろう。その後の中国大陸との関係は，公的な交流は途絶えるものの，交易を軸にした交流は依然として続いている。中世においては日宋間の交易が活発に行われ，刀剣，漆器，陶磁器，香料，薬品など多くのものが取引されたが，とりわけ禅宗と茶文化の導入は，日本文化をさらに特色あるものに進化させたと考えられている。

　日本と西欧との接触は，1543（天文12）年にポルトガル船が種子島に漂着し，鉄

砲を伝えたという話はよく知られている。以降キリスト教の普及を目的として宣教師が次々と来日し、日本からも数度にわたってローマ教皇の元へ使節団を送っている。日本の確かな情報が西欧に紹介されるようになるのもこの頃からであろう。しかしながら江戸幕府が、国内の支配体制を強化する目的で鎖国政策を実施したことにより、キリスト教の布教は止まり、中国や東南アジアで活躍していた日本人商人の活動の場が奪われることになる。この時期から海外との交流が限定され、日本人と海外との関係は希薄になっていく。

　近世から近代に至ると、次第に西洋文明の影響が強まっていき、近代国家形成とともに、アメリカからオセアニアに至る、いわゆる「白人」系の環太平洋地域諸国との交流がはじまる。日本へは19世紀半ばのアメリカの「黒船」来航がきっかけとなり、貿易、移民などを通じ新たな人と物の交流がはじまった。

　近代におけるアジアは、政治・経済・社会の近代化において、産業革命を果たした欧米諸国に立ち遅れ、経済的、軍事的に圧倒される状況に追い込まれる。アジア諸国の中でいち早く西欧文明の吸収に努めた日本は、19世紀後半から急速に近代化を果たしていく。一方中国は当時の清朝の衰退に伴い、一時は半植民地となりながらも、古来の文化伝統を基層とした新たな国家形成に取り組み、世界をリードする大国として復活した。いわゆる華僑・華人とよばれる商業（経済）移民を輩出し、時代に応じて柔軟に現地に溶け込み、独自の文化・ネットワークを世界的に維持・発展させている姿はそれを象徴するものであろう。朝鮮戦争後の韓国も近代化に成功し、工業国としての立場を着実に築いてきた。

　第二次世界大戦後のアジア・太平洋地域は、植民地からの解放運動、東西の分割統治、内戦、大規模な自然災害など、様々な悲劇に直面しながらも、力強い民族の歩みを続けてきた。約25億人という人口を抱えるこの地域は、21世紀に最も飛躍する可能性をもった地域として注目を集めている。それぞれの国は国内に矛盾を抱えてはいるが、ASEAN（東南アジア諸国連合）、APEC（アジア・太平洋経済協力会議）、TPP（環太平洋経済協定）等に関する提案がなされ、経済的、社会的、人道的協力関係の構築に努めているのもその現れであろう。

（須藤　護）

第 1 章

移動する文化とグローバル世界
――華僑華人の文化ネットワーク

濱下武志

1　世界を結ぶ6人の隔たり

「囚人のジレンマ」というゲーム理論の中の例題（全体の利得に反して個々人の利得を最大化せざるをえないというジレンマを示唆した）は，関係性の中で状況判断する難しさを問うものとして，人間心理の複雑さをめぐってこれまで多くの関心を呼んできた。また近年では，人々のつながりに注目したネットワーク理論における「小さな世界論」も多くの関心を呼んでいる。この場合は，人と人がつながるという例題であり，人と人のつながりが薄いとされる現代世界において，その意外な可能性について多くの議論と実証研究が行われている。

たとえばこのような場面がある。映画『私に近い6人の他人』で，人々が互いにつながりあっていることに興味を覚えた母親ウイザが，娘に向かってこう語る。

「この地球上に住む人はみな，たった6人の隔たりしかないの。私たちと地球上に住むほかの誰もが，たった6次の隔たり（six degrees of separation）でつながっているのよ。アメリカの大統領も，ベニスのゴンドラ乗りも。……有名人だけじゃなく，誰とでもそうなの。……この地球上の誰とでも。私たちはたった6人を介してつながっている。ここには深い意味があるわ……人は誰も，別の世界へとつながる新しいドアなのよ」（アルバート＝ラズロ・バラバシ，青木薫訳『新ネットワーク思考』（NHK出版，2002年，Albert-László Barabási, *Linked : The New Science of Networks*, 2002, p. 47）

この"6人の隔たり"とは，6人を間に介在させると，世界中の誰ともつながることができるということである。決して，よく知っている者同士がつながるとか，専門的なチャネルを使うということではなく，ごく普通の一般人が，必ずしも相手をよく知っていなくとも連絡を取り合うことができるということである。

　私たちにも思い当たることがある。それは，自分と話し相手との間に共通の知り合いとか友人の名前が出てくるときがある。そのようなときに私たちは，「世界は狭いですね」とか，「世間は狭いですね」，と言って驚いたりする。しかし，これは，上記のグローバル世界の中で6人の隔たりでつながるということとは，一見似ているが，背景や条件が全く異なっていると思われる。なぜなら，世間が狭いという言い方は，むしろ日本社会内部においては，出自，教育，環境などがとても似通っていることから，しばしば世間が狭いという認識が生まれるのであり，一見不特定な"6人の隔たり"とは状況が異なっていると考えられるのである。

　ただし，ネットワーク論の中で，つながりの強さが強調されることについては，この理論的なモデルの背景に，アメリカという移民社会・移動社会がその背景に持つ，広範な出自の多様性と移動経路の多様性をめぐってすでに張りめぐらされているネットワークが存在している。さしあたりは不可視であるが，それを何かの拍子に可視化させる必要に迫られたときには，世界のどこということを問わずつながりが顕在化するという経験則に基づいていると言えるかもしれない。定住社会とは異なる移民社会という特徴が色濃く滲み出た論理でもあるということである。

2　文化の移動とネットワーク文化

　これまで文化を考えるときには，それは人と人のつながりの内容を示す規範や指針の，地域的なあるいは民族的な特徴を考えることであるとされてきた。ある範囲の人々に共通して受け入れられている価値判断や行動の基準として，習慣や慣行，さらには伝統文化などと言われ，やや固定的に捉えられてきた。少なくとも，日々それが変化したり，昨日と今日の規範が照らし出す内容や範

囲が異なったりするというような受け止め方はされてこなかった。

　現代社会において改めて、文化は人と人の結びつきについて考えることであると言うとき、やはり、人はそのときどのような価値基準を持って結びつこうとしているか、と問うことは重要なテーマである。しかし、グローバリゼーションが急速に進み、インターネットで世界中に情報ネットワークが張りめぐらされているという状況が進む中では、すでにわれわれの認識をはるかに超えたところに情報のネットワークが密に張りめぐらされていて、本来の人と人とのつながりや結びつきは、このことを抜きにしては考えられなくなっているのではないであろうか。さらにこのような状況が続くならば、人と人のつながりは情報のつながりによって置き換わっていくようにも見える。果たしてこれはどのような文化現象であるのだろうか。

　この現象は、これまでの文化ナショナリズムを強調した国家の枠を超えた世界的な現象である。多文化主義からの文化ナショナリズムへの批判においても、相対的に開放的ではあるが、カナダ・オーストラリア・アメリカなどの例を見ても、多文化主義として対応している主体はやはり民族や国家であるため、やはり別の現象であると考えられる。

　これに対して、情報化社会は、民族や国家の枠やこれまでの地域文化の枠を超えたところに存在し、ある意味では移動することを目的とし、移動によってのみはじめて自らの存在を主張することができる移動する文化であり、文化ネットワークであると言える。そしてこれは、移動社会・移民社会・ダイアスポラ（離散系）の中に表現されている。ここでは、華僑（華人）と呼ばれる人々が、中国文化そのもの、あるいはその文化変容を、移民することによって担い、また需要し、さらにそれらを移動させている中に見られる人々のつながり＝ネットワークについて考えてみることとしたい。

　まず、この移動や移民が、ネットワークとして形作られていることから、文化の移動を考える方法の手がかりとしてネットワーク概念に注目してみたい。

　「ネットワーク」という言葉は、現在では日本語化した英語として広く用いられている。訳語を探せば、「つながり」、「関係性」、となろうが、ネットワーク概念はさらに広く、「移動」、「移民」やそのダイアスポラ（離散）現象を形容し、さらには、「文脈・脈絡 (contextualization)」や「循環・流動 (circulation)」、

さらには「可視化 (visualization)」までをも含む極めて広い範囲にわたるものであると考えられる。同時に，現在では，ネットワークが多用され，その内容や性格を問わずに，つながりすべてがネットワークとなる問題点も指摘できる。そこでは，融通無碍であることや，不定形・曖昧模糊として感覚的であることから，対象を明確には捉えきれず分析力に欠けると批判することも可能である。

しかしひるがえって考えると，現代社会・現代世界そのものが変化しており，明確な縦構造を示しておらず，様々に横方向につながる複雑系となっているという現実がある。したがってむしろ，ネットワークに対する違和感は，これまでの公式の組織や制度に帰属してきた"安定感"がそのように感じさせるのであって，現実を直視するならば，非公式や非制度的な，横並び順不同に並んだ様々な要素が，様々に異なる組み合わせ（ネットワーク）を求めて動き回っている（ネットワーク化している）と言うことができるであろう（序章，図0-5，図0-6を参照）。ネットワークはネットワーク文化として，現代世界における1つの文化状況となっているとさえ言える。人の移動が増大し，それに伴って文化も移動しており，文化間の様々なネットワークが作られている。そしてそこには，歴史的，文化的なつながりも現代的な形をとって再登場していると見ることもできる。

総じて，これまでの組織や制度の枠に留まらない，むしろそれらを超えたところに現れている動きやその中のつながりをどのような実質として捉えるかということが問題となっていると考えられる。

3　ネットワーク化する世界——グローバリゼーション

ネットワーク文化の問題は，近年の現代世界をめぐる時代認識と分析の枠組みそのものでもあるいわゆるグローバリゼーションの動きと密接に関連しており，互いに因となり果となって促進しあってきた。そしてさらに，グローバリゼーションと移民ネットワークとは，表裏一体の関係で進行してきた。

まず，ネットワーク社会とも言える現象は，情報革命による地域間関係のグローバル化を背景として，以下のような現実の変化の中から生まれてきた。

第1に，世界的な金融市場ならびに金融事業に大きな変化がおこり，金融工

学関連事業と総称される領域にあっては,これまではつながることなく分散して存在した様々に異なる資本形態をすべてひとしなべに金融資本化し,金融派生商品(デリバティブ)などに典型的に見られるように,資金流通の多様な経路を一挙にグローバルな金融市場に登場させたという現実が存在している。さらに,この動きはアメリカ・ヨーロッパに留まらず,これらによって,実体として進んだアジアのグローバル化の中で,グローバルな認識は歴史認識にまでその対象を拡大してきた。

第2に,アジアの経済発展は,アジアからアジア=太平洋へ展開する議論と同時に,ユーラシア大陸規模の視野からのアジア=ヨーロッパの比較論を生み出した。アジア=太平洋,アジア=ヨーロッパをめぐる交易や金融などの経済発展により,国民経済という枠組みを超える場として環太平洋や環ユーラシアが登場しつつある。

第3に,移民・移動についての動きがダイアスポラ(離散)現象として拡大してきたことも,ネットワーク社会・ネットワーク文化が進行する大きな背景をなしている。

たとえば,東南アジアの華人系移民に留まらず,アジア系移民をヨーロッパにおけるユダヤ系移民と比較しようとする試みが行われるなど,いわば移民ネットワークがダイアスポラ化して国際化・世界化・地球化しているという議論である。太平洋を跨ぐ華僑移民とそれぞれの移民元,移民先における社会生活および両者間のネットワークをトランスナショナルという概念で括る見方もなされている。

第4に,環境・資源・生態・温暖化・ジェンダーなど,複合的・総合的・全地球的な課題が登場し,国家や民族という縦割りの枠組みではなく,これまでの一見無関係な要素を横につないで見ることによって取り組まねばならない実践的な課題として示されたことも影響している。

そこではまた,グローバリゼーションの問題は決して現在に固有の問題ではなく,すでに歴史背景的に存在していたという議論も進められてきた。その1つの例としては,「グローバリゼーションの歴史と歴史のなかのグローバリゼーション」(G. E. Hopkins ed., *Globalization in World History*, New York, London : W. W. Norton & Company, 2002) が挙げられる。その中では,古典と近代におけるグロ

ーバリゼーションの歴史，ムスリムの宇宙観と西洋のグローバリゼーション，"大西洋"世界における労働力，グローバリズムにおける帝国・ダイアスポラ・言語，などのテーマとともに，隔絶されていたとされる中世の地方文化においても，すでに移動や移民を通して文化の移動があり，そこに発生した文化のグローバル性にも注目している。これまではナショナルなものに収斂させてきたテーマを，グローバルに開こうとする試みである。

4　移民ネットワークと移動する文化

　現代世界における移民問題では，「移民から市民へ」，「移動から定着へ」，という方向が追求されていると同時に，グローバル化が進む中で，1980年代以降いっそう拡大された規模での移民や移動，さらには難民が生じている。

　華人系移民においては，また，インド系・韓国系・フィリピン系・ベトナム系などの移民も含めて，同郷・同族・同業という伝統的な3つの社会的文化的なつながりの結び目がある。そして，それぞれの結びつきに基づいた移民が行われているという考え方のみではなく，近年の増大する移民傾向について，これら三者に加えて，社会的な貢献によるつながりの「善縁」や，文化的な共通性を意味する「文縁」，信仰や宗教などに基づいてつながる「神縁」などが加えられている。とりわけ，社会的・文化的ネットワークの強調が顕著である。これは，今までの労働移動を中心とする移民のみではなく，世界がグローバル化し，その過程で地域文化がグローバルとローカルの二極へ分化（グローカル化）する中で，移動そのものが常態化することによって，移動文化・ネットワーク文化として地域文化が新しく広い意味を持ち，その下で，従来の移民ネットワークが新たな対応と再編成を行っている現象であると見ることができる（図1-1，図1-2参照）。

　この現象は極めて世界的であり，同時にまた日常化していることが特徴的である。これまでは，主には「国家」の下に人々が置かれ，その下で日常生活が行われてきた。そこでは，移動や移民は非日常的な出来事と考えられた。しかし現在，これまでは国家の下にあったとされた社会的・文化的境界が流動化し，このことによって，政治的・経済的にも，非公式・非制度の領域が拡大すると

第Ⅰ部　アジア・太平洋の交流

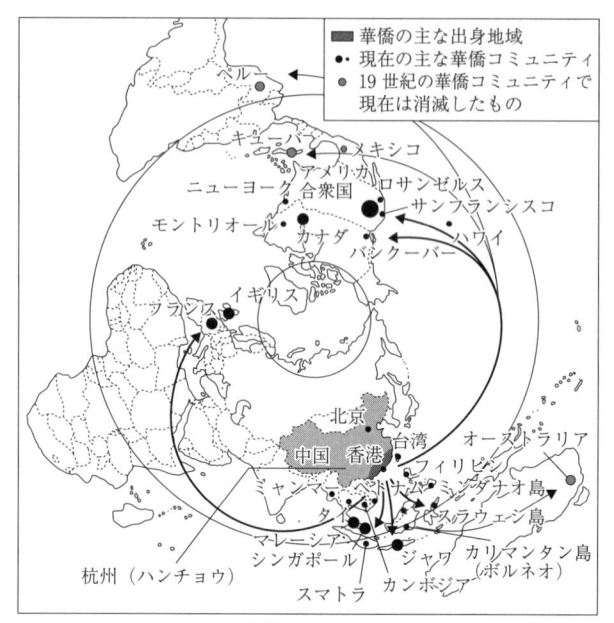

図1-1　華僑の移民ネットワーク

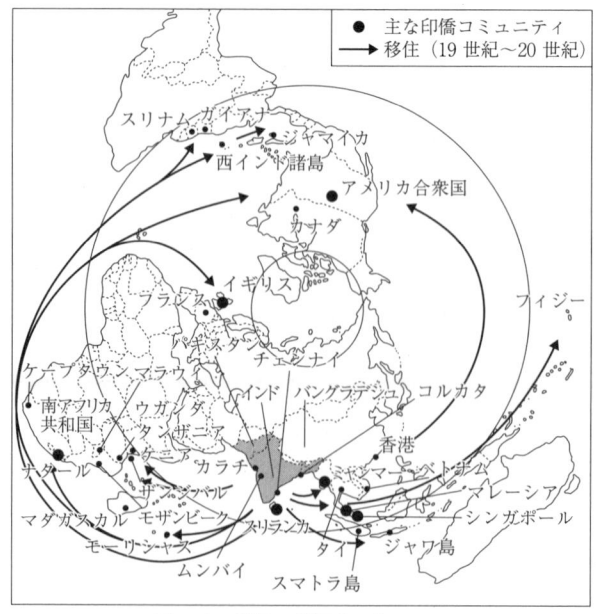

図1-2　印僑の移民ネットワーク

いう状態が進行しつつある。

　この動きは，人と人の結びつきにも大きな影響を与えており，かつて「民族」,「エスニシティ」,「自立」などとして無条件に肯定されてきた戦後の民族国家建設の理念は，現在では，むしろ地域間関係にあつれきをもたらす要因として登場する場合すら見られる。さらに難民という移民現象を含め，多文化主義の主張にも見られるように，エスニックグループを活動主体の中核に据えた地域の編成原理は，移動を基礎に置く新たな人と人のつながりの関係によって置き換えられることが求められている。

5　華僑華人ネットワークの中の「業縁」と「血縁」

　この新たな世界的な規模での人と人のつながりのあり方，すなわち移動の文化的な含意と，移動文化が形成される可能性を考えるために，移民ネットワークを中心に，とりわけ華僑華人のネットワークを主な対象として取り上げてみたい。華僑華人の移民ネットワークの中に形成されてきた移動文化と，それに伴う文化の移動を見ていくことにしたい。

　「華僑華人」に関しては，これまで比較的経済活動に特化しているというイメージがあった。これは果たして，華僑華人であることによって，移民先において経済活動に集中した結果であるのか，あるいは，中国社会文化の持つ関係性（ネットワーク）の中で共通に示される特質であるのかという点が問われる。

　この点については，海外華僑華人のみを対象として論ぜられるべき問題ではない。歴史的に中国の東南沿海地域は，海のシルクロードとも言われるように，海上交易関係の中心的役割を担い，在外華僑華人商人の活動と対応して，周辺地域との間に，多角的なネットワークを形成する広域交易を担ってきたという背景がある。琉球の交易ネットワークもこれと結びついていたと言える。

　交易ネットワークの中のモノの動きは，そこで取り扱われる商品が国際的であればあるほど，文化交差（Cross Culture）現象を伴う。これは，異質な文化間の取引が商業活動の前提であることを意味している。従来，中国人は商才に長ける，あるいは商業民族である，などという表現も，それを経済文化的に表現するならば，異質な文化的要素を内に含んでいる，あるいは自らを，絶えず

異化する力を有しており，そしてそこに文化的価値を見出していると表現することができるであろう。商業文化としての特徴であり，いわゆるものづくり文化としての均質的，一方向的な文化とは異なっていると言える。

華僑のネットワークは，「信用」に支えられていると言われ，社会的・経済的な関係において強く結ばれている。ただし，そこには前提として，「股（株）」として各自の持分や役割分担が前提とされ，その独立した個人が相互に共同する（合股・共同投資）ことによって形作られた信用関係であり，無制限的な信用では決してない。

華僑のネットワークが多様な広がりを持ち，ヒト・モノ・カネ・情報などにおいて多種多様な働きをしていることはよく知られた事態であるが，なぜこのようなネットワークが形成されるのか，かつ，それがどのような結びつきの原理に基づいているのかという点については必ずしも検討されているとは言いがたい。

各種の結びつきの中で，華僑社会のみならず中国人社会においては，血縁・地縁・業縁などと表される人と人の結びつきが極めて強い。これは結びつきが最も直接的であり，かつ相互認識によっているために強い関係を維持することが可能であるからであろう。ただし，そこでは両者が共通に了解しうる結びつきの原理が存在しなければならない。その第1は，家族関係の各部の連結に擬しながら，相互が関係を結ぶことによってネットワークを広げていくことである。これは血縁と言っても血統そのもののつながりではなく，より擬制的な関係であり，この原理を用いることによって，ネットワークは大きく広がることが可能であった。

この家族関係原理によるネットワークの拡大が宗族として表現されるのであるが，この宗族結合と併行して，同郷結合による結びつきの広がりは，より確実であり安定した関係を築くことを可能としていた。農業社会における地域的結合は，共同体的な関係によって社会的な結合が果たされており，地縁の利害が内外のネットワークによって維持されていた。

一例を挙げるならば，中国姓の「林」姓は，台湾や福建に多い姓氏であるが，近年林氏宗親会は，その大会を「林氏世界大会」として開催し，その世界性をいっそう強く主張しようとしている。2000年11月にはその大会が沖縄の那覇

市で開催された。

6　中国の経済発展と華僑華人ネットワークの変化

　2008年の金融危機以来，世界の企業合併・企業購入は減少し，2009年の1～2月半ばにかけては，世界の企業合併は40％減少したが，この時期中国は豊かな外貨準備に支えられ，企業買収を40％，額にして218億米ドル増加させている。これはドイツに次いで世界第2位の位置に相当する。また，2009年3月16日には，商務部が「境外投資管理弁法」を公布し，企業の海外における買収手続きの簡素化，奨励を行っている。

　このような状況を受け，たとえば，世界100余国に60万人を数えるという温州商人は，積極的な企業買収を進め，対外的積極投資型の企業の形態をとりつつある。いわば，中国企業は，これまでの外国からの投資依存型から対外投資開拓型へとその活動の性質を変えつつあるとも言える（「中国民間資本的海外心事」『中国週刊 China Weekly』2009．8．15，pp.64-68）。このような海外活動に関連して発生するヒトの動きは，従来のいわば伝統的な，華南から東南アジアへという歴史的な移民チャネルを活用しながら中国を離れ，移動や定着を行ういわゆるダイアスポラ型の移民から，中国から貿易・投資・海外企業経営などの目的を持って展開する放射状型の移動を行っている。この動きに伴うダイナミズムが，いわゆる華人世界と呼ばれるクロスボーダーやトランスナショナルと形容される新移民としての移動である。この動きはまた，歴史的な労働移動としての移民とは異なり，いわゆる新中間層を環地域活動によって形成する動きであるとも言える。

　近年の新移民の国際移動の特徴は，とりわけ経済発展国への移動の増大が顕著に見られる（表1-1参照）。ちなみに，日本は約38万人であり，1980年代の13万人から25万人ほど増加している。総数では世界第13位である。

　このような状況は華僑華人の動きのみに留まらず，印僑やフィリピーノについても該当するグローバルな現象である。ただ，この動きを，これまでの華僑華人という範疇と比較すると，大いに異なっている特徴がある。これまで，華僑華人の前提は，「落地生根」を特徴とする現地の言葉と生活習慣を根拠にす

第Ⅰ部　アジア・太平洋の交流

表1-1　上位10カ国における華僑華人数

	国　別	華僑華人数　（　）は1980年代
1	インドネシア	7,261,984 (600万)
2	タイ	6,994,372 (465万)
3	マレーシア	5,920,200 (509万)
4	アメリカ	3,360,000
5	シンガポール	2,594,234 (200万)
6	カナダ	1,413,952
7	ペルー	1,300,000
8	ベトナム	1,220,566 (96万)
9	フィリピン	1,096,169 (110万)
10	ミャンマー	1,018,074 (71万)

(出所)　賈海涛・石滄金『海外印度人与海外華人国際影響力比較研究』山東人民出版社，2007, p.95.

ることによって成り立っていたが，現在新移民が形作る華人世界は，伝統的な華僑華人ではなく，むしろグローバルに移動し，かつ中国との間を往復・循環する範疇としての華僑華人が登場しているということである。では，この「新移民」と「旧移民」とはどのような関連があるのであろうか。多くの検討課題がある中で，以下の点を指摘することができよう。

① 新移民は新たな活動空間・文化空間を作り出していること。
② 新移民は新たな生活空間・文化空間を旧移民の生活空間・文化空間に結びつけようとしていること。
③ 旧移民は，これまでの生活空間・文化空間を根拠としながら，新移民が形成する生活空間・文化空間と関連づける方向をとりつつあること。
④ 旧移民は，グローバル化の中でも，基本的には従来の生活方式を維持しつつ，新たな状況の変化に対応しようとしていること。

以上のような動きは，新移民の活動空間・文化空間，旧移民の生活空間・文化空間，新旧移民の交差する生活空間・文化空間，の3領域の動きを区別することと同時に，相互に関連づける動きとして表現されている。

7　多様な華人の移民経路と文縁——文化ネットワーク

新移民は多様な移動経路をとっており，必ずしも経済的な目的によるいわゆる労働移動のみではなく，地方的であれ，地域的であれ，言語や生活文化を背景とする文化的なネットワークによってつながっているという特徴を見ることができる。

現在の移動が，地域間に跨った人的資源の移動と蓄積としての特徴を持ち，それが新しい文化ネットワークとして地域間関係を形作っている。そこでは，

表 1-2 台湾において高等教育を受けた東南アジアからの中国人統計（1953-1994年）

	マレーシア	インドネシア	ベトナム	フィリピン	シンガポール	タイ	カンボジア	ブルネイ	ミャンマー
1955年以前	11	11	24	11	4	8	1		2
1956-60年	297	190	230	96	75	19	12	12	23
1961-65年	1,454	773	609	157	122	71	53	45	40
1966-70年	2,355	744	648	49	18	153	50	52	204
1971-75年	2,407	672	760	58	54	182	30	50	448
1976-80年	2,502	547	773	28	28	247	102	55	521
1981-85年	3,543	736	279	23	123	361	136	69	511
1986-90年	3,254	838	223	39	123	428	43	79	794
1991-94年	2,822	393	59	28	106	212	11	71	575
合　計	18,645	4,904	3,605	489	653	1,681	437	433	3,118

（出所） Gomez, Edmund Terence and Hsin-Huang Michael Hsiao ed., *Chinese Business in South-East Asia*, p.163.

表 1-3　香港から北上する父母の職業と収入
（2006年香港人口統計）

職業・職責	父親（N＝148）	母親（N＝18）
董事長・総裁	18.2%（27）	5.6%（1）
経理・行政関係	42.6%（63）	38.9%（7）
専業・専業補助	13.5%（20）	11.1%（2）
サービス・商店販売員	3.4%（5）	5.6%（1）
事務・機械操作・配装	3.4%（5）	5.6%（1）
非技術人員	6.8%（7）	5.6%（1）
その他（文人・工芸等）	6.8%（7）	16.7%（3）
資料なし	2.7%（4）	11.1%（2）

（出所） 劉玉琼・王定茹・馬麗庄ほか「中国香港父母跨境到中国内地工作対親子情感系的影響」馬麗庄・鄭広良・魏雁濱主編『全球化時代的華人社会工作』格致出版社，上海人民出版社，2008, p.229.

　新移民の移動回路は，伝統的な労働移動の回路とは異なって，教育・人材育成などとかかわっていることを見ることができる。

　たとえば，新たな人材市場をめぐる華人の国際移動の事例として，表1-2，表1-3は，それぞれ，台湾において高等教育を受けた東南アジア華僑華人の人数，香港から北上する父母の職業と収入，を示したものである。人の移動に伴う様々に異なるネットワークを見ることができる。

新移民は，民族やエスニシティ（言語グループなど）としての華僑華人の動きというよりも，テクノクラート層や科学技術に専門化した層の国際的な形成につながっており，これを華僑華人の移動ということは，特徴の一面を表すのみである。これは，新華僑の動きが中国そのものの変化によって生じていることを示している。その中でも最も大きな要因は，改革開放以降の中国の経済発展であり，とりわけ，1990年代から明確となった豊富な外貨準備を根拠に，2000年代初頭から海外に積極的に投資活動を行う中国の経済的役割と地位の変化である。

8 文化ネットワークによる多様な結びつき

華僑華人社会にあって，ネットワークは人と人とのつながりを維持する絆として「縁」という表現をとって伝えられてきた。たとえば，三縁（血縁・地縁・業縁）の結びつきが最も強いとされる同郷・同族・同業のつながりや，それらにさらに2つの文化ネットワークである文縁と社会的公共的な善行をなす善縁が加わって，五縁という文化ネットワークである。

また，この五縁の内容分類については，親縁（家庭・宗祠・宗親会），地縁（郷里・郷党），業縁（同業）の三縁に加え，神縁（信仰・宗教）と物縁（同業行会）の2つを加えて五縁と数える例も見られる（林其錟「"五縁"文化与未来的挑戦」『従亜太看世界』上海社会科学院出版社，2008）。そして，これらの社会的・文化的な関係＝華人社会の結びつきと社会的ネットワークは，それぞれに対応するネットワークがあり，さらにそれらの1つ1つには，以下のように名前がつけられており，古くから，とりわけ移民社会にあっては，共通の活動基盤となっていた。

これらの文化ネットワークは，移民グループが，広東系，潮州系，福建系，客家系，海南系などの同郷ネットワークとして，それぞれが文化ネットワークを形成している。そして，それらは，民間の投資金融ネットワークでもある「会（合会・標会・遙会）」や，華僑送金などの民間の資金ネットワークが財政的な基礎を作っていた。

新移民と旧移民とは，基本的には異なる活動の層を持っていると思われるが，

現実的には両者は交錯し，新たな広域の移動文化が旧来の移民文化を包摂していることを看取することができる。この動きの特徴的な現れとして，以下のシンガポールにおける事例を見てみよう。

【資料1】シンガポール華人による「間地域宗族」の形成
（シンガポール『聯合早報』紙，2001年8月23日（水），第12面）
　新聞の死亡記事欄は，宗族の結びつきの強さを社会的に示す重要な機会となっておりきわめて重要視されている。「訃告」「泣謝」「敬告知交」などと題されて掲載される死亡通知の中には，規模も大きくかつ，宗族という「血縁」のみならず，そこに移民元の郷里との関係をしめす「地縁」関係，さらには家族企業を中心とした「業縁」関係を一括して表すものがみられる。例えば，2001年8月23日（水曜日）『聯合早報』第12面の全面に互って掲載された訃告は1つの代表的な例であると思われる。そこには，8月21日午後1時半に82歳でシンガポールの地で永眠した張門劉氏賀治太夫人（原籍福建南安県人）の葬儀を8月25日に福建の泉州で行うという通告である。時間的に迅速であることの他に，シンガポールと福建南部との距離的な接近性認識も注目される。名前は，子供7人（男5人，女2人）とその配偶者，孫の男女12人と外孫4人が並ぶ。そこでは，子供，孫の世代まで共通の漢字1字が用いられており，男女ともに「詩」字が使われている点が興味深い。
　さらに下半面は，子供の男性5人によって共同経営が行われている家族企業「芸林国際（私人）有限公司 Gaylin International（PTE）LTD」およびその職員による追悼であり「淑徳長昭」という儒教的な理念によって祀られている。これは，血縁，地縁，業縁が三位一体となった様子，とりわけ近年のシンガポールと華南との交流の活発さを背景として，あらたな資金流通のための伝統的な関係強化を示すものであるといえよう。
　また，このような動きの歴史的な背景として，同郷出身の同族のネットワークが同業ネットワークを率いていることも珍しくない。とりわけ，華南と東南アジアとの関係としては，潮州出身グループによる潮洲ネットワークが広く存在しており，これは，潮州・香港・シンガポール・バンコク間の米の取引や，送金業を中心とする商業ネットワークとして知られる。

【資料2】「1910-1941年，タイの中国貿易とスワトウ港」
（羅曉京「公元1910-1941年泰國對華貿易與汕頭港」『泰國潮州人及其潮汕原籍研究計劃　第二輯：汕頭港1860-1949』朱拉隆功大學亞州研究所，1997，p.75）

潮州の商業ネットワークを考える時，潮州－香港－シンガポール－バンコクの通商ネットワークに注目しなければならない。この通商関係は以下のような特徴がある。

① バンコクの潮洲系各商店の経営者は潮州出身の華商が中心であり，68 のバンコクにおける香港－シンガポール－潮州のネットワークを持つ貿易商店のうち，潮州出身の華商の商店が 46 あり，68％を占めている。またバンコクの精米業および米商店も主要には潮州出身の華商によって経営されている。

② タイと潮州の貿易を中心として考えてみると，……潮州はタイの中国に対する直接貿易では最も大きな貿易港である。潮州は中国の東南沿海の各港のなかで上海，広州についで第三位の貿易量をもっている。潮州の南北間の貿易港の間の関係は極めて大きなものがあり，毎年潮州からタイに輸出される，あるいは香港を経由し，シンガポールから再輸出される場合もあるが，貨物の中で相当な部分は潮州の生産物ではない。あたかも上海における繊維製品，温州における傘，福建の茶，北方の薬材，天津の酒などはほとんど潮州商人がなんらかの名目で持ち帰ったものであった。潮州の対外輸出の大部分は国内の潮州人と国外の潮州人の間の貿易であるとも言えよう。……

③ このタイと中国間の移民は大部分が潮州から来ており，華僑の本国送金を請負う者の多くは潮州出身の華商である。第二次大戦前にはタイの 110 の批局（華僑送金業）のうち，潮州人が開設したものは 75 店，客家人が開設したものは 20 店あり，両者で 86.4％を占めている。これは批局がみな中国貿易を副業としており，常に米穀を華僑送金の一形式として，潮州に輸出したり，あるいは華僑送金が貿易の融資の手段となっていたことを意味している（図 1 - 3 参照）。

④ 1939 年の日本の企画院の調査によると，家族企業グループが中心で，当時，タイの華商には八大家族企業集団があり，勢力が最大なものは欝利家族企業集団であった。この企業集団は澄海県の出身であり，事業は完全に香港－シンガポール－潮州貿易から出発していた。経営の内容は米穀の輸出，雑貨の輸出入，航運業，金融保険業に及んでいた。家族の主要な成員である陳守明は，かつてバンコク中華総商会の会長と中国の駐タイ国商務代表を務めたことがある。

　以上に見たこのネットワークの特徴は，二地点関係であったならば成立しえない多角的地域連関ネットワークを作った例である。本文のはじめに，小さな世界の例として，六次（6人）の隔たりがつながることによって最後までがつながったように，中国広東省の潮洲（汕頭）という起点と，タ

第1章　移動する文化とグローバル世界

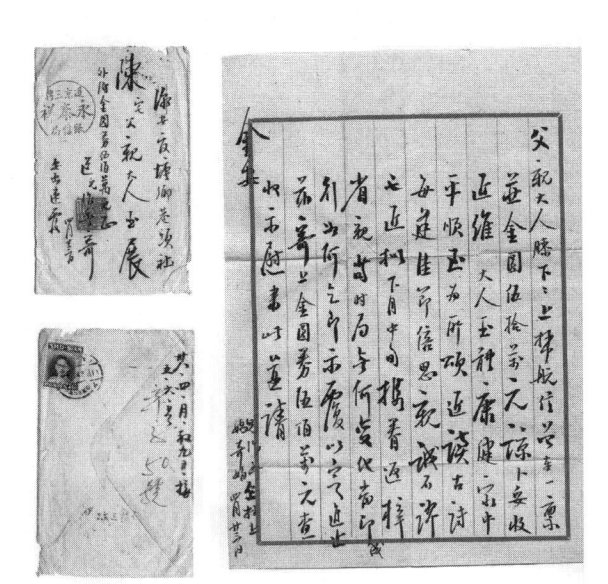

図1-3　華僑送金の通知（僑批）
(1949年4月9日，バンコクから中国広東省潮安県の郷里への送金を知らせる手紙。近況が報告されている。)

イのバンコクという目的地の間を，六次の隔たりを越えるかのようにつないだ結果としての環地域間商業ネットワークの形成であったと言えよう。

9　「華人世界」と社会・文化的ネットワーク

社会的・文化的なネットワークのテーマとしては，アイデンティティや，華僑華人がどのような形で移民先での地域社会を作っていくのか，などが各地で挙げられている。そこでは，現地社会における環境，都市化，あるいは都市コミュニティという社会的・文化的なテーマが多く論ぜられるようになってきている。一方では移民先に定着しながら，他方では，現在のグローバル化の中で，情報・ヒトの動きが世界的にネットワーク化されている。この一見両極端にあるように見える問題をどのように新たなネットワークへと組み合わせていくのか。この課題が，文化ネットワークを形作ることによって両者をつないでいこうという試みとして進められている。

そこでは華僑華人ネットワークをグローバル化させた表現として，「華人世

界」という新たな世界イメージや民族イメージ，さらには文化イメージも示されている。ここにもグローバルであり同時にローカルであることを意味する"グローカル"文化ネットワークという概念が形成されつつあることを見ることができる。

　グローバル化と新たなナショナリズム，あるいは新たな地域主義との関係はどのようなものかという課題もある。なぜなら，華僑華人ネットワークは，地域空間と無関係に存在することができないからである。ここにも，決して排他的な地域主義ではない，地域文化としての広域文化のネットワークの結びつきが試みられている。たとえば，南タイのソンクラーやパッタニーの例を見ると，明末期から移民した呉一族という大宗族が代を重ねている。また，そこでは同じ媽祖（道教の航海安全の女神）ではあるが福建甫田県の林姓とはまた違う林姑娘が福建と広東グループによって共同で祀られている（図1-4参照）。

　さらに，現地ではムスリムもまた林姑娘を華人社会と共同で祀る。大祭では，火の上を歩き，水に入って媽祖像の行神を行う。これは，1つの地域空間に見られる文化融合，文化接触の特徴的な事例である。そして，この媽祖文化のネットワークとゾロアスター教も含んだイスラーム文化ネットワークのより広域の地域文化ネットワークのパッタニーにおける接触面の現れである。しかし，この共同の祭りは，決して純化された排他的地域主義，地域文化ナショナリズムではなく，広域文化圏の中で，どのように地域的なまとまりあるいはつながりをより広い文化ネットワークとして外に示すか，という課題への取り組みの現れであると思われる（図1-5参照）。アユタヤのモスクにおける仏教の影響（図1-6参照）などにおいても，文化は決して純化された排他性ではなく，相互に受容と変容の中に置かれてきたということを見ることができるのであり，むしろ，文化の政治的な表現として，排他的な純粋性が強調されたという歴史的な教訓も見ることができるのである。

10　ネットワーク論とアジア社会

　1980年代に半ばから韓国・香港・台湾・シンガポールのいわゆる4匹の小龍の経済発展が顕著になり，東南アジアを中心とした華僑華人ビジネスのつな

第1章　移動する文化とグローバル世界

図1-5　タイ中部アユタヤの媽祖廟の天后聖母像（媽祖像）

図1-4　タイ南部パッタニーの林姑娘廟
（碑銘には，「閩（福建）粵（広東）衆弟子敬捐・明，林氏姑娘神位……」とある。モスクに隣接しており，また，福建と広東からの移民が共通に建立しているという特徴を持つ。）

図1-6　アユタヤのモスクと仏教
（タイ中部アユタヤのモスク内部。メッカへの礼拝にも仏教の影響が窺われる。）

がりを表現する際，ネットワーク論が登場した。このときにはビジネスネットワークの理論として80年代後半から強調された，業縁＝ビジネスネットワークが，血縁＝同族ネットワークや地縁＝出身地グループのネットワークと結びついているという議論であった。

そして，ネットワークの持っている強さとともに，弱さの側面や成立の条件や背景も同時に考える必要があるという点も，90年代後半から指摘されるようになった。ネットワークは，企業のような組織でもなければ，不特定多数が不特定多数と交渉する場としての市場行動ほどには開放的でもない。すなわち組織に対しては，ネットワークは流動性，融通性を持つが，市場に対しては，ネットワークは選択的な結びつきを維持する点で排他的である。そういう形でネットワークは市場と組織の中間にあるという議論である。

さらに，ネットワークには中心のあるネットワークと中心のないネットワークがある。中心が強ければ，ネットワークは組織に近い形になり，中心がなければ，誰とでも交渉可能な市場活動に近くなっていく（序章，図0-5，図0-6参照）。華僑華人ネットワークあるいは印僑ネットワークを見ると，やはり中心が強調されている場合が多いと言える。その中心は同郷でもよく，同族でもよい。シンガポールのタミル移民のチェティアというグループの金貸し業者は，ヒンドゥー教の神廟で神から金を借り，利子も決めるという儀式を行う。このように宗教が中心の役割を果たし，ビジネスネットワークの文化的な中心となっている例もある。また，このネットワークは金融活動においては極めて広い顧客とつながっている。

このように，ある面では中心性が強調されたネットワーク，ある面ではより広がりのあるネットワークとしての中心のないネットワークとして，ネットワークのダイナミズムが生み出され，つながりが維持されていると考えることができる。

これは，文化ネットワークにおいても同様に考えることができる。近年強調される新移民の文化ネットワークは，華人性を中心においたネットワークと，現地性・本土性を中心においたネットワークとの複合である。そこでは，それぞれが有中心と無中心のネットワークの間を文化的結合の強弱に応じて振れ動くと同時に，両者の相互関係においても，中心の有無によってかかわり方の異

なるネットワークとして体現される。

11　華人ネットワークについての課題と日本

　最後に，以上の華人ネットワークについての議論との関連で「日本」をどのように位置づけるか，という点を考えてみたい。「日本」をめぐっても，華僑華人問題は重要な問題接近の手がかりを与えていると考えられるからである。それは，さしあたり，2つの側面から検討される。すなわち日本の中の華僑華人というテーマと，華僑華人史ならびに華僑華人ネットワークから見た日本というテーマである。日本の中の華僑華人については，すでに1980年代からの急速な新移民の増加傾向を見たのではあるが，長崎・横浜・神戸という旧開港場のいわゆる中華街とは異なる東京や大阪などの中心地域において，より専門知識人として，またより専門技術者・ビジネスグループとしての存在が注目される。日本のいわゆる中華街に集中するという状況のみではなく，また，独自性というよりも地域とかかわった生活・活動空間が形作られている。このことは，日本自体を単一のまとまりとして考えるというよりも，むしろ，多様な文化ネットワークが交錯している場として捉え，アジアの，またグローバルな移動するネットワークの中で日本を考えてみるという課題が示されていることを意味している。次に，華僑華人のネットワークの歴史から日本を見れば，九州の長崎には江戸時代からの華人の居住区や寺廟があり，また，九州・沖縄（琉球）・台湾・東南アジアへと続く福建省各地からの移民のネットワークは，福清と平戸，福州と沖縄，漳州・泉州と台湾，アモイとフィリピンというように，二地点間を結んだ国別に分離された移民関係ではなく，むしろ福建移民ネットワークとして帯状形を作りながら広域地域に跨って形作られていた。

　このように移民・移動のネットワークを見るとき，それとかかわってきた海を跨いだ地域的なつながりも同時に見えてくることになる。「日本」の中の各地域がそれぞれに持っている他のアジアとの結びつきを，どのように外に向かって開いた多様性として改めて認識するか，という点も，日本という「地域」を考える場合の大切な検討課題であると思われる。そして，この点においても，九州から関西にかけた福建や広東や琉球・沖縄のネットワーク，さらには琉球

から東南アジアに跨った福建（閩人）ネットワークなど，華僑・華人ネットワークが様々に日本を横切って外へとつながっており，日本という範囲を超えた課題を提起していると考えられる。

これからも，よりいっそうアジア，また世界とつながる社会的・文化的なネットワークの中に，多様・多軸・多層なつながりと共生軸を作っていくために，華僑・印僑・琉僑・韓僑さらにはベトナム・フィリピーノなど，世界的に移動文化ネットワークを持つアジア系移民との多様・多軸・多層なつながりを見出す必要があろう。これら移民とともに移動していくネットワークを作るために，現在の動きから，また歴史的な動きから，自らの多文化ネットワークモデルを考えていくことが求められているのではないだろうか。

■参考文献■

秋田茂・水島司編『世界システムとネットワーク』東京大学出版会，2003年。
カーティン，フィリップ，田村愛理・中堂幸政・山影進訳『異文化間交易の世界史』NTT出版，2002年。
古賀正則・内藤雅雄・浜口恒夫編『移民から市民へ——世界のインド系コミュニティー』東京大学出版会，2000年。
重松伸司編著『現代アジア移民——その共生原理をもとめて』名古屋大学出版会，1986年。
斯波義信『華僑』岩波新書，1995年。
バラバシ，アルバート＝ラズロ，青木薫訳『新ネットワーク思考』NHK出版，2002年。(Barabási, Albert-László〔2002〕*Linked : The New Science of Networks*)
水島司編『グローバル・ヒストリーの挑戦』山川出版社，2008年。
賈海涛・石滄金『海外印度人与海外華人国際影響力比較研究』山東人民出版社，2007年。
江潭瑜主編『深圳香港社会比較研究』人民出版社，2007年。
羅曉京「公元1910-1941年泰國對華貿易與汕頭港」『泰國潮州人及其潮汕原籍研究計劃 第二輯——汕頭港（1860-1949）』朱拉隆功大學亞州研究所，1997年。
劉玉瓊・王定茹・馬麗庄ほか「中国香港父母跨境到中国内地工作対親子情感系的影響」馬麗庄・鄭広良・魏雁濱主編『全球化時代的華人社会工作』格致出版社，上海人民出版社，2008年。
林其錟「"五縁"文化与未来的挑戦」『従亜太看世界』上海社会科学院出版社，2008

年。

Chirot, Daniel and Anthony Reid ed. (1997) *Essential outsiders : Chinese and Jews in the modern transformation of Southeast Asia and Central Europe*, Seattle : University of Washington Press.

Cochran, Moncrieff, Mary Larner, David Riley, Lars Gunnarsson, and Charles R. Henderson (1990) *Extending families*, Cambridge : Cambridge University Press.

Gomez, Edmund Terence and Hsin-Huang Michael Hsiao ed. (2001) *Chinese Business in South-East Asia*, Richmond : Curzon.

Hopkins, G. E. ed. (2002) *Globalization in World History*, New York, London : W.W. Norton & Company.

第 2 章

固有の文化をさぐる旅
―― アジアの稲作文化を訪ねて

須藤　護

1　人文景観に見る「相異」と「共通」

　今日見られる水田や畑地などの農耕地、ため池や灌漑用水路、自然林を伐採した後に生じた二次林などは、人間が積極的に自然を改変し、生産の場へと変えていった結果であった。このような景観を人文景観と呼び、自然景観と区別することがある。人は自然から与えられたものを採集し、さらには自然を生産の場に変えていくことにより、積極的に食糧を確保してきた。自然を活用する知恵が食糧や生活に必要なものを生み出し、その知恵が蓄積されることで知識となり、知識が世代を超えて伝承されることで文化としての形を整えていったと考えられる。
　ところが人類の歴史が農耕・牧畜など、積極的な食糧確保の段階に入っても、生産過程においては自然環境や土地の条件に左右されることになる。人力や畜力による開発には限りがあり、また自然の力を変えることは不可能であったからである。むしろ自然の法則を学び、それを受け入れる方向で必要な部分だけ改変していった。人々は自然を活かしてきたというよりも、自然に生かされてきたと考えた方がいいであろう。その考え方は東アジア、および東南アジアにおいて共通して見られる価値観ではなかったかと思う。
　食糧確保の方法は文化の一形態と考えていい。それは自然物採集から農耕へという段階的な、また急激な変化ではなく、自然物採集、狩猟、牧畜、農耕という行為は、互いに補いながら、言い換えれば共存しながらゆるやかにその比率を変化させていったのだと思う。様々な食糧生産技術が開発された今日においても、山菜採りやキノコ狩りなどの自然物採集が好んで行われていることを

見てもそれは理解できるであろう。本文では，種々の生業のうち農耕に焦点をあて，その中でも日本人が主食であると考えているコメ（稲作）を取り上げる。前段ではアジアのコメ（稲作）文化をたどることで，その多様性についての理解を深め，後段においてはアジアという地域的・文化的広がりの中で，日本文化との「相異」と「共通」はどこに求められるのか，考えを深めていきたい。

2　多様な稲作文化の展開

東アジアの稲作

南の稲作と北の畑作　人は，自然の条件や法則を受け入れることで食糧の確保をしてきたのであるが，そこに異なる文化が生まれる素地があった。地域の自然条件によって，食糧確保の時期や方法が異なるからであり，今日においても人文景観として容易に観察できる。中国大陸では，揚子江流域から南部においては水田が広がり，稲作中心の農耕が営まれている。これに対して黄河流域から北部にかけては畑作が卓越している。また「南船北馬」という言葉も伝えられている。南部は水路が発達していることで，船による物資輸送が活発であり，北部においては牛や馬，ロバやラバなどによる陸路の輸送が中心であった。この現象は南部の稲作と北部の畑作とも密接に関係していると考えられる。

朝鮮半島においても同じような傾向が見られ，とりわけ全羅道を中心とした半島南部は稲作が盛んである。しかし北に行くにしたがって畑作地帯に変わっていく。日本においても同様で，山間部を除いて西日本は稲作が卓越しているが，東日本から東北日本では畑作が広がりを見せている。それは稲がアジア・モンスーン地帯，特に熱帯圏に自生する植物であり，したがって気候が冷涼な北部の地方には向いていなかったからである。日本列島において稲の栽培が可能であったのは，この国土が同じアジア・モンスーン地帯に属していることと関係が深く，寒さに強い稲の品種改良が行われると稲はたちまち北進し，今日では北海道でも稲作が行われている。

さらに細かく見ていくと，同じ稲作であってもその形は一様ではない。それぞれの地域や民族に文化特性が見られるのである。ここでは日本の稲作，そし

て日本列島に稲作を伝えたとされる東アジアの稲作，および東アジアよりも多様な形態が見られる東南アジアの稲作について概観する。

日本の稲作
──田植えまでの工程

日本列島では複雑な地形の中で稲作が行われている。そのため水田の形態やその管理，水の取り方，水管理などの方法が異なる例が多いが，稲作の作業工程や使用する基本的な農具はほぼ共通している。それは稲作技術が完成された形で農具とともに導入されたからだと言われている。佐賀県菜畑遺跡や福岡県板付遺跡に見られるように，縄文時代晩期から弥生時代にかけての稲作遺跡の中には，すでに灌漑用水路を伴う水田遺跡が出土している。

そして弥生前期後半になると各地に特色ある農具が現れ，伝播していったという（樋口，2008）。古墳時代以降には木製農具は徐々に鉄製に代わっていくが，近年まで使用してきた農具と比較してみても，基本的な形態と構成に大きな変化や断絶は見られない。稲作の導入年代は，今から3000年前から2300年前とかなりの開きがあり，その年代については今日なお議論が続けられている。また導入元は朝鮮半島という説と中国の東海岸という説が有力であり，南から黒潮に乗って北上してきたという説も示されている。

稲作が機械化される以前に日本で行われていた標準的な作業工程は，種籾（タネモミ）の選定から始まり，種籾の発芽作業，苗代への種まき，苗とり，田植え，草取り，稲刈り，という過程を経る。この工程を通して，水の管理が恒常的に行われる。このうち本田にかかる作業は，畦（アゼ）作り，田鋤（タスキ）き（田打ち（タウ）），畦塗り，田こなし（荒くれ），草ちらし（ふんごみ），代掻（シロカ）き等を経て田植えをむかえることになる。

「畦作り」は冬の間モグラなどにより田の畦が壊されるので，これを補修する作業である。「田鋤き」は水田の荒起しのことで，鍬（クワ）もしくは犂（スキ）を使う。その後，田の中に水を入れ，荒起しをした土塊をさらに細かくしていく。「田こなし」，「荒くれ」などと言う地方が多い。この際に使う農具がマグワ（馬鍬，耙）である。マグワは櫛状の歯のついた農具で，これを牛馬に引かせることで土塊を細かくしていく。古くから使われていたようであり，古墳時代に木製のものが出土している。この間，水田の中に蓄えた水が漏らないように「畦塗り」の作業があり，肥料として木や草の若芽を田に入れる（草ちらし）。この肥

料を刈敷(カリシキ)と言い，踏み込むための大きな下駄状の農具も弥生時代の遺跡から出土している（木下，1985）。田植え前に行う最後の作業は代掻きである。エブリという道具を用いて丁寧に水田の表面を平らにし，さらに刈敷を泥の下に沈める作業にもなる。代掻きは非常に重要な作業であったようで，神祭りの際には重要な農具としてエブリが用いられる。

中国大陸の稲作　　中国大陸の稲作は，時代によって栽培技術および栽培地域に変化が見られる。日本の稲作に影響を与えたのは，華北地方で改良された稲作ではないかと想定して，比較的記録が残っている華北の状況から見ていく。黄河流域の稲作は春秋戦国時代（前7世紀〜2世紀）には，関中盆地，汾水(フンスイ)中流域，渭水流域から東の泗水(シスイ)流域まで及んでおり，時代を経るにつれさらにその範囲は拡大していったという。稲作が河川の流域に沿って浸透していった様子が窺えるが，中国の稲作の特徴は灌漑による水の管理・土壌分析・工程管理・稲の品種に関心があったことが記録からわかる（游，1997）。

　農耕の状況が具体的に記されるようになったのは，6世紀中頃に山東半島で誕生した『斉民要術』という書物で，この頃には水田を中干して苗に酸素を供給すること，草取りをすることなど，管理された稲作が行われていたことが書かれている。これが隋・唐の時代を経てさらに改良されていった。それを象徴するのが唐代に考案された曲轅犁(キョクエンリ)であろう（図2-2）。犁は前漢の時代にすでに使用されていることがわかっているが（図2-1），これに改良が加えられた。つまり漢代のものよりも操作が楽になり省力化に成功したこと，鋤起こすときに深浅の調節ができるようになったことなどである。これより先，4世紀には耙（マグワ），宋代には耖（改良されたマグワ：「耙」，「耖」はいずれも「マグワ」と読むことができる。マグワは犁で荒起しをした後，さらに土の塊をこなし，ならすための農具。「耖」は重ねて耕す農具とある。[字源]）が出現しており，本田を整備していく際に家畜に引かせる道具の組み合わせが完成したという（游，1997）。

　近年の中国東海岸の稲作については，浙江省無錫(ムシャク)付近の資料がある（高，2000）。南に太湖という周囲が200kmほどの大きな湖があり，無錫から蘇州市にかけては300余りもの湖沼が連なる水郷地帯で，江南地方と呼ばれている。中国南部における稲作の中心地である。この地方の主要な農作業は，田の畔道

第Ⅰ部　アジア・太平洋の交流

図2-1　牛犂模型副葬品
（中国甘粛省武威県磨咀子出土，資料：渡部武）

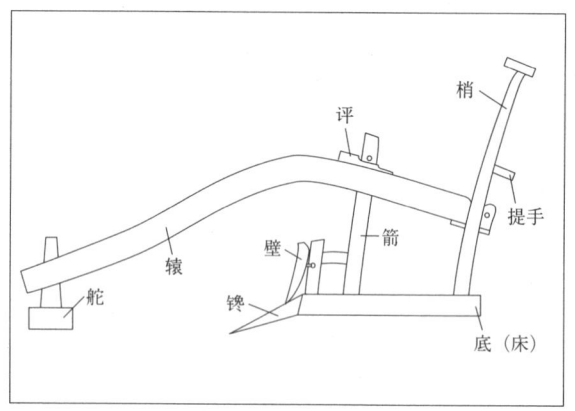

図2-2　唐代曲轅犂復元図（陝歴史博物館蔵）

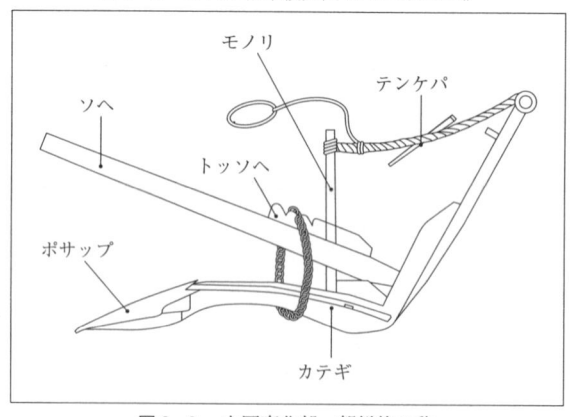

図2-3　中国東北部・朝鮮族の犂

第 2 章　固有の文化をさぐる旅

作り（2月），肥料取り，肥料作り，土作り，種籾の選定，発芽（3月），苗代作り，種まき，本田の耕作（田鋤き），水を入れての田こなし（4月），苗とり，田植え，中耕、除草（5月），除草，ヒエ抜き（6月），病虫害の駆除（7月），稲刈り（9月），脱穀（10月）という工程で行われる。ただし中国では農暦（旧暦）を用いているので，作業は提示した月よりも1カ月ほど遅れることになる。

　上記の作業工程は，日本の稲作とほぼ共通していると考えていい。ただ肥料作りにとりわけ気を配っていること，本田の耕作に犂（曲轅犂）を用いること，脱穀は稲を叩いて行っていたことなどが異なる点であろう。日本では，田鋤き（田打ち）には長い間鍬が使われてきた。また脱穀は稲を扱くことが基本であり，稲扱きとも言っている。以上見てきたように，日本と同様，華北や江南地方においても緻密な稲作が行われてきたことを知ることができる。

　なお，使用している農具類は必ずしも一致していないが，朝鮮半島南部においても日本や江南地方と同じ工程で稲作を行っている。

苗の移植（田植え）のこと　ここで問題になるのが田植えである。田植えの開始は後漢（25～220年）であるという説と，『斉民要術』が記された年代（6世紀中頃），宋代（北宋960～1126年，南宋1127～1279年）という説がある。研究者の間では，6世紀中期以前の移植は，稲の苗が雑草やヒエに負けてしまうために，稲を守るためのものであり，今日の田植えとは異なるものであろうという。これに対して文献と図像資料から，田植えは漢代にはすでに行われていたという指摘がある。漢代にはすでにイネとムギの二毛作が行われていることから，必然的に田植えが行われていたとし，また陝西省・四川省・貴州省・広東省から移植（田植え）のシーンを示す後漢時代の図像が出土していることがその根拠になっている（崔，1996）。

　別の視点に立ってみると，日本に稲が伝来してきた当初は，石包丁が出土していることから「穂刈り」が行われていたとされている。日本の伝統的な儀礼であり，滋賀県の多賀大社や日吉大社で行われている刈穂祭では穂刈りの名残が見られるし，中国雲南省ハニ族の収穫前の儀礼である「十月年」に用いる稲は，この時点で一番熟した稲穂を刈ったものである。これなどは古い時代の稲刈りの形を残したものであろう。穂刈りから根刈りに移る時期は，石包丁から

柄のついた石鎌、もしくは鉄鎌の時代からという想定ができる。田植えをすることにより稲が均一に成長し、いっせいに穂をつけることから根刈りが可能になるという考え方である。

　朝鮮半島では、鎌状の道具は古墳の副葬品として漢代から出土しているという。前漢時代（前108年）に4つの拠点が朝鮮半島に置かれた。そのうち楽浪郡が置かれた北朝鮮の平壌周辺の墳墓から鎌状鉄製品が出土しており、3世紀後半には朝鮮半島南部でも出土していることが報告されている（村上、1998）。日本においては、縄文晩期に稲作の伝来とともに北部九州に伝来した。ただしこれは磨製石器の鎌であり、その使用方法については不明である。穂摘み具である石包丁も同時に出土している。鎌状の道具が鉄器に変わるのが弥生時代中期以降であるが、やはり石包丁も出土している。次いで弥生時代末から古墳時代初期にかけて鉄製農具が出揃ったという報告があり、この時期に根刈りが始まった可能性はある。ただし北部九州に限ってのことであり、そのほかの地方はさらに遅れることになるであろう。

雲南地方の稲作　　中国雲南地方ではタイ族・ハニ族・彝族・ナシ族・白族などの少数民族が稲作を生業にしている。このうちミャンマーやラオス国境付近に住むタイ族は低地熱帯稲作を行っており、水タイ族と呼ばれている。稲作は二期作をしており、2月頃に種まき、3月に田植えを行い、7月頃に収穫する。その後二度目の種まきを行い、12月か1月の頃に収穫する。したがって、8月の初め頃に水田を見にいくと、稲刈りが始まったところ、稲刈りが済んだところ、種まきの準備をしているところなどを見ることができる。東南アジアの稲作に共通するものがある。

　雲南地方は亜熱帯から熱帯地方に属しているが、1600mを超える山地で暮らしているハニ族の領域は、雨季と乾季を伴う温帯地方の気候帯になる。ここでは棚田が非常に発達しており、計画的な水利による稲作栽培が行われている。稲作は日本と同様一期作であり、作業工程や農具も共通するものが少なくない。ハニ族は1年を寒い季節（冷季・10月〜12月）、乾燥する季節（春季・2月〜4月）、雨の多い季節（雨季・6月〜8月）に分け、1月・5月・9月を移行期としている。春季に種まき、雨季に田植え、冷季に入ってから稲刈りが始まる。

この作業工程と気温および湿度との関係を見ていくと，西日本の稲作と共通する点が少なくない。

　大きく異なる点は，年間を通して水田の水を落とさないことである。その理由は，水田や畦道が乾燥すると水漏れを起こし，棚田が崩れる恐れがあること，水田養鯉をしているために水を落とすことができないからである。ハニ族の棚田は灌漑用水によって計画的に管理されているが，標高が高い集落の近くにはため池が散在しており，ため池にはコイが養殖されている。春には水を抜いて苗代田として使うのでコイは捕獲される。田植えが終わるとまた水が入れられるが，そのときに親ゴイが放される。このため池で育ったコイなどが水田に入っていき，水田も養殖場としての機能を果たしているのである。稲作と魚の関係は，東アジにおいても東南アジアにおいても，もちろん日本においても共通して見られる現象である。

東南アジアの稲作

　東南アジアの稲作は，熱帯という気候的，自然的条件により，東アジアとは異なった様相を見せている。雲南省の水タイ族のように二期作を行う地域や，2年五作を行う地方もある。つまりどのような時期でも稲作は可能であり，耕作者の都合によって栽培が行われていると考えていいのかもしれない。しかしこのような地域は，条件のいいところに限られており，しかも近年に開発された比較的新しい技術ではないかと考えられる。このほか東南アジアに見る稲作は，天水や川や湖の氾濫を利用したものから，灌漑の設備が整備され，統制のとれた水の管理がいき届いているところまで，多様な姿を見せていることが大きな特色であろう。

雨季作と乾季作　カンボジアはクメール族の国であるが，クメールの農民は4月に正月をむかえ，1年が始まる。雨季に入る5月になると，苗床の準備を始め苗床へ種まきをする。そして雨が降りはじめるのを待って水田の耕起を行う。耕起は一般に犂を牛に引かせて行う。苗が成長した頃から田植えを始め，田植えは遅くとも8月には終えるという。10月には豊作を願う水祭を行い，12月に収穫をむかえる。雨季の天水を期待して行う稲作であり，

カンボジアでは一般に見られる稲作である（森本，2000）。

これに対して，北部のトンレサップ湖付近からメコン川流域では，乾季に稲作が行われる。メコン川は首都のプノンペン付近でトンレサップ川と合流する。雨季になるとメコン川が増水してトンレサップ川に流れ込み，この水が逆流して湖に入りこむ。この湖は琵琶湖の3倍ほどもある大きな湖であるが水深はさほど深くない。それが雨季に入るとたちまち水かさを増し，水深が8mも上がるという。湖の面積が数倍にも拡大し，周辺の農地や集落を飲み込んでしまう。したがって，雨季が終わりに近づき，水が引きはじめないと種まきや田植えをすることができないのである。人々は洪水によって湿気を含んだ農地に種をまき稲を育てる。湖や川の増水・減水を利用したたくましい稲作である。ちなみに湖の魚はこの時期に産卵期をむかえ，岸辺の植物に卵を産みつけ，水が引く頃になると大きく成長して本来の湖に帰っていくという。

浮稲　デルタの中央部や氾濫原のようなところでは，浮稲という稲が栽培されている。タイ・ベトナム・ミャンマーにそのような地域が見られるが，先のトンレサップ湖周辺やメコン川流域でも栽培されている。浮稲は，雨季に水量が増してくると稲穂が水の中に沈んでしまうために，水深が増してくるとそれに伴って稲も成長し，水面から顔を出して実をつける。タイのアユタヤはバンコクから100kmほど北に位置し，タイ族が建設した中世の王国であるが，その周辺では浮稲栽培が行われていた。

この地方では1月から4月にかけては乾季にあたり，5月に入ると雨が降りはじめる。この頃から犂による耕起を行い，その上に種籾をばらまいていく。種籾はやがて発芽し，雑草に圧倒されながらもたくましく成長していく。8月中旬にようやく洪水の時期になり，それまで乾いていた耕地はたちまち水没し，9月初めには水深が1mから2mになるという。するとそれまで旺盛に繁茂していた雑草は消滅し，浮稲だけが背丈をどんどん伸ばして生き残る。そして12月になって減水すると，干上がった水田で3mもの茎に大きな稲穂をつけており，これを刈り取って脱穀するのである。このほかに深水稲と呼ばれる稲があり，この稲は背丈が1.5mほどもある背の高い稲で，やはりデルタの浸水地帯で栽培されるが，浮稲とは異なった品種であるという（高谷，1997）。

また浮稲は，マリ共和国（西部アフリカ）のニジェール川流域でも固有の品種が栽培されている。ニジェール川流域では，雨季が始まる5月までに牛と犂を使って耕地を耕作し，6月から8月にかけて種まき，乾季が始まる11月に稲刈りを行う。やはり雨季の天水を活用した稲作で，この稲は水深によっては5mもの長さに伸びるという。ニジェール川流域とタイ・ベトナム・ミャンマーで栽培されている浮稲との関係については明らかではないが，文化は伝播・定着という行程を経るものと，それぞれの地域で独自に発生し定着するものがありそうだ，という示唆を与えてくれる事例である。

焼畑と陸稲　タイとミャンマーの国境のあたりに住むカレン族は，標高700mあたりのなだらかな斜面を焼き，そこに陸稲を栽培している。4月になると森に入り，うっそうと茂った藪を切り開き，草を刈りとって火を入れる。土地が冷えてから陸稲の種をまき，あとは雨がくるのを待ち，稲の成長を願う。11月に収穫をむかえ，大きく湾曲した鎌で穂刈りをする。この畑は1年で放棄し，翌年は別の山を焼いて種まきをするという。大体7年から10年ほど山を放置しておくと藪にかえり，焼畑地としてまた使えるようになる（高谷，1997）。稲刈りは村の人々の共同作業で行っており，若い男女にとっては出会いの場にもなっているという。結婚の相手としてよく働く若者が選ばれるのである。

　東南アジアの山地では，焼畑によって陸稲を栽培する事例は少なくない。ラオスの山間部もその一例で，ここで栽培されている稲の品種はジャバニカである。ジャバニカはジャポニカと同じ短粒米であるが，温帯ジャポニカよりも粒が大きく長いノゲを備えている。2月中旬頃に山の木を切り，草を刈っておく。2ヵ月間ほど放置して乾燥させ，4月中旬頃に火を入れる。5月中旬頃にもう一度除草をして，6月中旬に種まき，10月中旬に稲刈りをむかえる。その間もう一度7月下旬頃に除草を行っている。収穫後は稲を積み上げておき，1月中旬頃に脱穀，2月に入ってから籾にした米を村まで持ち帰るのである（中田，2004）。

アジアにおける稲作の文化要素

　以上，東アジアおよび東南アジアの稲作を概観してきたが，特に東南アジアにおいては多様な形態があったことが分かる。それぞれの民族が自然の条件や法則を受け入れることで，異なる性質の稲が定着したからである。そこに異なる文化要素が生まれる素地があった。もう1つ大切なことは，文化は発生・伝播・定着・変容という過程をたどることがあり，稲作における多様な形態は，文化の定着と変容の過程と深く関係しているであろう。コメ（稲作）文化の伝播と変容の過程を検証することで，民族文化の固有性（特性）を探ることが可能かもしれないのである。

　たとえばここで繰り返すまでもなく，東アジアの稲作と東南アジアのそれは，明らかに異なった要素を持っている。東アジアの稲作地帯は気候的には温帯に属しており，なおかつアジア・モンスーン地帯に属している。春夏秋冬という四季がめぐりくる地帯であり，6月には作物の成長に必要な梅雨がやって来る。このような自然環境の中で行われる稲作は，中国浙江省，韓国，そして日本の事例で見てきたように共通点が少なくない。その特性については，一期作であること（春に種まきをして秋に収穫する），短粒米（ジャポニカ種）が主流であること，苗代と田植えを伴うこと，灌漑用水を含めあらゆる形で人工的に水を確保していること，などを挙げることができるであろう。

　熱帯低地稲作を行う雲南省の水タイ族の場合は二期作を行い，さらに多数の水牛を水田に追い込んで踏みならす蹄耕，長粒米（インディカ種）の栽培という要素が加わるので，明らかに東南アジア型の稲作に属している。雲南省の水タイ族は，東南アジアに隣接する元陽県や緑春県，西双版納などに居住している。これに対して水タイ族よりもやや標高の高いところには花腰タイ族という一団が居住しているが，このタイ族は温帯稲作（一期作）と畑作を生業としており，ハニ族の稲作に近い方法で稲作を行っている。したがって雲南省は標高により温帯稲作と熱帯稲作が重なっている地帯になる。

　これに対して東南アジア型の稲作は，亜熱帯から熱帯地方で行われており，栽培品種は主として長粒米（インディカ種），大型米である熱帯ジャポニカ種が選択されている。また栽培方法として，一期作，二期作，2年五期作，浮稲の栽培，雨季稲作，乾季稲作などがあり，さらに蹄耕を行う地域があるのに対し

て，その一方で堆肥等の有機肥料を使わない，といった要素が加わる。このような稲作の多くは，雨季に期待できる天水や河川，湖の氾濫がもたらす水が経験的に利用されてきた。また水田，もしくは湿地に栽培する稲のほかに，タイやラオスの山岳地帯で見てきたように，焼畑による陸稲の栽培も行われている。さらに，ここでは具体的には記してないが，インドネシアのジャワ島やバリ島の稲作は灌漑設備が整い，その集団による管理も統制がとれていた。「スバック」と呼ばれる水利共同体による厳格な水の管理が行われている。東アジア型稲作よりも多くの型を持っていることが理解できる。

このようにして東アジアと東南アジアの稲作をたどっていくと，日本にやって来た稲作は東アジア型の稲作の影響を強く受けていると理解してよいであろう。つまりアジア・温帯モンスーンの自然特性を基盤にした稲作の完成された型があり，その型から大きくは逸脱しない形で稲作が行われてきた。稲作が中国揚子江流域に起源を持つものであるとすれば，その栽培技術や農具などを比較検討することで，伝播の過程をたどることができそうである。この種の研究は，今後資料の発掘が継続され，ますます豊富な資料が揃うことで実現されるであろう。次節では稲作における個々の文化要素を取り上げて，稲作定着後の日本におけるコメ（稲作）文化の変容について考察してみたい。

3　日本におけるコメ文化の変容

節の見出しにコメ文化という言葉を用いた理由は，稲作をあらゆる角度から見たいという気持ちからであり，先に記してきた稲の品種，栽培方法等の要素のほかに，畑作との関係，農具，ワラ（藁）の利用，モチ（餅）を含む米の調理のあり方，稲作にまつわる生産儀礼など，コメ（稲作）をめぐる多くの問題が含まれている。これらの問題を総合したものを「コメ文化」と名づけた。ここでは，コメ文化が伝える多くの要素のうち，犂と牧畜，ワラ，モチと赤飯を取り上げ，日本列島で生活してきた人々がアジアにおけるコメ（稲作）文化の中の何を選択し，何を選択しなかったのかを検証する。そして日本におけるコメ文化の変容について，さらには日本文化の固有性について考察してみようという試みである。

犂と農耕と牧畜

東アジアの古い犂　　犂は牛馬に引かせて耕地を耕す農具であるが，その用途は耕地の耕転のほか，畑作の場合は種まきや除草，中耕にも使われている。犂は大きく分けて四角の枠を持つものと，三角枠のものとがある。四角のものは中国大陸で使われてきたものであり，三角枠のものは朝鮮半島に多い。しかし絵画資料で見る限りは，古くは中国大陸にも存在している（図2-2）。また，床のない犂（無床犂）と床のついた犂（有床犂）とがあり，前者は不安定であるが深耕に適し，後者は安定しているが浅耕型の犂である。床が長いほど安定し，しかも鎮圧能力が高いため水分を極力逃がさない機能があり，乾燥地帯に適している。ちなみに長床犂を多用してきた中国の華北から東北地方における年間降水量は，北京411mm，西安541mm，瀋陽822mmであり，東京の1467mm，新潟の1841mmとは大きな違いを見せている。

　渡部武は，中国漢代の画像石に描かれた農耕図から犂の形態や使用方法等を分析しているが，中国においては前漢（前202～8年）に犂の図が描かれていることが判明しており，それ以前から犂が使われていたことが分かる。画像石で犂の図が多く見られるのは後漢（前25～220年）であり，また画像石が残っている地帯は，黄河と淮河（ワイガ）に挟まれた中流域の河南地方，黄河と淮河の下流域にあたる山東地方，黄河が大きく北上する中流域の陝西（センセイ）地方，そして揚子江上流域の四川省成都を中心とした地域である（渡部［武］，2010）。四川省を除くと淮河よりも北部にあたる地帯であり，畑作が卓越する乾燥地帯にあたる。

　一方，新納豊は，朝鮮半島における犂について，高句麗（前2世紀～668年）時代の犂（ヨンジャン），百済（4世紀前半～660年）・新羅（不明～935年）時代の犂（クッチェンイ），高麗（918～1392年）・李朝初期（15世紀頃）の犂（ヂェンギ），李朝後期（18，19世紀の頃）の犂（ポヨンヂャン）という時代区分と，犂の分類を試みている（新納，2010）。高句麗系犂とされるヨンジャンは2頭引き三角枠の大型犂で，犂轅が長く直棒型である。朝鮮系犂は直棒型，無床犂が特徴である。犂轅の長さは写真から推測すると2mほどであろう。北朝鮮の平安道地方において，畑の畝立てに使われた頑丈で素朴な犂である。クッチェンイは，形式はヨンジャンとさほど変わるところはないが，1頭引きであることが大きな違いである。ヂェンギは韓国の京畿道，江原道以南の水田地帯に広く分布し，

1頭引きで犁へらを持つ犁で,水田の平面耕作に適した犁であるという。ボヨンヂャンは先のヨンヂャンに犁へらが付加されたもので,2頭引きである。

このようにして中国大陸と朝鮮半島の犁を見ていくと,早い時期に犁の基本形ができ上がっており,時代が進むにつれ,また地域によって改良が加えられている。前者は四角枠型の長床犁が基本であり,唐代に考案された曲轅犁の系統が続いている。後者は三角枠の無床犁,直棒型という分類が可能である（図2-3）。平坦な耕地がどこまでも続く大陸と,複雑な地形を持つ朝鮮半島の特性が犁の形に表れている。とりわけ広大な乾燥帯である華北地方においては,水分を保有するための鎮圧能力が高く,畜力を活用して広範囲の耕作が可能な長床犁は不可欠であった。また犁と畜産は切り離せない関係にある。家畜は収穫物や農具類の輸送にも大きな役割を果たし,定畑化した畑で毎年作物を栽培するためには肥料が必要であった。家畜の糞尿は良質の有機肥料として使用できたのである。中国東北部においても犁は重要な役割を果たしており,それは遊牧民族が飼養していた馬を使うことが可能であったからである。中国の犁は牛が引く事例が多いのであるが,東北部に限って馬を使用していた。農民と遊牧民との関係が深かったことを物語っている。

日本への影響　日本における古い犁は,古墳時代の5世紀に犁先が出土しているとされているが,河野通明は,安坂・城遺跡,梶原遺跡（兵庫県）,屋代遺跡（長野県）などから出土した犁を重要視している。四角枠曲轅型の犁でいずれも7世紀のものであるが,この犁は時の政府が大陸から基本型を導入したのではないか,という説を立てている（河野,2010）。

古代においては犁が使われていたことが裏づけられているが,中国大陸や朝鮮半島に比べると,日本列島における犁の普及は十分であったとは言えない。それは日本の国土が比較的湿潤であったこと,時代が進むにつれて緻密な集約的農業が主流になっていったことと関係が深いであろう。反当収量を上げるために深耕が必要とされたのである。さらに,日本では稲作が優先されたこと,畜産が継続的に発達しなかったこともその理由として挙げられるであろう。稲が均一に成長するためには,なるべく水田の水深が一定していた方が望ましい。水田を集約的に管理して収穫量を上げることは必要なことであり,そのために

は一枚の水田があまり大きくない方が造成も管理もしやすい。したがって，広大な耕地を耕すことは必ずしも必要とされなかった。日本の水田は鍬で耕すのに都合のいい大きさで，長い間維持管理されてきたのである。ちなみに一人前の男性が1日に耕す水田面積は3畝（約100坪）と言われている。

　国営事業として水田の整備が行われる場合は，話は異なるであろう。7世紀の半ばに班田収授法が施行され，水田が農民に配布された。この水田を条里田といい，1町＝約109mの単位で耕地を区画した。1町（109m）×1町（109m）を1坪（11万8800m^2）と言い，これを10に分割したものが1段である。つまり1坪は10段からなり，1段を短冊型に分ける方法と半折にする分け方があった。いずれの耕地も1枚あたり1188m^{2}で，現代の坪数にすると360坪（1.2反）になる。現代の耕地の単位は，1反歩（10a）300坪なので，それよりも大きな水田であり，犂を入れても効率的な作業が可能であろう。特に短冊形の耕地であれば，安定した長床犂がより有効であろう。7世紀における犂と条里田との関係については大いに検証すべき事柄である。

牧畜の痕跡　条里田が行われていた時代に犂が多用されていたとすれば，牧畜も行われていたと考えても不思議ではない。事実そのような痕跡が認められる。安閑天皇の2年（532年）に，牛を難波の大隅嶋と媛嶋松原に放したとあり（『日本書紀』），また孝徳天皇（644〜654年）の代に，唐からの渡来人善那が牛乳を絞って天皇に献じたので，「大和薬使主」の姓を賜ったという（『新撰姓氏録』在京諸蕃下）。またこの時代に練乳（酥）が作られていたことも記録されている（『延喜式』民部省式）。広辞苑によれば「酥は牛乳，もしくは羊の乳を煮詰めて濃くした漿」とある。

　日本における牧畜は，5世紀まで遡る可能性があるという。森浩一によると，高句麗人の伝統習俗である積石塚が一番多く築造されたのが長野県で，5世紀から始まり6世紀の頃に最盛期をむかえたという（網野，1999）。そして高句麗が滅亡する668年以降，大挙して日本に亡命してくるのであるが，そのときはすでに高句麗人の生活基盤ができあがっていたとされる。その根拠地になっていたのが長野県，山梨県（巨摩郡），群馬県，埼玉県（高麗郡），東京都（狛江）などであったという。このことを早い時期に指摘していたのは鳥居龍蔵で，古

代武蔵野の基礎は高麗人が築いたという論文を記している（鳥居，1924）。この時期の古墳から馬具が数多く出土することから，高麗人が日本に馬を持ってきた可能性が指摘されており，また上記のいずれの県も畑作が卓越する地方であった。

　古代には，牧畜が行われていたことを裏づける儀礼も行われていた。ウマ，ブタ，ニワトリを犠牲として神に供える習俗があったことが『延喜式』からわかる。人々の生活を支えていく上で重要な家畜を犠牲にすること，犠牲の血を神聖視すること，そしてその肉を平等に分配することは朝鮮半島，中国大陸，東南アジアに至るまで行われていることであるが，日本においてこれがいつまで続いていたのかは問題にすべきであろう。今日の神祭りの供物の中には，ウマ・ウシ・ブタなどを供える習俗は見られない。

　古代において条里田という比較的広い水田が整備され，東日本から東北日本にかけては牧畜と畑作の環境が整っていたと考えられるのであるが，それでも犁耕と牧畜に関しては，大陸や半島のような広がりを見せなかったのはなぜであろうか。湿潤な地帯における緻密な農耕と，広大な乾燥地帯に適している犁耕という組合せがミスマッチを起こしたのかもしれない。必然性が薄い要素の組合せは極めて不安定な状況を呈する。また，誰がこの選択を行ったか，という問題も考慮する必要があろう。この問題と，神祭りの際に家畜を犠牲にしなくなったこととと関係があるように思える。その時期は古代国家が終焉する時期と重なるのではないかと考えているが，確かな裏づけはできていない。

鍬と鎌の発達　　日本に犁耕が十分浸透しなかったことを裏づける興味深い現象をいくつか発見できる。私は中国や韓国を訪れるたびに農具を見せてもらうことにしているが，鍬にしても鎌にしても，いかにも頼りないものが多いのである。またその種類も保有数も耕地面積の広さを考えると決して多くない。日本において，このような鍬や鎌のセットではまともに農耕を行うのは難しいのではないかと感ずることが多い。それは浙江省無錫付近でも，山東省でも同様であった。頼りない農具の背景には，主要な農作業は犁が行うという前提があるからであり，畑作の場合は耕作ばかりでなく，除草，中耕，そして種まきなどの際に，犁はその力を発揮するのである。

これに対して，日本における鍬や鎌に対する思い入れは，大陸や半島の人々とは大きく異なることを感ずる。滋賀県大津市に田上という地域がある。田上は典型的な稲作地帯であるが，そこの鍛冶屋は1軒1軒の農家の家族数・年齢・性別・家族構成員の性格や身体的特性，たとえば右利きであるか左利きであるか，という情報を記憶しており，農具の注文や補修の際にはその情報を活かしたものを作ってきたという。だから，鍛冶屋は頭のいい者でないと務まらなかった，という。

高知県梼原という町の鍛冶屋が打った鍬についての報告がある（香月，1983）。これを見ると，1人の鍛冶屋に鍬を打ってもらったところ70種類を打ち分けたという。さらに細かに打ち分けると150種類ほどは打てるという。梼原は山間部の小さな町であるが，地形や地質，作物の種類，家族構成など，様々な条件を考慮するとおのずとその種類は多くなる。日本各地で農具や刃物を作ってきた職人を野鍛冶と呼んでいるが，野鍛冶の多くはこのような仕事をしてきたのである。一方農家の側でも，農具は修理に修理を重ねて大切に扱ってきた歴史がある。したがって，必然的に農具の種類も数も数多く保管するようになっていったのであろう。日本の農家が保有する農具の数は，おそらく中国大陸や朝鮮半島の農家の2倍から3倍にあたるのではないかと思う。

ワラ活用の文化

日本のコメ（稲作）文化を考える上で，欠かすことができないのはワラとモチの問題であろう。いずれも長い間研究者の興味を引きつけてきた問題であり，ワラに関しては多くの議論がまとまりつつあるように思う。東アジアと東南アジアの稲作地帯を見渡して，ワラをはじめとしたコメの副産物を体系的に活用してきた国は日本をおいてほかにはないであろう。強いてほかの地域を挙げるとしたら，韓国南部の稲作地帯であるが，日本人ほどワラを徹底的に活用していないという印象を受ける。

ワラを活用するためには稲刈りの際に根刈りをする必要がある。東アジアや東南アジアにおいて，田植えをする地帯の多くは根刈りをしている。田植えをすることによって稲の成長はほぼ均一になり，ほぼ同じ時期に稲が実り稲刈りができるからである。これに対して種もみを散播している地域や，浮稲の地域

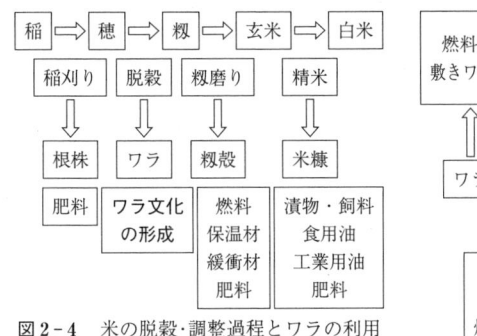

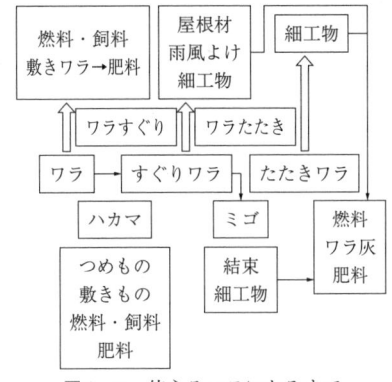

図2-4 米の脱穀・調整過程とワラの利用

図2-5 使えるワラになるまで

は一般に穂刈りをしている。散播の場合は稲の成長が一定ではないこと，浮稲の場合は鎌が根まで届かないことや，茎が倒れてしまうことが多いために，作業に不合理さが生ずるからであろう。

　ワラを活用する場合は多くの手続きを必要とする（図2-4，図2-5）。脱穀後のワラがその対象になるのであるが，当面は田んぼに積み上げて乾燥させ，雪が降る地方では雪が降る前に家の中に取り込んでおく。古い形の農家は茅屋根であったので，屋根の勾配が45度ほどになる。天井から屋根の棟木までが人の身長よりも相当高いので，屋根裏に広い空間を確保できた。その中に屋根葺き用の茅や燃料用の柴の類，乾燥したワラなどを取り込んでおく。

　脱穀したままのワラであれば燃料，もしくは家畜の飼料や敷きワラとして活用することになる。田畑の耕作や物資輸送など，牛馬を使用する期間，そして冬の間は舎飼いをするために，毎日飼料を与えなければならない。その際に干草の補助的食糧としてワラを混ぜ，飼料の有効利用が行われた。また敷きワラは数日で家畜の糞尿で汚れるので，その上から新しいワラを足していく。適当に積み上がったワラは外に引き出して積んでおくと優良な有機肥料（厩肥）となり，稲作や畑作に欠かせないものになった。そして本格的な冬になり，外の仕事ができなくなるとワラ仕事や織物などの仕事が行われた。

　ワラはその日に使う分だけ屋根裏から降ろしてワラすぐりをする。ワラはミゴ（芯の部分）と幾重かのハカマと呼ばれる部分でなっているが，外側についているハカマは使い物にならない。これを丁寧に取り除き，内側のハカマとミ

ゴの状態にする。これをワラすぐりという。すぐり取られたハカマは詰め物（クッション材）・敷物として使用するほか，燃料・家畜の飼料・肥料などに使用した。ワラすぐりを終えたワラはそのまま細工物に使用できたが，さらに木槌で叩いて柔らかくすると，加工しやすいワラになる。また長時間ワラ細工をしても手を傷めることが少なかった。

細工の技術　　ワラ細工の基本は縄をなうことである。縄は縄（ロープ）として使うことが多いが，履物・かぶり物・飾りものなど，あらゆるワラ細工の基本になる。縄ないのほかにムシロ編み，ネコ編み，組み，タワラ編み，ワラジ編み，マキ編みなどの編み方を使い分け，多種多様なワラ細工を作り上げていく。これを民具の分類に即して見ていくと，衣生活および履物，食生活，住生活，生産生活，そして信仰にかかわるワラ細工ということになろう。日本人の生活のすべてにわたってワラが活用されてきたことが分かる（図2-6）。

衣生活および履物　　衣生活で取り上げなければならないワラ細工は，雨具・カサなどのかぶり物・履物の類であろう。雨具として大きな役割を果たしたのがミノとカサであった。ミノは縄ない，ネコ編み，ムシロ編み，組みなど，数種類の編み方を組み合わせて作る手の込んだワラ細工であるが，村の中にはミノ作りの名人がいて，注文に応じて作る場合もあった。傷みやすい部分はスゲやアサなど，丈夫な材料を使って仕上げることが多かった。カサはスゲガサがよく知られており，ワラで作ることは少ない。このほかに三角形をしたミノが作られたが，これは雪の深いところで使用された。

ワラで作った履物はゾウリ・アシナカ・ワラジ・ワラグツ・ナガグツなどがある。特に雪国において細やかな使い分けが見られた。日常的に用いるのがゾウリ，田畑や山仕事の際にはアシナカ，激しい労働や遠くに出かけるときはワラジ，雪の降りはじめはワラグツ，もしくはオソフキワラジ，雪が深くなるとナガグツ，雪道を作るときはフミダワラを用いた。このうちアシナカは足の半分まで編んだゾウリ状の履物，オソフキワラジはワラジにスリッパ状の覆いをつけたもの，ワラグツは会津地方ではゲンベイと言い，素足で履いても温かさ

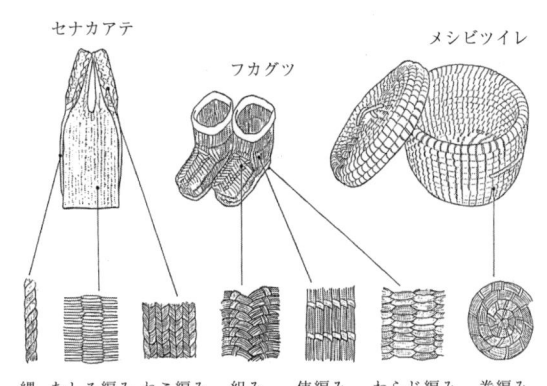

図2-6　ワラ製品に使われる細工技術（資料：宮崎清）

を保つことができる。ナガグツであればなお温かい。このほか面白いものは，ウシのクツやウマのクツがあることである。ウシやウマがヒズメを傷めないようにという飼い主の心遣いが伝わってくる。牛の爪は2つに分かれており，馬の爪は丸いので，それぞれ作り方が異なっている。

食生活と住生活，そのほかのワラ　食生活に関しては納豆用のツト，凍み豆腐などを下げる縄，鍋敷き，ニガリをとるための塩入れ，ご飯を保温する飯櫃入れから，タワシの類まで見出すことができる。飯櫃入れと同じ形態のものは，赤ちゃんが動き回って事故が起きないように配慮した用具としても使われている。

　住生活においては大量のワラを使用してきた。その代表は畳の床と茅屋根であろう。今日においても畳と和式の住居は切り離すことができない。茅屋根が行われていた時代は，結束用の縄として大量のワラが必要であった。また日本ではさほど多くはなかったが，ワラ屋根の農家もあった。土壁の補強材としてワラを細かく切り，壁材と混ぜることは伝統的に行われてきたし，酒蔵などでは，温度を調節するためや衝撃を和らげるための遮断剤としてワラやモミを使っている。そのほか敷物としてのムシロがあるが，ムシロは穀物や山菜などの乾燥，脱穀・調整などの作業を行うなど多様な用途があった。

　生産財としてのワラの利用も盛んに行われた。先のムシロがその一例である

が，特記すべきことは養蚕用具としてのマブシがある。明治以降，ワラの折マブシが開発されたことにより，形の整った均一な繭の生産に成功し，繭の大量生産が可能になった。これが明治期の生糸の生産と輸出を支えていたことは特記していいことであろう。日本における近代化は，ワラ製のマブシが下支えになっていた，と言っても過言ではない。

　信仰にかかわるワラ製品も多彩である。身の回りでよく目にするものは，正月のお飾りであろう。床の間や神棚をはじめとして，台所や便所，倉そして自動車にもお飾りを飾る人は少なくない。神社や鳥居にかける注連縄もワラを使っている。信仰のために使うワラは，稲が実をつける前に青刈りをした神聖なものを用いていた。コメを収穫することが目的ではなかったことがこれで分かる。

　そのほか，おめでたいときなどには，宝船，鶴と亀，寿注連縄などが作られ，結婚式の長持などを担ぐ人は美しく飾られた背中あてをつける。山形ではこれをバンドリと言っている。村の中へ悪いものが入ってこないように，大きなワラ人形を作る地方が東北に多く見られ，豊作を祝って子供たちがワラ筒を叩きながら家々をまわる行事を滋賀県ではナリッポと言っている。作物の予祝儀礼に使われる綱引きの綱もワラであり，沖縄や西南諸島で作られる綱は直径が1m，長さ十数mほどもある。

　このほかにもワラを活用したものはたくさん見られるが，日本人は実にスケールの大きなワラ活用の体系を作り上げてきたことが分かる。このような民族はほかの稲作民族の中に見ることができない。

モチをめぐる諸説

　日本人は正月をむかえる前にモチ（餅）を搗いて神様に供える。また正月には雑煮や汁粉にしてモチを食べる。おめでたいときにはやはりモチを搗き，また赤飯を食べる。しかしながら，なぜめでたいときにモチや赤飯を食べるのか，実はその確かな理由は分かっていないのである。東南アジアにはモチゴメ（糯米）を主食にしている民族がいる。北部タイ，および東北タイ北部に居住するタイ族，ラオスのラオ族，そしてその周辺に住んでいる民族である。さらにその周辺にはウルチ米（粳米）が主食であるが，行事があるときにはモチゴメを

食べる民族がいる。日本人や韓国人は，モチゴメ民族の周辺民族に位置づけられている。ここでは，農学，民俗学，植物民族学などの分野での先行研究を参考にして，「モチ文化」の諸説をたどってみたい。

渡部忠世は，「赤米は普通米にたいして優性であり，栽培種の祖形に近いと考えられているから，その時代が古いほど赤米の比率が高かったに違いない。野生稲も大部分が赤米である」と述べ，モチゴメに関しては，「遺伝的にはウルチが優性でモチが劣性である。ちなみに野生稲はすべてウルチで，モチの品種が発見されたという報告はない。アッサム地方を除いて，インドにはほとんどウルチ米は分布していない」という（渡部忠世，1997）。

佐々木高明は，「ときどき突然変異でアミロペクチン100％の粘りのあるモチ澱粉をもつ個体があらわれることがある。この場合，このネバネバしたモチ澱粉で調理した粘性に富む食品（モチ性食品）をおいしいと思うか，まずいと思うかは文化の問題である」という（佐々木，1998）。これらの指摘では，栽培が始まった頃のコメはウルチ米であり，赤米であった可能性が高いことがわかる。また，モチ（糯）質のコメは突然変異によって生じたものであり，中心は東南アジアが想定され，東アジアはその周辺部にあたると考えてよいようである。

東アジアの「モチ文化」について1つの見解を示したのが阪本寧男である。阪本は，日本をはじめとして，日常的にモチ（糯）性食物を食しているアジアの各地域，民族の豊富な事例を提示して考察した結果，モチ文化の中心は，東南アジア大陸部のアッサムからビルマ北部，タイ北部，中国西南部を含む山岳地帯であることを想定した。「この地帯には現在なお日常のケの食事にモチイネのおこわを食べている人々が生活しており，またそこではモチ性穀類の多様性に富んだ利用法が見いだせる」という。そしてこの地帯を「モチ文化起源センター」と名づけている。この地域では，穀物類の栽培以前においてはイモ類の利用が行われており，人々はイモ類に含まれる粘性の高い澱粉質の食品の嗜好ができあがっていたのではないか，という（阪本，1989）。前出の渡部や佐々木も同様の見解を示している。

モチ文化については，揚子江流域からさらに南からの影響が強かったことが予測されるが，蒸したモチゴメ（糯米）を臼と杵で搗いたペッタンコのモチ

（餅）は，アジア各地への広がりを見せていないようである。現在確認できているところでは，日本・韓国・中国東北部の朝鮮族・中国貴州省の苗族・トン族・雲南省のハニ族・ヤオ族・広西チワン族自治州のチワン族が知られている。中国の朝鮮族は朝鮮半島からの移住者なので，日本と朝鮮半島，そして中国西北部の一部の少数民族ということになる。ここで言及できることは，稲作文化圏はアジアを中心にして大きな広がりを見せているが，その中でモチの文化を伝えているのは東南アジア北部と中国南西部，朝鮮半島，日本であり，さらにペッタンコのモチは中国西南部と朝鮮半島，そして日本に限られることであった。いずれもハレの日にモチを搗くのであるが，ハニ族や苗族などは，儀礼においてもモチは他の食品と同じように扱っている。これに対して日本では，モチと儀礼との関係をことさら強調しているという印象が強い。韓国においては，儀礼用に用いるモチはウルチ米を用いる場合が多い。

　赤飯についても渡部の意見が参考になる。つまり，野生に近い稲は赤米が多いこと，そして通常はウルチ種のコメが一般的であり，モチ種のコメは突然変異で生ずる，ということがヒントになろう。日本列島において，稲を作りはじめた頃はウルチ種の赤米であったと想定すると，収穫を感謝する祭りには赤いコメを奉納したであろう。しかし赤米よりも白米の方がうまかったのであろう。人々はやがて白米を栽培する方向に向かったが，神祭りのときだけは赤いコメを奉納する古い習俗が残った。白米は焚いても蒸しても赤くならないので，小豆を加えて赤く炊き上げた。モチ性食品を嗜好していた日本人はモチ米に価値を見出し，儀礼の際には赤飯（おこわ）を神に供える習俗ができあがったという仮説である。コメにマメなどの混ぜものをして食べる習慣はごく普通に行われていた。一般にはカテ飯というが，今日においてもマメご飯のほかに，竹の子ご飯，キノコご飯，栗ご飯などは多くの人に好まれている。

　赤飯仮説の正否は今後の研究を待つことにして，稲作は多様な文化を各地で発生させたこと，地域や民族の暮らしの中でそれが醸成されていったことが分かる。このようなことを探ることが，民族固有の文化を知る上での基礎になると考えてよいであろう。

4　文化の受け皿と固有の文化

農耕という発想

　コメは古くから日本人が主食にしてきたものであり、日本文化そのものである、と考えている人は少なくないであろう。しかし、そのような考えは果たして正しいのであろうか。日本人のすべてがコメを口にできるようになるのは驚くほど最近のことだ。一般には第二次世界大戦後のコメの配給時代であったと言われており、今から65年ほど前のことであった。コメの歴史は、2300年ほど前に遡ることが共通の理解として定着している。とすると、二千数百年もの間、コメは日本人の主食ではなかったことになる。しかし、このような考え方も正しいとは言えないであろう。本文ではコメ（稲作）を文化の問題として取り上げてきたが、文化は一言で断言できるほど単純なものではないことを教えられる。

　確かに稲作は大陸からの伝来であろう。日本には野生のイネが存在しないことがその理由の1つになっている。しかし、文化は受け皿のないところにはなかなか定着しにくいものである。もし定着したとしてもその基盤が弱ければ、花を咲かせることは難しいのではないか。コメ（稲作）の文化は、日本列島において見事な花を咲かせたことは間違いないと思うが、その受け皿がどのようなものであったのか、大いに興味を沸きたたせてくれる問題である。文化定着の受け皿が検証できれば、日本文化の固有性に関する問題に接近できるかもしれないからである。

　近年の考古学の進展には目覚しいものがあるが、縄文時代の研究も大いに進んでおり興味をひかれる。その中で食物の栽培、半栽培に関する資料の出土が目立つようになった。豊かな縄文時代を特色づける遺跡として知られる青森県の三内丸山遺跡（縄文中期から晩期）ではクリが栽培されており、長期間の定住生活があったことが報告されて大きなニュースになった。このような縄文遺跡は特に長野県から東北地方にかけて出土しているという。栽培により、計画的に食糧を確保することが、縄文時代中期から行われていたことが大きな驚きであった。

さらに前栽培段階の過程に立ち入ってみると，そのままではとても食べられないものを，食料として加工することが行われており，このことも栽培・半栽培への道を開いた要因であったのではないか。その具体的な事例は，木の実のアク抜きである。ブナ科の樹木であるナラやカシの実を一般にドングリと呼んでいるが，このドングリは水にさらしておくことによりアクが抜け，さらに熱を加えると澱粉質が固まって羊羹状になり，食べられるようになる。韓国のドングリ料理である「トットリ」もしくは「ムック」はこの種の食品であり，今日でも食卓に上がっている。

　ドングリのアク抜き用の施設ではないか，と言われている縄文時代の遺跡が，東日本を中心に出土している。湧き水や清水の近くに，石敷きや木組みによる施設が確認されており，飲料水の確保とともに，未完成木製品の管理，繊維等の晒し，堅果類のあく抜きなどが行われた場であるという。桜町遺跡（富山県小矢部市）では，縄文中期末（約4000年前）と縄文晩期（約2500年前）の木組みの水場が確認されており，前者の水場の周辺からはトチなどの木の実が大量に出土した。また優良な木製品の素材であるトチノキ自体も大量に出土しており，その管理がなされていた可能性が高いという。

　また後者は小河川の岸辺に長さ約150 cm，幅約80 cm，深さ15 cmの規模で，その中からミズナラ・コナラを主体に，クヌギ・アベマキなどのドングリが出土しており，ドングリ類をアク抜きした水晒し施設であると考えられている。同じような例は，東日本を中心に全国で10カ所ほど出土しているという（小矢部市教育委員会，2007）。トチの実のアク抜きはさらに複雑になるが，1つ1つの実が大きいために食料としての価値が高い。今日においてもトチモチとして加工する地方も多く，人気の高い食品である。

　このような木の実の管理・加工技術の発見は，様々な形で応用されたであろう。ワラビやクズの根にも多くの澱粉が含まれている。この根を掘り出して水の中で叩きつぶしていくと澱粉がたまっていく。そして上澄みを除くと澱粉が残り，これも熱を加えると羊羹状に固まる。今日のワラビモチやクズモチがその名残である。木の実と植物の根っこと，どちらが先行していたのか分からないが，自然のものを加工することで食糧化していく知恵は，広がりをみせていったように思う。

たとえば、故意に山や草原を焼くという行為がある。焼くことにより、草木についた虫などを駆除する、枯れ草を除去して若々しい草の生育を期待する、灰を利用して作物を栽培する、といったことが可能になる。前二者については牧畜や農用林としての利用がなされ、後者は焼畑による作物の栽培に見られたものである。さらには、山を焼くとワラビやクズ、お茶などが自生するという。とすると、山を焼くという行為から、計画的にワラビやクズの根を採集できる可能性が生ずる。クリやドングリの木が多く自生する山であれば、そのほかの木を切り倒して必要な木だけ残すことにすれば、やがてクリやドングリの林が出現するであろう。農耕という発想は、経験的に積み重ねてきた行為の中で、人間が自然に手を加え、何らかの創意工夫をすることで、計画的に食糧を確保することが出発点であるならば、日本列島においてかなり早い時期から農耕の芽生えがあったと考えるのが自然であろう。それは縄文時代から培われてきた山野利用に関する知恵と技術が下敷きになっていたことを強く感ずる。

民族の意思を投影する文化

　文化は発生・伝播・定着・変容という過程をたどることを前提にすれば、文化がたどった過程を検証することで民族の意思を探ることも可能であろう。ここでは稲作定着後の文化の変容に焦点をあて、先に述べてきた犂と牧畜、ワラ、モチの問題を通して日本文化の固有性を考察してまとめとしたい。

　東アジアの影響を強く受けた日本の稲作は、稲の栽培方法や作業工程に関しては、その技術を受け継いでいると考えていいであろう。いまだ解決されていないことは、苗の移植、つまり田植えの問題であった。田植えが稲作のどの段階で、またどの地方で発見され、どのような形で普及していったのか、正確には明らかにされていないことはすでに記したが、ここでの問題はその次の過程である。今日根刈りを行っている地方は、東アジアはもちろんのこと、東南アジアにおいても、浮稲など特殊な稲を除いて広範囲に渡る。特に中国雲南省や東南アジアで栽培されている稲は脱粒性が高いために、稲穂を物に叩きつけることで脱穀が可能である。そのためには茎が長い方が作業しやすい。しかしながら、その茎（ワラ）の利用はほとんど行われていない。

　理由はいくつか想定することができる。まず、東南アジアで栽培されている

稲ワラは，細工に耐えられるものではなかったのではないか，ということである。一般に樹木でも茎性植物でも，気温が高い地方のものは緻密な材は育ちにくい。成長が早いからである。ワラ細工に用いるワラはモチゴメのワラが適している。背丈が高く，しかも芯が強くて粘りがあり，そのようなワラは温帯地方で育ちやすい。2点目は，東南アジアでは，シュロやタケ，バナナなどを繊維材として用いている。強い繊維が身の回りに自生し，また栽培しており，あえてワラを使う必要性が薄かったことが挙げられる。

　ワラを利用した厩肥や堆肥の問題も大きな要素になる。ざっと概観したところでは，沖縄本島から南，そして中国貴州省の苗族の居住地から南においては，厩肥や堆肥の利用は希薄であることを感ずる。たとえば雲南省の南部に居住するハニ族の場合は，ワラを使わずに合理的な方法で肥料を水田に供給している。ハニ族の集落の多くは，標高1800m付近の斜面上に立地しているが，その下に棚田状の水田が広がっている。集落の中ではウシ・ブタ・アヒル・ニワトリなどの家畜がにぎやかに遊んでいるが，糞尿はそのまま放置している。ところが雨がやって来るとそれはきれいに流れ去って，水田脇の水路に入っていく。雨季になると定期的にやってくる雨が，村の中を清掃してくれているのである。

　また便所は共同であり，多くは集落と水田の境の崖の上に作られている。そのものは自然落下して崖の下にたまるようになっており，落ち葉やゴミなどと混ざり合って天然の有機肥料に変わっていく。やがて雨がやって来ると，やはり雨水とともに用水路に入っていく仕組みである。

　日本列島においては，北に行くほどワラの活用は多様であり緻密であった。とりわけ，中部山岳地帯や東北地方など，積雪地帯におけるワラの活用には目を見張るものがあり，新潟，秋田，福島（会津）などの稲作が卓越する地帯においては，徹底してワラの利用が行われ，優れた製品を生み出していった。遊牧民族が家畜を解体した際に，毛皮，肉，内臓はもちろんのこと，骨の髄まで利用する知恵を備えていたのと同様，日本人はコメおよびその副産物をとことんまで活用する知恵を持っていた。

　次に，ほかの稲作地帯と大きく異なるのは，犂と牧畜の問題であった。古代の一時期を除いて，日本では犂が多用されなかったように思う。それは農民が犂を必要としなかったのではなく，伝来した犂が人々の農耕への姿勢と合致し

なくなったからであろう。日本の農耕は，単位面積当たりの収量を上げるという方向に向いていたために，伝来の長床犂はさほど機能しなかったのであろう。

　ところが明治時代の早い時期に，床の短い犂（短床犂）が北九州で考案される。安定感のある長床犂と，深耕が可能な無床犂のそれぞれの長所を活かして，新たな犂が誕生したのである。この犂は主に，犂がほとんど普及していなかった東日本，そして東北日本へと普及していった（香月［節］／香月［洋］, 1985）。また国内ばかりでなく，犂の先進地である朝鮮半島へ，さらには中国東北部へともたらされるのである。その原動力になったのは民間の力であった。古代における犂の普及は国策であった可能性が高いが，明治以降の普及は篤農家を中心とした民間の事業家たちであった。一方，九州・四国・中国地方においては，すでに在来の犂が普及しており，その中に短床犂の芽生えがあった。短床犂の誕生は西日本における在来犂の改良が基本になっていたのである。

　家畜の繁殖や飼育に関しても，大陸とは異なった方向を歩んでいる。日本において，常民の間に牛馬の繁殖と飼育が普及していく時代については明らかにできていないが，古くは預け牛（馬），貸し牛（馬）という慣習が見られた。前者は，牛馬を多く保有している者が雌の牛（馬）を一般農家に貸し与え，子どもが生まれたら返すという方法である。また後者は，田植えが早く始まる里の者が馬を使い，田植えが遅い山間部の農家に馬を貸すという慣習である。春の農耕でやせ衰えた牛馬は，夏の間山間部の豊富な草を食んで体力を取り戻し，秋には里へ帰っていくのである。

　いずれにしても牛馬は大切な労働力であり，家族の一員としての扱いであった。東・北日本に見られる中門造りや曲屋は，人の住まいの中で牛馬を飼育することで発達した住居形式である。特に寒い冬期間はイロリやカマドのぬくもりが厩にも届くようにという配慮があった。激しい労働をするときや冬期間には，ウシやウマに履かせるワラジも作っている。このような地域では，牛馬を殺して肉を食べるという習俗は生まれないであろう。同じような住居形式は，韓国東北部の山村でも見ることができる。

　モチや赤飯もたいへんやっかいな問題であるが，食文化は多くの人々の興味をひく問題であるだけに，今後研究が進むにつれ，新たな展開が期待できるであろう。日本文化を考える上では，通り過ぎることのできない問題である。し

かしながらこの種の調査・研究は比較的長期間のフィールドワークを伴うため，若い研究者の出現を期待したい。

■**参考文献**■

網野善彦・森浩一『馬・船・常民』講談社学術文庫，1999年。
小矢部市教育委員会『桜町遺跡発掘調査報告書——木製品・繊維製品・植物編』2007年。
木下忠『農耕技術の起源と伝統』雄山閣出版，1985年。
香月節子『鍬の輿入れ』（あるくみるきく193号）日本観光文化研究所，1983年。
香月節子・香月洋一郎『犂耕を広めた人々』（あるくみるきく220号）日本観光文化研究所，1985年。
河野通明「民具から見た日本への犂耕の伝来時期と伝来事情」『歴史と民俗』26号平凡社，2010年。
崔寔著，渡部武訳注『四民月令』東洋文庫，1996年。
阪本寧男『モチの文化誌』中公新書，1989年。
佐々木高明『日本文化の多重構造』小学館，1998年。
高谷好一「東南アジア大陸部の稲作」『稲のアジア史』小学館，1997年。
鳥居龍蔵『武蔵野及其周圍』磯部甲陽堂，1924年。
中田友子『南ラオス村落社会の民族誌』明石書店，2004年。
新納豊「朝鮮・在来犂の分布と歴史的展開」『歴史と民俗』26号，平凡社，2010年。
樋上昇「木製農具の研究略史と鍬の伝播経路」『弥生・古墳の木製農具』（季刊考古学104号）吉川弘文館，2008年。
村上恭通『倭人と鉄の考古学』青木書店，1998年。
森本喜久男「アジアの村に暮らして」『モンスーン・アジアの村を歩く』家の光協会，2000年。
游修齢「中国の古代稲作史」『稲のアジア史』小学館，1997年。
渡部武「中国漢代画像石に見られる犂型の諸問題」『歴史と民俗』26号，平凡社，2010年。
渡部忠世「稲と米をめぐるアジア的視野」『稲のアジア史』小学館，1997年。
高雯初主編『呉地稲作文化与飲食文化』陝西旅游出版社，2000年。

第 3 章

集落形態から見る東アジア初期国家の形成過程

徐　光輝

1　環壕系集落と初期国家の形成

　地域文化研究には様々な分野が考えられるが，最も基本的な問題として地域の伝統文化に関する研究があり，さらには地域間における文化交流の問題がある。ここでは，主に考古学の立場から，中国北方の古代文明や初期国家の形成過程について掘り下げてみたい。特に先史時代の中国においては，環壕施設を伴った集落遺跡が顕著にみられ，初期的国家の形成過程を探る上で，貴重な資料を提供している。本章では黄河流域，西遼河流域を中心に環壕集落遺跡の出土状況を紹介し，さらに朝鮮半島，および日本列島との交流の様相ついて概観する。

　環壕の機能は時代や地域によって大きく異なるが，初期段階に見られる生活空間の内外を区別するための宗教的な現象を除けば，基本的には日常生活や洪水，外敵の侵入に備えた施設と見ることができる。このような「環壕系集落」は，約8000年前から現れるが，長江中流域の湖南省八十垱遺跡と西遼河流域の内蒙古興隆窪遺跡，同白音長汗遺跡，遼寧省査海(ツァーハイ)遺跡などが最古の発見例になる。

　黄河流域からも数十年前に見つかった西安市半坡遺跡，同姜寨遺跡のほか，最近は西安市楊官寨遺跡のような約6000年前の巨大な環壕集落遺跡も発見された。これらの遺跡からは粟や炭化米などが出土し，農耕生活を営んだことが分かる。遼寧省査海遺跡などでは，大型の貯蔵穴が大量に見つかり，一部は雑穀の保存用に使われたと見られる。また，内蒙古興隆窪遺跡では当初一度に配置された100棟以上の住居跡が確認されるなど，社会組織の構造が注目される。

全体的に見れば、年代が古いほど集落の平面形態において不定形のものが多く、環壕の規模も外敵や猛獣の侵入を防ぐことができないほど小さい。ところが、約6000年前頃から楕円形や円形に近い集落が出現し、環壕も大きくなり外敵や猛獣の侵入を十分防げるようになった。このような変遷の要因を考える場合、集落の立地条件も無視できないが、まずはその社会における必要性が挙げられる。

今から4500年頃前より集落形態はさらに大きく変わる。長江流域の湖北省石家河遺跡・四川省宝墩遺跡・黄河流域の山東省丁公遺跡・同教場舗(ジャオチャンプ)遺跡・河南省孟荘遺跡・同平糧台遺跡などでは、深くて幅広い堀とその内側に築かれた高くて堅固な土塁（城壁）がセットとなって出現するようになり、中国伝統的な城郭都市の原型として注目されている。ここでは「城郭系集落」と名づけておきたい。これらの遺跡の平面形態は長方形や方形に近く、面積も数万から数十万m^2に至り、湖北省石家河遺跡の場合は城内だけで120万m^2に達するなど、拠点集落の存在が明らかである。特に山西省陶寺(トウス)遺跡はその2倍以上の巨大さで学界の注目を浴びている。

生業パターンとして、長江流域では水田稲作がすでに確立しており、黄河流域では畑作農業が盛んに営まれていた。玉器などのおびただしい副葬品を入れる大型墓・殉葬跡・乱葬坑などが見つかり、激しい階層分化の様子が窺われる。中国考古学界では、この時代を龍山時代と呼んでいるが、従来伝説とされてきた「三皇五帝」に代表される先史文明の再認識と初期国家の形成過程を探索する上では最も重要な時代である。近年、夏王朝の中心とされる河南省二里頭遺跡から、1万m^2に達する宮殿跡2カ所のほか、宮城址が見つかり、殷墟の北部からも大規模な城壁や宮殿跡が確認された（洹北商城）。長江下流域の浙江省良渚遺跡群では、人工的に盛り上げた莫角山(モージャウサン)台城遺跡、彙観山(フィカンサン)・半山(バンサン)・瑶山(ヨウサン)などの祭壇・貴族墓から大量の玉器が出土し、玉琮・玉璧・玉鉞を「王権」のシンボルとした羽冠神人像が登場する。石家河遺跡群からも執鉞武士像を刻んだ土器が出土した。言うまでもなく、これらの新発見は黄河流域以外の地域にも優れた先史文明があったことを示している。

ところが、西遼河流域をはじめとする東北地方では、約8000年前の新石器時代から初期鉄器時代に入るまでに、「環壕系集落」が一貫して主流をなして

いたことが分かる。また，青銅器時代前期（4100〜3600年前）にあたる内蒙古自治区東南部と遼寧省西部に分布する夏家店下層文化には「石城・山城系集落」も大量に築造されたが，「城郭系集落」に属するものは，内蒙古自治区東南部にある大甸子遺跡1カ所のみである。結局，戦国時代後期（2300年頃前）に始まる燕国勢力の東進と郡県制の実施に伴い，大量の土城が設けられ，城郭系土城が本格的に登場するようになり，土着文化が大いに弱まっていった。

近年，韓国の扶余松菊里・蔚山検丹里（図3-1）・同無去洞・晋州南江などで多くの環壕集落遺跡が発見された。日本列島でも弥生時代の開始に伴って環壕集落が本格的に登場した。長崎県壱岐市原の辻遺跡（図3-2）・佐賀県吉野ヶ里遺跡などから弥生時代の大規模な環壕集落が確認された。特に原の辻遺跡は『魏志倭人伝』に登場する「一支国」の都城である。日韓両国の環壕集落には共通する要素として，環壕施設，不定形の平面形態，土器の無文化，青銅器の広まりから見られる初期国家の胎動が挙げられる。

2　黄河流域における先史時代城郭都市の原型

仰韶文化時代の遺跡

さてここからは中国北部における環壕集落について話を進めていく。中国北部の代表的河川である。

黄河流域は大きく上，中，下三流域に分けられる。

黄河中流域では新石器時代の最も古い遺跡として，河北省徐水県南庄頭遺跡などが注目されている。今から1万年以上前に遡ると言われる土器の破片や生活場所と見られる一部の遺構が検出されたが，農耕の痕跡は見当たらない。新石器時代中期の農耕集落遺跡としては，河南省新鄭市裴里崗遺跡，河北省武安県磁山遺跡がよく知られている。環壕施設は見つかっていないが，約8万m^2を有する磁山遺跡では，竪穴式住居のほか，石皿や擦り棒と数百に上る食糧の貯蔵穴が検出されており，中に入っているすでに炭化した粟殻を新鮮粟に換算すれば，少なくとも10万kgはあると言われている。粟を主要作物とした畑作農業がさらに発達したことが分かる。

仰韶時代以降，環壕集落や環壕とその内側の土塁がセットとなる城址が急増

75

第Ⅰ部　アジア・太平洋の交流

図3-1　韓国蔚山検丹里環壕集落遺跡
（釜山大学博物館刊行発掘調査報告書）

図3-2　長崎県壱岐市原の辻環壕集落遺跡（原の辻遺跡資料館資料）

図3-3 西安市臨潼区姜寨環壕集落遺跡（模型，徐撮影）

する。西安市半坡遺跡は約5万m²を有し，南北に長い円形を呈している。そのうち，約3万m²を占めている集落の中心部から多くの竪穴式住居址と貯蔵穴のほか，家畜の囲跡などの遺構が発見された。集落の周りには，幅と深さが5-6mに上る環壕が人工的に掘削されている。土塁は見当たらない。規模から見る限り，環壕は外敵や猛獣などの侵入に備えた防御施設に違いない。また長江流域の同類遺跡に比べて，雨季以外の季節には溝内に水が非常に少なかったと推測されるが，空堀の可能性もありうる。環壕の外には，北が公共墓地で，東に窯跡がある。

一方，西安市臨潼区姜寨遺跡の面積も約5万m²である（図3-3）。その第1期の集落中心部は平面円形に近い環壕に囲まれているが，西側には臨河があるため，環壕として完結していない。土塁も見当たらないが，環壕の外には，東西にそれぞれ公共墓地と窯跡がある。集落の中心部からは大量の住居址を発見した。特に第1期に属する約100棟の竪穴式住居址は2万m²未満の空間の中で，5組に分けられている。組ごとに1基の大型住居跡を真ん中に置き，住居址の出口はすべて集落中央部の広場に向かっている。また，環壕の内側で門衛の性格を持つ遺構も見つかった。

数年前，陝西省考古研究院は西安市東北部に近い高陵県楊官寨で総面積約80万m²（80ha）に上る仰韶文化時代の集落遺跡を緊急調査した。その結果，20万m²（20ha）をはるかに超える環壕集落遺跡のほか，住居址と土器を焼く窯跡がセットとなって整然と並ぶ生産生活区域の存在を確認した。また，日常

77

生活道具としての小口尖底瓶を大量に発見し，人面形・男根形土器などの祭祀用道具も見つけた。今から約6000年前に誰がどのように人々を動員して，この大規模な環壕集落を築いたのか，この集落の住民だけで完成したものなのか，または同文化に属する周辺地域の村民も動員されたのか，どういう形で動員されたのか，などの問題が注目される。このほか，もっぱら土器を生産する手工業者と祭祀を司る巫師がすでに存在していた可能性もある。黄河流域で巨大な拠点集落遺跡が見つかったのは今回が初めてで，その重要性は言うまでもなく，2006年度中国考古学10大発見のトップに選ばれた。

一方，河南省鄭州市西山で平面円形の大型集落遺跡が見つかった。この遺跡は仰韶文化後期の秦王寨類型に属するもので，年代は今から5300〜4800年前になる。総面積は約3万m^{2}で，注目されるのは環壕と土塁が兼備されていることである。環壕は幅5-7.5m（第9号溝），深さ4m，土塁は深い基礎部を持っており，幅5-6m，現存高さ3mで，高い水準の版築工法が用いられている。城内には30-40m^{2}の住居址が多くあり，100m^{2}に近い大型住居址もある。このほか，黄河小浪底ダム工事に伴う緊急調査中，河南省新安県荒坡で仰韶文化前期の環壕集落遺跡を発見した。土塁は見つかっていないが，遺跡の南半部が半円形の環壕に囲まれている。西南部は土器の工房区であり，3基の窯跡と研ぎ済みの細泥の堆積がある。住居址は竪穴式で平面円形と楕円形とに分けられるが，深さ4mに達するものもある。土器は鉢・碗・壺・罐などが多いが，罐の造形には裴里崗文化の遺風があり，仰韶文化の同型器とは大きく異なり，彩文土器もない。黄河中流域における年代の最も古い環壕集落遺跡として，その全容の把握に期待したい。

鄭州市大河村や甘粛省秦安県大地湾甲址も農耕集落遺跡として非常に重要である。前後十五次に渡って発掘調査された大河村遺跡は黄河から南へ7.5km離れた，西南低山丘陵から豫東大平野への過渡地帯に立地するため，地勢は平坦でやや低く，古代の莆田沢に近い。遺跡の面積は約40万m^{2}に達し，平面は楕円形に近い。上下19層（第1，2層は除く）からなる包含層から仰韶文化以前，仰韶文化，龍山文化，二里頭文化，商文化の遺構や遺物が数多く出土した。そのうち，仰韶文化第3期に属する17基の平面長方形や方形を呈する木骨泥壁の地上式住居址から，多室的内部構造と拡大工事の跡が検出され，夫

婦を中心とする少人数の家族構成と父系社会の存在が確認された。東西に並ぶ
第1-4号住居址のうち，第1，2号が同時に築かれ，第3，4号は明らかに
後に増建したものである。第2号の面積は14.23m^{2}で，東北隅に長方形の炉
跡（焼火台）が1基あるが，台上には彩文土器の壺と罐がそれぞれ1点置いて
あり，罐内には高粱と鑑定された穀物が大量に入っており，また蓮の実が2点
入っている。土器の製作にはすでに回転台を使用し，彩文土器が空前発達する
が，農業生産と密接に関連すると思われる太陽文と日暈文が目立つ。

　仰韶文化第4期になると，集落の最盛期をむかえるようになる。単室住居が
多く，100m^{2}に上る大型に対して1m^{2}余りの極めて狭い住居址もある。第26
号住居址では，大型版築柱穴と生贄としての幼児の遺骨が見つかった。この時
期には，袋形貯蔵穴や灰坑が特に多く，容積も増えており，中からは大量の炭
化粟とタニシ殻のほか，一部の土坑から散乱した形で人骨が出ており，豚の骨
も散乱した形もしくは完形のまま出土した。墓は基本的に墓地に集中し，全部
が平面長方形の土坑墓であり，葬具は見当たらず，単人仰向き伸展葬を取るが，
ほとんど副葬品を持たない。また，第3期に見られる幼児の甕棺墓の多くも墓
地に集中している。土器の製作技術も第3期と同じであるが，彩文土器は衰退
している。ところが，この時期における各種の生産道具は最も豊富である。総
数323点のうち，石斧（片刃含む）・石鏟・石鑿・石刀・石鎌・石矛・石鏃・石
紡錘車・石球・砥石などが121点を占めており，骨器・角器・土器・蚌器も大
量にあるが，農業生産道具が83点，漁撈具が102点，紡織裁縫具が106点，
その他の道具が32点ある。生産，生活道具として，木器も大量に使われたと
推測される。

　仰韶文化後期には，湖北地方の屈家嶺文化と山東地方の大汶口文化の影
響が，すでに現在の鄭州市一帯まで及んでいた。湖北省の西北部に近く，漢水
の支流に位置する河南省淅川県下王崗遺跡・同鄧州市八里崗遺跡・湖北省
棗陽市彫龍碑遺跡からも，多室構造の地上式住居址（排房）を発見し，特
に後者の場合，住居址の保存状態が非常によく，高く残っている壁体と共に，
中国で最も古い引き戸跡も検出された。

　龍山時代に入ると，農耕集落の防御体制はさらに厳重になり，城址と呼ばれ
る防御集落遺跡が増えてくる。典型的な実例として河南省輝県孟荘・淮陽県

平糧台・鄆城県郝家台・登封県王城崗・新密市古城寨などの遺跡が挙げ
(ピンリャンタイ)(エンツォン)(ハオジャタイ)(ウォンチョンガン)(シンミ)(グチョンザイ)
られる。これらの城址は平面長方形もしくは方形で，高大な土塁の外側には
往々にして深くて幅広い堀がめぐらされているが，中国古代都市の伝統にした
がって，城壁と護城河と呼ぶ研究者が多い。ところが，地勢が高くて洪水の恐
れの小さい場合，堀を設けず城壁のみに頼って外敵に侵入に備える城址も少な
くないが，このような類例は山東地方にも認められる。攻城術がますます進む
につれ，従来の環壕集落の時代に比べて，環壕より堅固でかつ高い城壁が重要
な役割を果たす時代が次第に訪れてきたと考えられる。これらの城址は，約3
万m^2（平糧台遺跡，郝家台遺跡）から16万m^2（孟荘遺跡）まで，その規模は異
なるが，城内では版築による大きな建物の基壇，干し煉瓦などの建築部材，門
衛施設，動物祭祀坑，井戸，土器，石器など，様々な遺構や遺物が出土した。
王城崗遺跡は約1万m^2を有する比較的小規模な城址なのにもかかわらず，成
人や子供を生贄とした奠基遺構など，貧富の格差や階級分化を物語る実物資料
が出土した。

　このような状況は，夏王朝の東部の中心地とされる河南省偃師市二里頭遺跡
(アルリトウ)
（375万m^2）や，西部の中心とされる山西省西南部からも認められており，後
者の陶寺遺跡ではすでに龍山時代の巨大な城郭都市遺跡が見つかっている。ま
(トウス)
た，鄭州商城，偃師商城，垣曲商城のほか，殷墟遺跡群の北からも殷商時期
(ヤンス)(ウェンチュ)
の城址が見つかり，その多くは従来の城址の規模をはるかに上回り，長方形や
方形の平面プランおよび城壁と護城河がセットとなるのが大きな特徴である。
これは普通の農耕集落から出発して，仰韶時代の環壕集落と龍山時代の城址を
経て，後の青銅器時代，すなわち歴史時代の城郭都市へと移り変わる，中国古
代都市の必然的な発展結果であろう。

　一方，河南省中南部にある舞陽県賈湖遺跡は淮河水系に属する潁河流域の沖
(ウーヤン)(ジャーフ)
積平野に立地し，東約30kmのところに京広線鉄道が南北に走っており，東
西の交通においても非常に便利である。遺跡の平面は不定形の円形を呈してお
り，総面積は約5万5000m^2ある。遺跡の西部を中心に，45基の住居址が見
つかったが，楕円形や方形に近いものもあるが，不定形のものが多く，竪穴式
の単室，多室のほか，高床式2基，地上式1基がある。灰坑（廃棄坑）は370
基あるが，大きさがかなり異なり，居住区を中心に分布されている。総数349

基の墓は遺跡の西部，中部と東部に集中しており，時期によって墓地の所在が異なるが，平面長方形の竪穴式土坑墓が主流をなす。単人の仰向き伸展葬が多く，無頭葬も一部ある。

石製の斧・鏟・歯刃鎌・骨製の鏃・銛のほか，鼎・壺・方口盆・鉢・甑・碗などを含む土器の多くはさらに多型式に展開し，よって前後3期に分けられ，主要年代は今から9000〜7800年前にあたると判断される。もちろん周辺地域との広範な交流関係も窺われるが，独特の地域色を有するため，発掘者は既知のものとは異なる独特の地域考古学文化の存在を主張している。注目されるのは，第174号灰坑を中心に，約600粒の完形の炭化米が出土し，部分的な鑑定によれば，栽培稲に違いなく，長粒型（籼型稲）が多いようである。淮河水系でこんなに古い稲作資料が見つかるのは，この遺跡が初めてであり，稲作の起源や伝播ルートを考える上では非常に重要である。

動物骨は主に廃棄した住居址，貯蔵穴，窯跡などで出土したが，数百kgに上り，猪・鹿・兎など，20種類以上あり，家畜として豚・犬・羊・黄牛・水牛などが挙げられる。このほか，鯉・青魚・亀・鼈(スッポン)・タニシなどがあり，野生のクルミ・野菱・野生の大豆のほか，白鳥などもある。また，一部の墓から犬・鹿・豚・牛の下顎骨が出土した。住居址の基礎部や灰坑では，亀や鼈の甲殻が組となって見つかり，中には大きさが異なる小石が入っており，特定の記号を刻んだものもある。前者の場合，奠基の可能性が考えられる。また，15基の墓から鳥の足骨で作った笛が25本見つかった。そのうち，七孔笛が14本，五孔，六孔，八孔のものがそれぞれ1本，半製品が2本，あとは残欠品である。

黄河下流域を中心とする新石器時代

黄河下流域では，山東省を中心とする黄河下流域はかつて海岱(ハイダイ)文化区，すなわち東夷文化の分布区であったことが分かる。その文化伝統は非常に古く，旧石器時代まで遡ると言われているが，少なくとも新石器時代以降の諸考古学文化の源流は基本的に認められる。

後李(オーリ)文化は，近年確認した新石器時代前期の考古学文化である。その主要年代は今から約8400〜7700年前で，上限年代は9000年前に遡る。

北辛(ページン)文化は約7300〜6100年前にあたり，上限年代は前者の下限年代につな

がる可能性が大きく，次の大汶口文化に先行する。

大汶口(ダーウォンコウ)文化は約6100〜4600年前にあたり，3時期6段階説が有力である。その前期より長期にわたって遼東半島の南部にも大きな影響を与えた。農業（粟など），飼養業（豚・牛・犬・羊・鶏），手工業（土器・石器・玉器・象牙・骨器など）が発達した定住生活を営んだ。陶尊に刻んだ図像文字と呼ばれる原始的符号が8種類20字以上発見された。男女の分業，貧富の格差が著しく，家族墓地の多量発見から一夫一妻制の存在と父権制への過度が窺われる。

龍山文化の発見は1930年代の初め頃に行われた，現在章丘市龍山鎮城子崖(チョンズアイ)遺跡の発掘調査に始まる。目下，同文化遺跡の発見数は1000カ所以上に上り，その分布範囲は先行する大汶口文化とほぼ同じである。年代は今から4600〜4000年前にあたり，2期，3期，4期説がある。6つの地域文化類型に分けられる。そのうち，山東半島に分布する楊家圏(ヤンジャチェン)文化類型の集落遺跡では炭化米も確認された。卵殻黒陶の高柄杯に代表される高度な製陶技術が普及した。近年，この文化に属する大規模な城址，大型貴族墓（臨朐県西朱封(シジュフォン)大墓），原始文字（丁公(ティングン)遺跡）の発見が注目されている。また，一部の遺跡では銅器も発見され，龍山時代にはすでに銅器が生産，使用されたことが分かり，よってこの時代を銅石併用時代とも呼ぶようになった。空前発達した農耕文化を基盤に，すでに初期国家の胎動期に入ったと考えられる。遼東半島にも大きな影響を及ぼした。

岳石(エース)文化は約30年前，山東半島に位置する平度市東岳石(ドンエース)遺跡の発掘調査で確認された，この地域における最初の青銅器時代文化である。年代は4000〜3600年前の間にあり，遺跡の発見数は300に近いと言われている。最近，1930年代に発掘した城子崖(チェンズヤ)遺跡が，この文化の城郭であることが分かった。鏃類を含む青銅器の鋳造も注目されている。岳石文化の分布範囲は山東省全域のほか，南と西へ拡張し，遼東半島にも強い影響を与えた。その後，西方の殷周系文化が東漸し，土着の東夷文化は次第に弱まり，秦漢時代にはほぼ完全にその姿を消した。

これまで山東地方で確認された先史時代の城址は，ほとんど龍山時代に属し，土塁を持たない環壕集落遺跡として，ごく最近に平度市逢家荘(ポンジャジャン)遺跡からY字形に近い堀跡（幅12-14m，深さ2.2m）が見つかり，平面隅丸長方形の堀（東

西 110 - 140 m，南北現存長さ約 140 m）に囲まれた集落の中で，竪穴式や地上式住居址と灰坑を発見した。遺跡の西北部に長方形竪穴式土坑墓が集中する墓地がある。

　全体的に言えば，立地条件として河川に近い沖積平野地帯など，農耕や日常生活に便利な場所をよく選ぶが，往々にして周辺より小高い平坦なところに集落を営むのが一般的である。その主な理由は，まず洪水などの自然災害を防ぐためであろう。平面形態は最初の不定形や楕円形，円形に近いものから，次第に長方形や方形に変わっていく。同時期の長江流域からも同じ現象が認められるが，龍山時代において景陽崗城址のような非常に細長い平面形態は異例とも言えよう。城壁は堆築，堆築と版築，版築へと，その築造工法が次第に改良されていく。城壁の外側にほぼ並行する形で堀をめぐらす。もともと高いところに立地しているのに，城壁と堀からなる二重の防御施設は，単に自然災害の防止のみでなく，外敵の侵入をも防ぐためであろう。防御集落としての性格が濃厚である。城内には大型の建物跡，住居址，井戸，窯などの生活，生産関係の遺構が残っており，ところによって人祭，牲祭の土坑も見つかる。一部の城址と大型墓からは精美な玉器とセットとなる黒陶礼器が出土した。貧富の格差と貴族階層の存在が窺われる。原始文字の出土も注目される。龍山時代に東夷の初期国家の胎動がすでに始まっていたと考えられる。

　次に，所在位置は山東省以南淮河水系になるものの，性格的には大汶口文化や龍山文化に属する環壕集落遺跡と城址を見てみたい。

　安徽省北部にある蒙城県尉遅寺遺跡は淮河に注ぐ北淝河の北約 2 km 離れたところにある。比高 2 - 3 m の小高い崗地を中心にして立地し，現存面積は約 10 万 m^2 あり，環壕による平面プランは南北に長い楕円形に近い。しかし，土塁の跡は見当たらない。そのうち，崗地の現有面積は約 5 万 m^2 で，平面は不定形の方形を呈している。1989 年の秋から 1995 年の春まで，前後九次に渡る学術調査で約 7000 m^2 を調査し，環壕に囲まれた集落の中で，大汶口文化後期の紅焼土住居址 41 基（その内，連棟式 12 組 39 間を含む），墓 192 基，灰坑 45 基，祭祀坑 4 基，獣坑 7 基と大量の土器・石器・骨器・角器・牙器などの道具と装身具が出土し，また龍山文化の墓 12 基，乱葬坑 1 基，灰坑 66 基のほか，一部の土器・石器などが出土した。

ボーリング探査の結果によれば、環壕は南北の長さが 230 - 240 m、東西の幅が 220 m、断面は U 字形を呈し、幅 25 - 30 m、深さ 4.5 m で、大汶口文化後期の遺構を内包する。しかし、西南部に限って約 20 m の範囲に渡って環壕の跡が見当たらず、また集落内部の建物の方向とも一致することから、集落全体の出入口だった可能性が大きいと考えられる。土器の比較研究によって、環壕と住居址の使用年代と廃棄年代が大体一致することが分かり、また壕内で確認された 8 つの包含層のうち、第 7 層に属する土器の破片に対する年代分析から、4700 年前との測定値が得られた。環壕の用途においては、防御的性格のほか、壕内堆積の特徴や集落の中でいまだ井戸跡が見つかっていないことから、集落内部の用水、排水（特に雨季における洪水に備える）にも利用されたと考えられる。

住居址は平面長方形の連棟多間式（排房）が中心となり、合計 12 列 39 間が検出された。方向として西北 - 東南向きが多く、東北 - 西南向きもある。建築工法として、まず地勢のやや高いところ、もしくは緩やかな坂地を選び、床面の予定地を掘り下げてから、その周りに沿って細い溝を掘り、木骨土壁を立てるが、紅焼土塊を充塡料としてよく使い、外側を泥で塗ってから焼く。床面はまず下に厚さ 5 - 8 cm の黄色五花土を敷き、その上に約 5 cm の紅焼土粒を敷いてから突き固めたため、平坦で堅固であり、地盤の沈下と湿気を防ぐことができる。最後に床面と土壁の内外両面をもう一度細泥で塗り、また火で焼く。ところが、屋内の隔壁には礎を作らない。ドアの多くは西南側の壁に設置するが、幅は 60 cm で、木製の枠と扉がついていた。ドアの外の地面も細泥で塗り焼く。土壁に支えられた屋根は切妻式で、垂木として板材に近い部材が利用されており、その間には葦などの植物の茎葉が用いられた。住居の前には戸外活動のための空間があり、第 11 号住居址の前には 300 m^2 に達する広場址がある。

敷地の面積は組によって異なり、それぞれ 2 間、4 間、5 間、6 間一棟があり、87 m^2 に近い最大のものから 13 m^2 をわずかに超えるものまで、大差が見られる。多くの部屋には 2 つのドアが設けられており、中には方形の台所があり、床面にはセットとなる日常用土器と少量の生産道具が置いてある。これに対して小部屋はドア 1 つのみで、中には少量の土器しか見られない。

このほか、大汶口文化後期に属する 192 基の墓が見つかったが、そのうち、

竪穴式土坑墓が 90 基，児童甕棺墓が 102 基ある。人骨鑑定の結果，126 基のうち，男性墓が 36 基，女性墓が 15 基，あとは性別不明である。被葬者の死亡年齢は 0 - 15 歳，15 - 30 歳，30 - 55 歳の 3 組に分けられるが，10 歳以下の幼児と 18 - 30 歳前後の青年の死亡率が比較的高く，40 歳以上の者が少ない。抜歯現象は 4 例のみで極めて少ない。

　大汶口文化後期の土器は鼎・鬹・罐・甗・尊・盆・壺・高杯・杯・盤・器蓋・甕・缸など，非常に豊富であり，特に太陽・山・炎を象徴する記号が陶尊の外面に刻まれており，典型的な大汶口文化の土器と見ることができる。

　石器は鏟・鉞・斧（片刃斧も含む）・楔・鑿・包丁・砥石・擦り皿・擦り棒・鏃・璜・装身具など，耕地・収穫・加工のほか，木材の加工具も注目される。

　各包含層から取った土のサンプルに対するプラント・オパール分析結果によれば，大汶口文化後期の粟類作物の栽培規模は次の龍山文化時代より大きいが，後者の水田稲作規模は前者より大きい。淮河は中国南北気候の分界線であり，よって南北の農業経済も大きく異なる。1980 年代に山東省棲霞県楊家圏遺跡で炭化米の籾痕が検出され，龍山文化にはすでに稲作が行われていたことはよく知られているが，大汶口文化後期からすでに畑作を中心にしながら，水田稲作も営んでいたことはほとんど知られていなかった。このほか，尉遅寺遺跡では大汶口文化後期に属する豚・犬・猪・牛・鶏・兎・タニシ・鼈・魚・鳥・アナグマ・虎・四不象などの骨が出ており，龍山文化層からも大体同様のものが出土した。

　近年，山東半島の西南部に最も近い，江蘇省連雲港市南の沖積平野に立地する藤花落遺跡で内外二重の城壁からなる城址が見つかった。自然地理から見れば，淮河水系に近いが，遺跡の性格は山東地域の龍山文化に属する。外城の平面は隅丸長方形で，面積は 14 万 m^2 に達し，総長 1520 m の城壁の外側に環壕が掘られている。環壕は幅 7.5 - 8 m，断面は U 字形に近い。城壁は堆築と版築を併用するが，補強のために壁体の内芯部と外の両側に太い杭を打ち込んだ。特に城門あたりでは，版築のほか杭を密に使っている。

　内城の平面は隅丸方形で，城壁の総長は 806 m，面積は約 4 万 m^2 に達する。城内から大型建物基壇 3 基，幹線道路跡 2 本，住居址 35 基が調査されている。後者の場合，平面長方形の 1 室，2 室 1 棟，連棟のものがあり，円形の住居址

もある。南門両側の版築土で土坑が見つかり，坑内から人骨と獣骨が出土した。一部の土坑は火に焼かれ，火祭の跡と推定されている。築造時期と廃棄時期において，外城と内城は年代的に多少のずれはあるものの，同時に利用されていた時期があったことも確認された。

3 西遼河流域の集落形態

興隆窪(シンロンワ)文化の代表的遺跡

　西遼河流域も中国先史時代文明圏の1つとして知られている。今から約9000年前に始まったとされる小河西(シャオホーシ)文化が最も古い新石器時代文化であるが，主に個別の住居跡や少量の土器，石器などの遺構遺物が出土し，集落を取り囲む環壕などの施設は見つかっていない。

　しかし，その後に登場する興隆窪文化には，すでに比較的大規模な環壕集落が存在する。ただ環壕の最大幅は2m未満，深さも1m以内に留まり，このような規模では洪水や猛獣または外敵の侵入を防ぐことはできない。結局，何のために環壕を掘ったのかが問題になるが，少なくとも日常生活空間としての集落内部と，環壕を境とした外部空間がはっきりと分けられていることは事実である。先史時代の人々の「内，外」を区別する背景には，人界と神界を意識的に分けておく宗教観念の存在が窺われる。

　興隆窪文化の同名遺跡は，1980年代に内蒙古自治区の敖漢旗で見つかった（図3-4）。牤牛河に近い比高約20mの丘陵の西側に立地するが，A・B（紅山文化）2区に分けられる。A区に平面円形に近い環壕集落遺跡がある。環壕の長径は183m（東北－西南），短径は166m（西北－東南）である。環壕に囲まれた集落の中で，11列の横に並ぶ合計100棟余りの竪穴式住居址を発見したが，平面は隅丸方形あるいは長方形を呈している。多くの住居址の床面積は40-70m^{2}に収まるが，140m^{2}に及ぶものが集落全体の中央部にあり，公的場所の存在が窺われる。地山を突き固めて床面を作り，その上に泥を塗ったものもある。炉跡は円形に近い土坑が多く，石敷きをしたものもある。注目されるのは門道跡が見当たらない現象と，一部の住居址における「室内墓」の存在である。之字形文筒形罐に代表される土器，石器，骨器，玦形玉器を含む5000

図3-4 内蒙古敖漢旗興窪窪環濠集落遺跡
(内蒙古敖漢旗興窪聚落遺址 1992年発掘簡報)

点以上の遺物が出土した。

　白音長汗遺跡は西拉木倫河北岸の山崗にある。南・北(A・B)両区に分けられるが，最も近いところではわずか7.75mの空地がある。

　北区から円形に近い環濠(幅,深さとも1m未満)の一部が見つかり,その中で約4列の西北-東南に並ぶ29基の住居址を発見した。面積は異なるが,最も大きい住居址の1つが集落の中央部にある。平面方形の住居址が多いが,隅丸のものもあり,長方形の門道跡も確認した。石板で組み立てた炉跡は室内の中央部にある。之字形文筒形罐や鏃,斧,擦り棒,石刃骨刀などの土器,石器のほか,住居址AF19では高さ35.5cmの女神像と見られる,丸彫りの石像が出土した。このような石像は河北省の東北部を含んで,少なくとも数例が知られている。

　また,趙宝溝文化,紅山文化,小河沿文化の住居址や灰坑も一部見つかったが,環濠は集落を取り囲むために掘削したものと見られる。

　南区の大規模な発掘調査は1991年に行われた。その結果,白音長汗類型よりさらに古い小河西文化と,趙宝溝文化より新しいと見られる西荒山類型の住居址や灰坑などの遺構,遺物を発見した。小河西文化の住居址は3基見つかり,すべてが隅丸長方形竪穴式である。BF64の場合,西壁の長さが4.25m,南壁の現存長さが3.5mで,門道跡は見当たらないが,床面は泥で塗り,東側に石板で組み立てた炉跡があり,中から草木灰と紅焼土が出土した。また,2基の

灰坑を調査したが，BH55 は長径 2 m，短径 1.78 m，深さ 1.05－1.15 m の楕円形に近いものであり，中は直壁，平底で，上下 3 つの堆積層が確認された。

注目されるのは平底筒形罐であるが，無文のものが多い。また擦り棒，臼形器，杯などの石器も出土した。小河西文化は遼西地域における最も古い新石器時代文化として，まだ類例が少なく，今後のさらなる発見に期待したい。

近年，興隆溝や北城子（シンロンゴウ　ベイチェンズ）で興隆窪遺跡の規模より大きい集落遺跡が見つかった。前者は標高約 545－565 m の坂地に立地し，総面積は 4 万 8000 m² に上る。地表調査で 145 基の灰土圏が東，中，西 3 区に分けられていることが判明した。一方，北城子遺跡は教来河の支流である幹溝子河の東岸に位置する。総面積は 6 万 m² を測り，すでに 214 基の住居址と環壕の跡が見つかったという。興隆窪文化前期の遺跡として，また興隆窪遺跡の 2 倍大という点で注目されている。

一方，遼寧省側の査海（チャーハイ）遺跡では，六次に渡る発掘調査で 55 基の竪穴式住居址が検出された。平面は隅丸方形で門道跡はなく，中には貯蔵穴と土器を置くための深い円坑がある。興隆窪遺跡に見られる室内葬もあり，精美な玉器が出土した。之形文以外に「蛇銜蛙」と龍文に類似する土器の文様が目立つ。石積みによる巨大な龍の図案と集落を取り囲む環壕の一部も見つかった。

このほか，河北省遷西県東寨（ドンチャイ）遺跡・同西寨（シーチャイ）遺跡・北京市平谷県上宅遺跡からも興隆窪文化の要素が確認されている。C¹⁴ 年代測定値によれば，興隆窪文化の年代は今から約 7500～7000 年前にあたる。

趙宝溝（チャオバウゴウ）文化以降の代表的遺跡

次の趙宝溝文化も，遼西地域を中心に河北省の北部までその影響を及ぼしている。これまで敖漢旗趙宝溝遺跡で 17 基の住居址を発見し，同小山（シャオサン）遺跡と白音長汗遺跡で 2 基ずつ調査した。平面は方形，長方形，台形など多様であり，門道跡が見当たらない。20－100 m² に近いものもあるなど，大きな差が見られる。特に小山遺跡では，鹿，猪，鳥の文様を施した尊形土器と人頭像を刻んだ斧形穿孔石器（F2）が出土し，所有者の高い身分が想定される。

周知のごとく，紅山文化の発掘，研究史は戦前に始まる。これまで赤峰市紅山後・同西水泉・同蜘蛛山・敖漢旗四稜山・建平県牛河梁などで集落・窯跡・祭壇・墓地・玉龍・彩文土器を含む多くの遺構や遺物を発見すると共に，燕山

以南の河北省北部でもその文化要素が確認されている。

　特に近年，敖漢旗の西台(シータイ)遺跡で横に長い２つの環壕が南北につながる形で見つかった。小さい方が北にあるため，全体の平面は凸字形に近いが，両者の年代関係はよく分からない。大きい方は全長600ｍ以上，断面U字形の深い環壕に囲まれており，東南に門址がある。中から平面長方形の竪穴式住居址が多数検出されたが，長さ４-７ｍ，幅３-５ｍのものが多い。大量の土器・石器と共に，女性を模った土偶が出土するなど，同文化の牛河梁(ニュウホーリャン)，東山嘴(ドンサンズイ)遺跡でよく見られる女神廟や女性塑像との関係が注目される。住居址間の切り合い関係や環壕内の堆積層は，紅山文化の編年に貴重な資料を提供した。このほか，興隆窪文化・夏家店(シャージャテン)下層文化・夏家店上層文化の遺構と遺物が出土した。

　かつて西水泉(シースイチェン)遺跡では，約100ｍ^{2}の大型住居址が見つけられたことがある。室内の中央部で瓢箪形炉跡と暖房施設と見られる条形火道が検出された。四稜(スーリン)山(サン)遺跡では，６基の窯跡が見つかり，火口・火道・火膛・窯柱・窯室からなる平面長方形や馬蹄形の単室式と双火膛連室式が確認された。

　最近，牛河梁(ニューホリャン)遺跡群第５地点の再調査で，積石塚が築かれる前の同文化の集落遺跡が見つかったと報告されており，内蒙古文物考古研究所の地表調査によれば，西拉木倫河の北岸にも同文化の集落遺跡が大量に分布していることが分かり，これまで住居遺跡の発見が少なかった紅山文化の編年や総合的研究に大きな意味がある。ところが，主に西拉木倫河以北に分布する富河文化との関係も重要な課題である。

　牛河梁，東山嘴，胡頭溝(オートウゴウ)遺跡では，積石塚や石棺墓から龍，束髪器を含むおびただしい玉器が出土した。特に牛河梁遺跡群からは（祭）壇，（女神）廟，（積石）塚からなる祭葬合一と玉器を重んじる伝統のほか，貧富の格差と貴族の存在が窺われる。

　紅山文化の後に登場する小河沿文化は主に老哈河流域に分布している。住居址は円形の短室と双室に分けられるが，後者の小室は貯蔵室の役割を果たしたと見られる。翁牛特旗大南溝(ダーナンゴウ)にある２つの墓地から80基余りの土坑墓（竪穴式と土洞式）が見つかり，副葬品として石斧・石鉞・骨柄石刃刀・骨錐・彩文土器のほか，雷文・幾何学文・動物文などを刻み，口縁部の下に一周の突帯文の施した筒形罐，鉢とほとんど文様のない長頸壺や高杯を代表とする一群の土

器が出土した。これらの土器には，先行の趙宝溝文化，紅山文化の伝統が依然と残っているが，之字形文様はすでに姿を消したようである。

　小河沿文化の終焉に伴って，遼西地域は夏家店下層文化へと移り変わる。この文化に属する大型平地集落（城郭）として，敖漢旗大甸子(ダーデンズ)遺跡がよく知られている。

　遺跡は大甸子村の東南にある台地に立地し，比高は2mを超える。大地は南北の長さ350m，東西の幅は200m未満であるが，上には堀と城壁を整えた大型集落遺跡が残っている。城壁は一度に築造されたもので，中にある主体部と内外両側にある補強部に分けられるが，現存の垂直高度は2.25m，基底部の幅は6.15mを測り，補強部の幅は2.4－2.65mに上る。堀は断面U字形を呈し，幅は10m以上，内側の深さは2.5m，外側の深さは2.9mある。丘の西南側に幅2.25mの門址があり，中には幅1.25m，長さ8.2mの石敷き路面が残っている。集落内部の東南側で一部の住居址と灰坑を発見した。住居址は平面円形あるいは方形の竪穴式が多い。土器は鬲・甗・罐・盆（甑）・高杯・尊・碗・盤などがあり，石器は斧・刀・鏃などがあり，骨器は鏃・匕・錐・針・鏃・卜骨などがある。特に鬲はA，B，Cの3型式に分けられる。これらの遺物は明らかに夏家店下層文化に属し，また集落の東側にある墓地と同時期のものであり，C^{14}年代測定値によれば，紀元前1600年前後まで遡る。

　約1万m²の墓地から804基の長方形竪穴式土坑墓が見つかり，彩文（焼後彩）陶鬲・石鉞・漆器・玉器・銅器・金器・鉛器などの副葬品が出土し，地域文化の特徴と伝統のほか，中原地方の二里頭文化・商文化の要素が見られる。実際，夏家店下層文化には龍山文化や岳石文化の要素も認められる。墓地は3区に分けられ，それぞれA，B，C型陶鬲に代表される3つの集団と対応でき，そのうちA集団が最も有力であることが分かった。地表調査によれば，大甸子遺跡のような集落遺跡は，その北，東，南の25km範囲内に2つとなく，ただ西北へ3－4km離れた山地に同文化の石城址があるのみである。よって報告者は，大甸子遺跡は中国古代の邑に相当すると見ているが，平地城と石城の関係も注目すべきである。

　石城に関する調査研究は1950年代に始まった。1964年に赤峰市付近ですでに42カ所が見つかり，1980年代の分布調査を通して敖漢旗境内でも多く発見

し，また凌源県三官甸子・阜新県南梁・同平頂山・北票市康家屯からも見つかり，特に後者においては大規模な発掘調査が行われた。

　これらの石城址は，一般的に地勢の高いところに立地する。険勢を巧みに利用するため，その平面状態は不定形が多く実に様々であり，険しい場所には城壁をあまり築かないのが特徴である。規模から見ると，1万‐2万 m^2 のものが最も多く，数万 m^2 から 10 万 m^2 に近いものも少なくなく，さらに大きいものもある。城内では石積み住居址や祭祀遺構などが見つかり，土器と石器はほとんど夏家店下層文化に属するが，下遼河流域に近い阜新県平頂山遺跡では，高台山文化の土器も出土する。また，一部の石（山）城址では環壕も確認された。

　次に赤峰市付近の陰河‐英金河流域を実例として，石城間の関係について見てみたい。1960年代の調査によれば，この一帯の石城址は西より東へ3組に分けられている。第1組は尹家店から三座店までの約 20km 範囲内に 20 カ所の石城址が分布しており，うち尹家店遺跡が 3 万 3000 m^2，尹家店付近のものが 3 万 8000 m^2，遅家営子遺跡が約 10 万 m^2 であるという。近年の再調査では，GPS 技術を利用して，陰河北岸の遅家営子遺跡（8 万 5640 m^2）を中心に，その南北両岸にそれぞれ 3 万 4000‐4 万 8440 m^2 のものが 3 カ所ずつ分布し，またその周りに 2 万 5000 m^2 のものが多数分布していることが分かったという。

　石城址に見られる城壁や環壕施設は明らかに外敵の侵入を防ぐためであるが，すべての石城址が軍事要塞的な性格を持っているとは限らない。実際，阜新県平頂山遺跡などの石城址では多くの住居址を含む日常生活・生産施設が認められる。近年，北票市康家屯遺跡における全面調査の結果，城壁，馬面（防禦施設の一種），堀などの防御施設を精査すると共に，城内では丁寧に作った平面円形・方形の住居址・院落・石敷き道路・排水溝のほか，鋤・包丁・斧・鑿・装身具の鋳型・土器などの日常生産・生活施設を確認した。かつて北票市豊下遺跡，建平県水泉遺跡の貯蔵穴で炭化した穀物が見つかった。また多くの遺跡から出土する生産道具や豚・犬・羊・牛などの獣骨から畑作農耕が空前発達したと考えられる。

4 稲作の伝来をめぐって

すでに第1節で記したように，日本列島においても弥生時代の開始に伴って本格的な環壕集落が登場した。長崎県壱岐市原の辻遺跡，佐賀県吉野ヶ里遺跡などから大規模な環壕集落が確認されるほか，奈良県纒向遺跡もその空前の巨大さで注目を浴びている。弥生時代を特色づけているのが稲作の問題であり，考古学，遺伝学，形質人類学，文化人類学，民俗学などの研究者により，今日なお研究が続けられている。

稲作の起源やその伝播ルートの問題について，これまで学界では様々な形で論議されてきた。起源地問題において，従来アッサム‐雲南説が有力であったが，前に述べたように，近年長江中流域南部の湖南省澧県城頭山（チョントーサン），同彭頭山（ポントーサン），同八十垱（バースーダン）などの集落遺跡から8000〜5000年前の炭化米や水田跡が検出されたほか，同じ長江水系には属しないものの，湖南省道県玉蟾岩洞窟遺跡（ユーチャンエン）からも炭化米が見つかるなど，遅くとも1万年前からすでに稲を食糧として部分的に利用したほか，人工栽培の可能性も出てきた。また，長江下流域の南部にあたる江西省万年県仙人洞（センレンドン）などの洞窟から新石器時代前期の土器が出ており，浙江省の河姆渡遺跡（ホームードゥ），江蘇省の草鞋山（チャオセーサン）・龍虬荘（ロンチュウジャン）・駱駝墩（ロートードゥン）遺跡からも新石器時代中後期の炭化米が出土し，ところによって水田跡と灌漑用の溜め池や井戸跡も検出された。これらの考古発見によって，長江中下流域起源説が最も有力になっている。

稲作の伝播ルートについては，長江中下流域から次第に北上していく中でいくつかのルートに分けられるが，一般的に南路と中路では東部沿海地域から直接海を渡って朝鮮半島や日本列島に，北路では華北と遼東半島などを経由して朝鮮半島や日本列島に伝わったと見られる。山東省棲霞県楊家圏（ヤンジャージェン）遺跡・大連市文家屯（ウォンジャートン）遺跡・同大嘴子（ドーツイズ）遺跡・朝鮮平壌市南京（ナムギョン）遺跡・同下岱（ハデ）遺跡・韓国の扶余郡松菊里遺跡といった中継点を勘案すれば，基本的に陸地を主にする北路が最も安全で確実だったと考えられる。

戦前に調査した旅順文家屯遺跡A区第3層の焼土から，最近の分析によって稲と黍属のプラント・オパールが検出されたと報告されている。報告書によれ

ば，これは既知の小珠山(シャウズサン)中層文化にあたり，石包丁が出た第2層は小珠山上層文化にあたる。文家屯(ウォンジャトン)貝塚AⅡ区第2層に包含される貝殻のC^{14}年代測定値は4550±100B.P.から4180±50B.P.までと，大きな年代差はあるものの，その新しい方は郭家村(ゴージャツォン)遺跡上層から出た木炭類のC^{14}年代測定値と大きな差がないため，小珠山上層文化の年代範囲に入ると考えられる。かつて山東半島の棲霞県楊家圏遺跡から出土した龍山文化の稲作資料と，大連市大嘴子遺跡から出土した双砣子3期文化の炭化米の間には，約1000年の年代差があるため，稲作の北伝説に不利であったが，これらの資料を見る限り，遼東半島へ伝播するにはあまり長い時間がかからなかったようである。また，約4100年前に遼東半島の南端部で稲が栽培されていたということは，朝鮮半島や日本列島における稲作の起源問題にかかわる重要な発見であり，粟や黍を含む畑作農耕の伝播問題も考えられるようになってきた。

　ところが，遼東半島の文家屯と大嘴子の間には，約1000年の差がある。この空白については2つの可能性が考えられる。1つはまだ見つかっていないこと，もう1つは稲作の北上に何回かの間歇期のような「空白期」があったことである。ただ稲作は必ずしもいつも遼東半島を経由したとは限らないため，山東半島から海を渡ってまず朝鮮半島中南部の西海岸の平野地帯に上陸した可能性も十分ある。最近，韓国境内で新石器時代に遡る稲の資料が出ており，日本列島でも縄文時代後晩期の関連資料が確認されつつあるが，稲型や年代における差異が比較的大きいため，伝播経路を多様に見るべきである。特に岡山県朝寝鼻(アサネバナ)遺跡などで検出された，長粒型に属する年代の古い資料の由来に関しては，現時点では，龍山時代の山東半島よりさらに南の黄淮流域と長江下流域からの海上ルートを考えたほうが妥当であろう。また，稲作の伝播というのは，単なる稲のみではなく，それが食糧として利用されるに至る生産技術や儀礼を含む物質文化と精神文化の要素が共に伝わったかどうかも考えるべきである。そのルートと展開過程の解明にはより総合的な考察が必要であるが，生業の視角から見た稲作農耕と試行錯誤を伴う初期段階の個別的栽培との間には，相当長い時間を要したと考えられる。

　中国の北方では遅くとも新石器時代の中期から，相当大きな規模で畑作農耕が営まれていた。旱魃や洪水などによってよく生じる不作に備えて，大量の粟

や黍を貯蔵していた。磁山遺跡はもちろん，査海(ツーサン)遺跡に見る多くの貯蔵穴もそのために設けたものであろう。山東半島や遼東半島の新石器時代集落遺跡から稲とともに雑穀資料が見つかり，朝鮮半島と日本列島からも同時代の関連資料が出土するのは，畑作農耕の南下した結果と推察されるが，山東半島と朝鮮半島の間に直接交流があった可能性もある。

■参考文献■

遼東先史遺跡発掘報告書刊行会『文家屯——1942年遼東先史遺跡発掘調査報告書』京都大学人文科学研究所考古学研究室，2002年。

徐光輝「中国の農耕集落」後藤直・茂木雅博編『東アジアと日本の考古学Ⅴ　集落と都市』同生社，2003年。

徐光輝「集落から都市へ」同編『東北アジア古代文化論叢』北九州中国書店，2008年。

半坡博物館，陝西省考古研究所，臨潼県博物館『寨姜——新石器時代遺址発掘報告』（上，下），文物出版社，北京，1985年。

中国社会科学院考古研究所内蒙古工作隊「内蒙古敖漢旗興隆窪遺址発掘簡報」『考古』1985年10月。

中国社会科学院考古研究所『大甸子——夏家店下層文化遺址與墓地発掘報告』科学出版社，1996年。

辛岩「阜新鶯歓池遺址発掘簡報」『遼海文物学刊』1997年2月。

「内蒙古敖漢旗興隆窪聚落遺址1992年発掘簡報」『考古』1997年1月。

王恵徳・薛志強・吉迪・劉景嵐「陰河中下游石城的調査與研究」『北方民族文化』（昭烏達蒙古族師専学報　漢文哲学社会科学版）19巻4期，1998年。

石家河考古隊（湖北省荊州博物館，湖北省文物考古研究所，北京大学考古学系）『肖家屋脊——天門石家河考古発掘報告之一』（上，下），文物出版社，北京，1999年。

龍虬荘遺址考古隊『江淮東部新石器時代遺址発掘報告』科学出版社，北京，1999年。

河南省文物考古研究所『舞陽賈湖』（上，下），科学出版社，北京，1999年。

国際良渚学文化中心『良渚学文集：発掘報告和簡報』杭州，2001年。

遼寧省文物考古研究所「遼寧凌源市牛河梁遺址第五地点1998-1999年度的発掘」『考古』2001年8月。

中国社会科学院考古研究所『蒙城尉遅寺——皖北新石器時代聚落遺存的発掘與研究』科学出版社，北京，2001年。

遼寧省文物考古研究所「遼寧北票市康家屯城址発掘簡報」『考古』2001年8月。

辛岩・方殿春「査海遺址1992-1994年発掘報告」遼寧省文物考古研究所『遼寧考古文集』遼寧民族出版社,瀋陽,2003年。

内蒙古自治区文物考古研究所『白音長汗——新石器時代遺址発掘報告』(上・下),科学出版社,北京,2004年。

浙江省文物考古研究所『瑶山』(上,下),科学出版社,北京,2005年。

釜山大学校博物館『蔚山検丹里마을뮤적』釜山,1995年。

第 4 章

ニュージーランドと日本の知られざる結びつき

チャプル・ジュリアン

　太平洋に浮かぶ小さな島国ニュージーランドは，地球上で人間が最後に足を踏み入れた最も若い国と言われている。およそ1000年前に，原住民であるマオリ人が，ポリネシア地域の伝説の地，ハワイキから初めてニュージーランドにやって来た。次に人類がニュージーランドにやって来たのはそれから約800年後だった。人が積極的に国家を創ろうとしたのは今からわずか160数年前のことだ。そんな浅い歴史を持つニュージーランドは，何千年も前から独自の文化や社会体系を築き上げてきた日本とは非常に対象的である。一見，こうやって比較すると，遠く離れているアジアにある日本とは何の共通点もなさそうだが，意外にも昔から近代に至るまで様々な分野で活発に交流が行われ，類似点も多く存在する。

　本章では，日本とニュージーランドの関係について3つの時代（セクション）に分けて紹介する。まずはじめに，人間の交流の観点から，どんな日本人，ニュージーランド人が，いつ，何のためにお互いの国を訪れたのかをいくつかの例をピックアップし，紹介する。彼らが何を感じ，何を学び，そしてその経験をどのように活かしたのか，どのように両国の関係に影響を及ぼしたのかについても考える。次に，第二次世界大戦中に敵対関係となった両国が取った行動などを見ながら，いかに信頼関係が両国間の平和を保つために不可欠なものかを改めて証明する。最後に，戦後の関係へと焦点を移し，近代の貿易，政治，人的関係を紹介し，お互いの共通点などを見出していく。現に，ニュージーランドは日本にとってそれほど重要なパートナーとは言えないため，日本ではあまり知られておらず，存在感も薄いと言わざるをえない。しかし，21世紀のキーワードの1つとしてグローバリゼーションが挙げられる今，われわれが平和に暮らすためには相互理解が不可欠である。共通点が見出されることにより

第4章　ニュージーランドと日本の知られざる結びつき

図4-1　ニュージーランドの風景

親近感が生まれ理解が深まる。この章を通して，ニュージーランドという国に少しでも目を向け，身近に感じてもらい，将来の両国間の発展につながってくれれば嬉しい限りだ。

1　最初のコンタクト

ニュージーランドという国

まずは，ニュージーランドとはどういう国なのかを少し説明する必要がある。ニュージーランドを最初に発見したのはオランダ人の探検家，アベル・タスマン（Abel Tasman）である。1642年，航海中のタスマンは「広く高く横たわる大陸（現在の南島西海岸周辺）」をヨーロッパ人として初めて発見した。彼は最初それが南米大陸の陸続きの先端だと考え，「Staten Landt（スターテン・ラント：南の国という意味）」と命名した。西海岸に沿って北に航行し，現在のクック海峡を湾と間違えニュージーランドが1つの島であると信じていた。タスマンがニュージーランドに上陸することはなかったが，南島の北端で停泊中，マオリ人に遭遇し，襲撃と勘違いされ衝突が起き4人の船員を亡くした。

最初にヨーロッパ人が上陸したのは，それから100年以上後の1769年，金星の観測のためにタヒチへ派遣されていたイギリス人航海士，ジェームズ・ク

97

ック（James Cook）だった。エンデバー号の船長であったクックは，南半球の海に存在すると思われていた Terra Australis（テラ・アウストラリス）＝「偉大なる南大陸」を探し出す任務も受けていた。クック船長はニュージーランドを一周して，この地の地図を初めて完成させた。エンデバー号に同乗していた植物学者やその他の専門家たちは，ヨーロッパでは知られていなかったニュージーランドの固有種の動植物やマオリ人のことを紹介した。

しかし，ニュージーランドはヨーロッパ人にとって地球の反対側に位置していることもあり，すぐには移住は行われなかった。徐々に人が訪れるようになったが，その主な目的はアザラシ漁や捕鯨であり，布教のために宣教師もやって来たが，長期間滞在する者はまだ少なかった（西川，2006）。1840年までには，2000人のパケハ（マオリ語で「よそ者」から白人の意味で，現在はマオリ人以外のニュージーランド人という意味に使われている）がニュージーランドに移民し，その多くが北島の北部に位置しているベイ・オブ・アイランドに住んでいた。それとほぼ同時期にマオリの部族間の内紛が度々勃発するようになり，パケハから手に入れた鉄砲で多くの死者を出すようになった。この内紛とパケハから広まった悪病により，マオリ人の人口は急激に減少した。

1840年に先住民のマオリ人の酋長とイギリス代表との間で「ワイタンギ条約」が締結され，イギリス人移民がニュージーランド人としての権利を持つようになったこともあり，イギリスからの直接移住が本格化した。

ニュージーランドはイギリスの植民地となったため，イギリスから数多くの移民者がやって来た。彼らの旅費の多くは入植会社によって支払われていた。そして入植計画は，イギリスの農場経営システムを模範にするというエドワード・ギボン・ウェイクフィールド（Edward Gibbon Wakefield）の理念に基づき進められた。このシステムは，入植者が自分たちの農場を開拓し自給自足の生活をし，先住民の人々と平和的に暮らすことを意図していた。

多くのヨーロッパ系開拓者にとって，西洋と東洋（オリエンタル）の力関係ははっきりしていて，「東洋」を不気味なもの，異質なものとして規定し，批判する傾向があった（サイード，1993）。そのような西洋の姿勢は「オリエンタリズム」と呼ばれ，そういった考え方の根拠の1つとなったのが産業革命であった。ニュージーランドでも日本と同様，1872年に鉄道を作りはじめ，8年

後にはすでに日本の8.5倍もの長さの鉄道が作られていたと，その頃ニュージーランドを訪れていた地理学者・経世家の志賀重昂は指摘した（Gavin, 1997）。1900年のニュージーランドの人口は日本の60分の1であったにもかかわらず，海外への輸出量が日本の半分もあり，国庫収入も日本の5分の1だった。このようなことから，ニュージーランド人の「東洋の日本」に対する考え方が変わるのにはそれから長い年月がかかった。

ニュージーランドの文化的特色

多くの移民到来によりできた国だけに，多様な文化が見られるのはニュージーランドの特徴の1つと言える。しかし，その中でも大きく分けて，マオリ人独特の文化とパケハ独特の文化が共存し固有の文化を築き上げてきた。パケハの文化の土台となったのはヨーロッパ（主にイギリス）系の人々の生活様式だったが，彼らが新しい環境の中で経験，苦労してきたことも大きく影響している。パケハ文化の特色と言えば，社会平等主義の精神"Fair go"の下で他者に頼らず各自で自主的に行動し，自然を守りながら楽しむ，冒険的で気楽な国民性である。

一方，マオリ文化はバリエーションに富んだ豊かなものである。伝統を大切に尊重しながらも現代的な芸術としても存続していると言えることから，日本と親近感を感じさせられる。伝統的な芸術に彫刻，織物，カパハカ（主に集会場などで披露される唄と踊り），民族舞踊であるハカ，モコ（刺青）などが代表的である。特徴として，もともと文字文化がなかったため，口承文化（歌，伝説など）が豊富で代々伝えられてきた。また，文化の中で自然とのかかわりが強く，芸術や伝統にはその影響がよく見受けられる。マオリの伝統的な社会には様々な儀式や礼儀作法があり，上下関係，高齢者に対する尊敬，生活にかかわる作法などがはっきりしていることも大きな特徴である。マオリの地域社会の中心となっているのは「マラエ」と呼ばれる村の集会場で，社会や文化，宗教的な本部の役割を果たしている。

このパケハとマオリの2つの文化が柱となり，ニュージーランドの人々の生活に大きく影響している。

ニュージーランドへの最初の日本人渡航者たち

　徳川幕府が幕を下ろし，明治維新に入ると，日本人はようやく自由に海外に行き来できる権利を得た。仕事を求めて，あるいは西洋から何かを学ぼうとして海を渡る人は少なくなかった。しかし，圧倒的に人気のある行き先はアメリカの西海岸やヨーロッパであり，ニュージーランドまで行く人はゼロに等しかった。

　最初の訪問者の中には，武術一座やサーカス団員が多くいた。1874年にアクロバットやレスリング選手がニュージーランドの北島と南島を回った。1880年代には日本海軍の艦船が公式に訪問し，話題になった。日本海軍はイギリスを模範にしていたため，乗組員にもイギリス人に似た品格が見られ，ニュージーランド人に高く評価されていたそうだ。日本海軍の艦船ツクバの船長が，マオリ人の王であるタウィアオ（Tawhiao）を招いて侍の冑一式を贈呈したという事実もある。

　ニュージーランドに最初に移民した日本人は野田アサジロウと言われている。彼は熊本県の天草にある富岡で1869年に生まれた。彼の父親は造船技師で，その当時来航していたイギリス船の修理をしていた。その仕事ぶりが素晴らしかったため，イギリス船の船長が出航直前に父親と彼を夕食に招待した。アサジロウが8－9歳のとき（1878年）だった。その夕食後，なぜか父親だけが船を降り，アサジロウは出航後しばらくして船上で発見された。海上でイギリス船は日本へ向かうドイツ船にちょうど出会ったので，アサジロウをドイツ船へ移らせた。しかし，そのドイツ船は日本に向かわず，結局アサジロウは10年間その船で過ごすはめになった。アサジロウはいくつかの地名以外ほぼすべての日本語を忘れてしまった。1890年，ドイツ船はニュージーランドのブラフ港に到着し，アサジロウが日本人として初めての長期滞在者となった。その後，マオリ人の女性と結婚し，ワイカト地方に住みはじめた。1908年にニュージーランド国籍を取得し，男の子3人と女の子2人をもうけた。次男のマーティン（Martin）は父親のルーツに興味を持ち，第二次世界大戦直前に日本からの渡航者に聞くなどして調査したが，何も手がかりを掴めなかった。父親のことを調べようとしたことによって，彼は戦争中ニュージーランド政府によって監禁された。アサジロウは戦争中に亡くなり，マーティンは父親のことをそれ以

第4章　ニュージーランドと日本の知られざる結びつき

図4-2　カミゾノ・モリノスケのビリヤード場の様子

上調べるのを断念した。1988年，園田女子大学の田辺眞人教授が野田アサジロウのことを知り，詳しく調査した。田辺教授は92歳のマーティンにも実際に会い（その年にマーティンは死去），日本にいる野田アサジロウの家族とニュージーランドにいる家族の面会も実現させた（Tanabe, 1999）。

　2人目の日本人移民は，おそらく1895年にやって来た月川喜代平（当時21歳）である。彼はクランマクロイド船の船員だったが，船長と喧嘩をしてダニーデンで船から降りた。農場で働き，1902年に故郷の長崎宇久島の金浦村に戻ったが職がなく，再びニュージーランドの牧場へ戻った。その後，クルサ川の蒸気船で働き，船長免許を取得後，自ら所有する船の船長となり，その船が老朽化でなくなる1939年まで船長として働いた。彼はキリスト教信者となり，地域のために貢献し，多くの友人にも恵まれた。1913年にオーストラリア人の女性と結婚し3人の男の子をもうけた。戦争中はニュージーランド政府にクラスBの敵国者と認定され，移動の制限はあったが監禁されることはなかった。1948年に死去している。

　チノコウギン（別名 Joe Chino）は1900年にニュージーランドへ行き，1904年に帰化した。彼は北島の東海岸に面しているトコマル湾で肉体労働や理髪師に従事し，1948年に亡くなった。彼の墓碑銘には「マオリやヨーロッパ人の友，彼を知っている人物に尊敬されていた」と書かれている。亡くなったとき

に2000ポンド（現在では約650万円相当）ほどの財産を残し，その財産が地域の学校，教会，ボランティア・グループ等に分けられ，「チノ基金」も設立された。

1915年に来たカミゾノ・モリノスケもマオリ人女性と結婚し，テアラロアで美容院兼ビリヤード場を営んだ（図4-2）。日本のルーツを明らかにしないまま4人の子供を残して他界した。彼の子孫には日本名が現在も残っているが，英語らしくKamizonaと綴りが変えられた。

カミゾノ・モリノスケの子孫のように日本名を変える者はかなり多くいた。その理由として，1つは発音の難しさがあった。もう1つは日本人であることを隠すことだった。第二次世界大戦が激化するにつれ，何らかの報復を恐れて，できるだけニュージーランド人になりすまそうとした者もいた。日本人だけでなく，アジア人全般に対しての差別や不平等な扱いは度々あったようだ。1911年に訪問した商売人ナカヤマタイゾウは，ニュージーランドでのアンチアジア感はオーストラリアより少ないと記している（*Weekly News*, 5 January, 1911, p. 23）が，長い間不平等な政策が設定されていた。

ワイタンギ条約締結後，ニュージーランドへの移民の多くはヨーロッパ系だったが，1866年からのゴールドラッシュ時には，中国人の数も急激に増加した。1866年当初は12人だった中国人が，3年後には2000人，1881年には4995人まで上昇した。この急激な上昇に，国内では懸念する声が高まっていった。

1881年には，中国人移民法における人頭税課税や，入港船舶の大きさによって移住可能な中国人の数を制限した事例に見られるように，移民を阻止するための差別的な法律が設けられた。この考え方は20世紀になってからも続き，第一次世界大戦の勃発により差別対象はドイツ系などにも広がった。1899年に発令された「移民制限法（Immigration Restriction Act）」や1919年制定の"Undesirable Immigrants Exclusion Act（好ましくない移民排除法）"がその顕著な例である。さらに，翌年には移民法を改正し，イギリス・アイルランド系以外の移民には厳しい入国条件が課された。その結果，圧倒的多数の移民は「イギリス系」という状況が第二次世界大戦後まで続くこととなった。

1915～1919年の間にニュージーランドに訪れた日本人は55人に留まったに

もかかわらず、当時の内相は「アジアチックの大量到着」をこう懸念した。

「もしも、日本から大量に移民がやって来る危険性があり、それが『ホワイト・ニュージーランド』(白人至上主義) の本質に大いに影響するのであれば、国会が現在の移民制限を厳しくせざるを得ないかもしれません」(*New Zealand Herald*, 29 March, 1919)

その後、1937年の日本軍による中国への侵略、1940年半ばのフランス領インドシナへの侵略、ハワイ・パールハーバーやイギリス領への攻撃で懸念が敵意へと変わった。中国人への人頭税などは第二次世界大戦終了までに撤廃されたものの、全般的にアジア系に対しては差別的な政策が維持された (西川, 2006)。

そういった背景からも、第二次世界大戦までにニュージーランド国籍を取得した日本人はたったの10人だけだった。1920年の統計によると、ニュージーランド在住日本人は14人だった。当時、ニュージーランド人と結婚している日本人妻はイギリス人として見なされていたため統計に含まれていなかったが、男性の数よりかなり少ないと思われる (McNeil, 1999)。その14人のうち、7人がすでにイギリス国籍を取得していた (当時、ニュージーランドはイギリス領で、まだ「ニュージーランド」という独立した国ではなかった)。また、職業別で見ると8人は料理人で (船上のコックとして来た者も何人かいた)、その他はバーで働いたり、船で働いたり、力仕事をしたり、転々と職を変えたようだ。

また、ニュージーランドが社会主義理想郷だと思っていた日本人もいた。矢野龍溪が1902年に出版した小説『新社会』には、主人公が2回ほど「ニュージーランドは社会主義にもっとも近い国」と言うセリフが出てくる。1915年に出版された吉野作造著『南洋』という本には、「ニュージーランド人は自由平等の信念を深く持ち、富豪であっても贅沢なことはせず、労働者であっても勝手気ままな行動を取らず、社会の秩序は整然としており、所謂理想の楽園を実現している」と書かれている (吉野, 1915：229-230)。

パケハよりマオリ人と仲良く暮らしていた日本人も少なくなかったようだ。また、日本からの訪問者には、マオリ人の文化やマオリ人がどのようにパケハ

と共存しているかに強い関心を持つ者もいた。吉野作造は『南洋』にマオリ人の生活ぶりを細かく紹介し，オーストラリアのアボリジニーと違って国会にも代表があることからその差を強調した。1886年に志賀重昂は『南洋時事』の中で，ニュージーランドでの文化的，人種的差別を語った。この本は実際にニュージーランドに行ったことのある日本人によって書かれたニュージーランドについての初めての本だけに重要である。志賀はパケハによる支配で失ったものを嘆いているマオリ語の歌を日本語にして，日本文化尊重の大切さや，西洋文化を丸ごと導入することの危険性を警告した。マオリ人は多くの場合，日本人を快く受け入れたが，依然としてアジア人はパケハ社会からは厳しい差別を受けていて，社会主義理想郷の平等な国とはほど遠い面もあった。

マオリ人の「武士道」のような精神に共感できると言う日本人もいた。宮田峯一は著書『ニュージーランド』の中でこう書いている。

「若し敵が飢餓に迫っていれば，彼等は敵に食物を送った。餓えた者との戦いは興味もなく，且つ卑怯であるという観念からこれ（武士道）は出発している。我が国の戦国時代に上杉謙信が武田信玄に鹽（塩）を送った故事に似ていてゆかしいではないか。また，もし敵が他に戦う先約があったり，収穫時で多忙な時には，敵の準備が整うまで攻撃を延期した」（宮田，1944：229）

さらに，日本人とマオリ人の関係について，宮田はマオリ人政治家と交わした会話の内容をこう書き残している。

「マオリ人は日本人と同じ一民族であり，日本はわれわれ有色人種中最も優秀な民族であるから，われわれ有色人種の地位を向上させてくれるのは日本人以外にはない」（宮田，1944：254）

逆に日本人とマオリ人の共通点を言及するヨーロッパ系ニュージーランド人もいた。1902年に日本への視察を終え帰国した，医者であり博物学者でもあるトーマス・ホッケン（Thomas Hocken）は，日本人とマオリ人の宗教や言語に共通するところがあると言及した（Knight, 1983）。

日本への最初のニュージーランド人渡航者たち

　戦前の日本ではニュージーランド人はイギリス人と見なされていて，ニュージーランドという独立した国から来た人という考え方は当時はなかったことから，その渡航の歴史が非常に不透明な部分もある。しかし，1859年の長崎港や横浜港の開港を期に，日本へ行くニュージーランド人が現れはじめたのは事実である。

　アルバート・ハンサード（Albert Hansard）が最初に来日したニュージーランド人とされている。彼はオークランドで不動産関係の仕事をしていて，日本では競売や委託売買人の仕事をしていたが，日本で最初の外国語新聞を創刊した人物として名が残っている。1861年，*Nagasaki Shipping list and Advertiser* と同年に，横浜に引っ越してから *Japan Herald* を立ち上げた。

　もう1人の初期の渡航者もメディア関連の仕事に携わった。フランク・メジャー（Frank Major）は1868年以降，大阪で貿易会社を設立し，*Hiogo News*（兵庫［*Hyogo*］のこと）の大阪特派員として働いたり，大阪在住の外国人の生活を管理する大阪市議会の秘書を務めたりと幅広く活動した。また，大阪府立学校で2期にわたり英語を教えたということから，初めての日本でのニュージーランド英語教師と言えるだろう。日本人と結婚して，3人の子供をもうけたが，妻の死後1878年にニュージーランドに戻った。

　1800年代に来日した最も有名なニュージーランド人は，プランケット協会の創立者であるトルビー・キング（Truby King）だった。プランケット協会とは，子育て支援組織で，産後の赤ちゃんの定期健診，個別子育て相談，24時間無料電話相談など，5歳未満の子供をサポートしている機関である。キングは1904年9月20日～11月10日まで旅行目的で来日した。彼の日本滞在中の経験が，母や子供が持つべき健康に対する考え方へ強い影響を与えたようだ。ヨーロッパでの生活とは違って，日本社会の頑健性を特に評価し，育児方法や伝統的な肉の少ない食生活も高く評価した。キング夫妻は大阪，京都，滋賀，名古屋などを旅し，様々な土産を買ってニュージーランドに送った（中には植物も買って送ったが，今のニュージーランドでは生きている植物の輸入は厳しく規制されている）(King, 1948)。キングの日本の物産に対する関心は，当時のニュージーランドでの日本という不思議な国に対する関心を反映したものである。日本

の製品や美術は非常に高値がつくほど需要が出始めた。また，キングと同様日本の植物や庭園に強い関心を持ったニュージーランド人がほかにもいた。1890～1900年代にかけて，政府庭園師トーマス・ピアソンは，日本式庭園をいくつかの主要都市に作る計画を立てた。それから1930年代までに日本的な庭園や日本の植物を活かした庭デザインが盛んになり，新庭園文化の発展に貢献した（青柳，2008）。

多くのニュージーランド渡航者はお金を稼ぐために来日したが，決して容易なことではなく，数年で帰国する者が多かった。オークランド・ウェークリー・ニュース紙に投稿した在日ニュージーランド人の手紙によると，日本政府の金融政策が生活を厳しくしており，低賃金の日本人職人と競争するのは不可能と警告を促している（*Auckland Weekly News*, 22 January, 1881, p. 17）。仕事面だけでなく，当時のニュージーランド人にとって日本での私生活も厳しいものだったようだ。東京で速記者として働いていたニュージーランド人女性が次のように不満を綴った。

「ニュージーランドでは1日の仕事を終えたら，リラックス出来る映画館などの娯楽施設があるけれど，東京，いや，日本全国には何もない」（*Press*, 1 May, 1920, p. 10）

この女性も日本で働いてお金をためるのは難しいとつけ加えていた。

それに反して，長期滞在者もいた。オークランドより北にある小さな町ワイプーから1920年代後半に来日したサム・ラング（Sam Lang）は，日本語をマスターし，日本人と結婚して長年にわたり東京外国語大学で教壇に立った教育者だった。日本教育に対して尽力したことで日本政府より表彰された。

2　第二次世界大戦——敵対関係のニュージーランドと日本

ニュージーランドと第二次世界大戦

第一次世界大戦で最初に出発したニュージーランド艦隊を誘導したのは日本の巡洋戦艦「伊吹」だったが，第二次世界大戦で日本へ最後に銃撃したのはニ

ュージーランドの海軍だったという皮肉な話がある（日本が降伏宣言を出した際，ニュージーランド軍艦ガンビアは日本の戦闘機の攻撃を受けていたので，日本軍へ最後に発射したのはガンビアだったとされている）。ニュージーランドはイギリス連邦の一員であるため日本と戦うことになったが，日本からの直接の攻撃を受けたことはなかった。しかし，日本海軍の潜水艦はニュージーランド周辺の海岸に派遣され，1942年3月8日の夜中に首都であるウェリントン，13日には最大都市であるオークランドの上空に偵察機を打ち上げ監視活動をした。

近年の日本では，戦争中日本がニュージーランドやオーストラリアなどを侵略しようと考えた事実があると信じる人は少ないだろう。しかしながら，戦時中の日本の指導者にとって，ニュージーランドは日本のアジア戦略の根幹をなす政策である「大東亜共栄圏」の最も外側にあったにもかかわらず，ニュージーランドを侵略するかどうかを審議する場面，あるいは計画があったのは事実だ。戦争開始間もなく日本軍令部に呼び出されたのは，ニュージーランドで教育を受けた川瀬勇だった。彼に打診された計画は実に大胆なものだった。潜水艦に乗ってニュージーランド近海まで行き，艦載飛行機に乗り，ニュージーランドの上空からパラシュートで降りる。その後に，片言ではあったがマオリ語を話すことができる彼1人でマオリ人を扇動して内部錯乱を図るというものだった。本人はその策略の無謀さに驚いて姿を消したそうだ（川瀬，1994，130頁）。

最初から，オーストラリアとニュージーランドを支配することは日本にとってはあまり現実的な話ではなかった。色々な国へと戦いを繰り広げていた日本が疲弊するのはもはや時間の問題だった。また一方，ニュージーランドとオーストラリアには豊富な資源があり，日本の過密人口問題を緩和することもできると考えた人もいた。茅原華山が1915年に出版した論文「日本国民を自殺せしむるものは英米である」に「こういった問題点を考えると両国を大東亜共栄圏に入れるべきだ」という主張がある（茅原，1915）。地政学的な現実に目覚め，ニュージーランドとオーストラリアは日本の大東亜共栄圏の中で協力していくと思っていた人もいた（宮田，1944）。

1942年に日本は，パプアニューギニアの首都ポートモレスビーに上陸し，オーストラリアニューギニア（当時パプアニューギニアはオーストラリアの支配下にあった）を襲撃しようとした。さらに，ニュージーランドとオーストラリア

を孤立させるためにソロモン諸島やニューカレドニア、フィジー、サモアを支配しようとしたということは、ニュージーランドに対しても攻撃実行可能ということを意味した。もし日本がニュージーランドに侵入するのであれば、北島の南部のパーマストン・ノース市が最も有力な侵入ポイントとされていたので、600人の兵士が8カ月間（日本軍のミッドウェー海戦での敗北まで）そこで待機していた。だが、それ以外の準備はあまりされていなかったようで、ニュージーランド政府がどの程度真剣に侵略が現実のものになりうると考えていたかが窺える。少なくとも1942年の時点では侵略は戦略的にも経済的にも実行可能なものではないとされていた（McIntyre, 1999, p.120）。敵の基地から遠く離れたニュージーランドは他の国のように侵略されにくく、かつ経済的に日本が必要としていた資源（たとえば石油、ゴム、鉄、米など）はニュージーランドでは簡単に確保できるものではないというのがニュージーランド政府の見解だった。

　太平洋戦線ではニュージーランド軍、特に空軍が様々な地域で日本軍と戦った歴史がある。ラブールでの最終決戦においてニュージーランド軍と日本軍は激しく戦った。ソロモン諸島ではニュージーランド戦闘機隊が合計99機の日本機を撃墜した（中島, 2000）。ニュージーランド海軍巡洋艦ガンビアとアキレスは沖縄と本州沖の作戦にも参戦した。1945年8月20日に巡洋艦ガンビアからの上陸部隊も横須賀海軍施設への占領活動に参加した。

　また、マンハッタン計画（第二次世界大戦中、原爆開発・製造のために科学者、技術者を総動員したアメリカの国家計画）にはニュージーランドの科学者も参画した。

　敗戦後の極東国際軍事裁判（東京裁判とも言われた）では、ニュージーランドのエリマ・ハーヴェイ・ノースクロフト（Erima Harvey Northcroft）判事が、戦争犯罪人として指定された日本の指導者などを裁く11人のメンバーの1人に選ばれた。彼は被告が問われている犯罪について、戦争時に被告が置かれた状況がどのように影響したかをできるだけ調べ上げ、判断材料にしようと努力した。あるときは、満州で司令官をしていた軍人をインタビューするために、田舎の村まで足を運んだこともあった。

第 4 章　ニュージーランドと日本の知られざる結びつき

戦争捕虜など

　戦争が始まったとき，ほとんどの在ニュージーランド日本人はすでに事業を終わらせて出国していた。伴野兄弟（彼らについては第 3 節内で触れる）の事業や資産も清算されて戦後も再建されることはなかった。残っていた 5 人の在住日本人と 40 人ほどの南太平洋諸島在住の日本人（伴野兄弟のトンガやフィジーでの事業で働いていた従業員も含まれていた）は，ウェリントン港にあるソームズ島に敵国者として強制収監されたが，そのほとんどは戦争中に送還された。先に述べたマーティン・ノダも同様に収容されたが，当局にとって複雑なジレンマだった。彼はイギリスの国籍を持ちながら，マオリ人の土地所有法ではマオリ人でもあり，ニュージーランド軍に息子が入団しているにもかかわらず，「敵国者」とも見なされていたのである。結局彼は数カ月の収容後釈放された。

　それ以外に，戦争中 600 人以上の日本兵捕虜は，ウェリントン市より北にあるフェザーストンという小さな町の軍事訓練施設に設けられた（当時ではイギリス連邦最大の）日本人捕虜収容所に監禁された。1943 年 2 月 25 日，異文化間に生じた不満や誤解が原因となり暴動を起こした日本人捕虜は，監視官によって射撃を受け，31 人が即死，その後 17 人の死亡が確認され，あわせて 48 人の日本兵と 1 人のニュージーランド人監視官が命を落とした。この出来事は「フェザーストン事件」と呼ばれ，歴史に刻まれた（森島，2008）。千葉大学の秦郁彦教授の研究によると，この事件で命を落とした 48 名の名簿が日本の外務省に送られたが，日本陸軍と海軍の指示で家族には知らされなかった（Iwasaki, 1999）。彼らは火葬されたが遺骨の行方は不明なままだった。2002 年，現場となった地に「慰霊の庭」が，退役軍人会や地元の人の反対と反発を乗り越え，ようやく完成した。

　一方，戦争開始後の在日ニュージーランド人の数は非常に少なかったが，少なくとも 2 人の存在が知られている。ギルバート・レノックスキング（Gilbert Lennox-King）は，パール・ハーバー攻撃以降収容されて，数カ月後送還された。宣教師であるサム・キング（Sam King）は，収容されることなく，戦争中ずっと東京で周囲の日本人と仲良く生活を続け，長男ももうけた。

　日本軍により捕虜となったニュージーランド人兵士の数は約 100 人で，その多くは日本に移送され，重労働を強いられた。さらに，極悪な事件がキリバス

共和国の首都であるタワラ環礁で起こった。22人のニュージーランド人のコーストウォッチャー（Coastwatchers：コーストウォッチャーとは，海辺などで日本軍の動きなどを監視したり，密偵活動をしたりしていた兵士や一般人のこと）が処刑されたのだ。日本によるニュージーランドに対しての最も残酷な集団殺害事件だった。

3 戦後の関係発展

　第二次世界大戦後，日本の教科書にニュージーランドについての記述が出始めたのが1952年の「高校地理」だったが詳しい内容はなかった。それ以降の教科書を見てみても「南太平洋の楽園」，「世界一の牧畜国」，「イギリスと兄弟の国」といったステレオタイプな表現にすぎなかった（Sajima, 1999）。時間がかかったものの，だんだん両国の関係が正常化してきた。次に，戦後のヒトとモノの移動とその関係の変化を紹介する。

貿易関係

　1880年にオークランドに本社を置いたSouth British Insurance Company（南イギリス保険会社）が横浜に代理店を委託し，その後神戸，長崎，大阪，東京にも支店を開いた。同社は日本で火災保険を売るという商売の難しさを痛感し（密集する弱い木造住宅はあっという間に燃えてしまった），ニュージーランドに引き上げようと考えていたが，パール・ハーバーの攻撃まで日本で営業を続けていた数少ない外資系の保険会社だった。

　この頃のニュージーランドから日本への主な輸出物は羊毛だけだった。ほかの物を売る計画は度々現れたが，実りある結果にならなかった。たとえば三井物産の社員が1902年にニュージーランド産の亜麻で布を製造できないか調べたりしたが，うまくいかなかった（*New Zealand Herald*, 28 May, 1902, p. 6）。しかし，羊毛の買い手としてニュージーランドは日本を最恵国とし，1928年に日本と通商条約を締結した。これがニュージーランドにとって外国と初めて交わす通商条約となった。

　一方1914年までは日本からニュージーランドへの輸出量はインドやセイロ

ン（現スリランカ）よりも少なかったが，その後急激に増え（特に生糸など），1938年には二国間の貿易不均衡が倍ぐらいまで膨らんだ（表4-1）。

1920～1930年代にかけて，日本とニュージーランドの間で親善訪問や貿易が増えた。この時期に，南太平洋で貿易会社を営んでいた和歌県山出身の伴野兄弟が1935年にニュージーランドで初めて日本人として会社を登録したが，それから第二次世界大戦終了までは大きな経済的交流は見られなかった。

表4-1 ニュージーランドの日本への輸出と日本からの輸入総額

年	輸出（£）	輸入（£）
1920	20,149	593,343
1938	592,689	1,197,225
1964	17,009,000	16,274,000

（出所）'TRADE WITH EAST', An Encyclopedia of New Zealand, edited by A. H. McLintock, 1966 ; Te Ara - the Encyclopedia of New Zealand, updated 22-Apr-09（URL：http://www. TeAra. govt. nz/en/1966/trade-external/5）.

戦後，1960年までの間も，日本とニュージーランドには重要な商業的，経済的つながりは少なかった。ニュージーランドは依然としてイギリスと密接な経済関係にあり，日本はヨーロッパ諸国，アメリカや中国と貿易をしていた。しかし，1964年の東京オリンピックと1970年の大阪万博を機にニュージーランドの日本に対するイメージが変わり，交流が盛んになりはじめた。そして，1970年以降の両国間の経済事情の急変により，その関係はさらに緊密なものになった。1973年にイギリスがEC（ヨーロッパ共同体，現EU）に加盟したことにより，ニュージーランドは長年の対イギリス特恵待遇を失うこととなり，貿易先を多角化する必要に迫られた。その頃，日本もグローバルな貿易国家として発展しつつあった。産品の相互補完性から見ても貿易相手国として互いに良きパートナーとなりうる可能性があったのである（石川編，1990：210）。

日本は現在，ニュージーランドにとってオーストラリア，アメリカに次いで3番目に大きい貿易パートナーとなり，日本からの経済活動によって9000人以上のニュージーランド人が生計を立てていると言われている。経済的効果だけでなく，地域や社会貢献を行っている企業もある。たとえば，王子製紙グループのPan Pac Forest Products株式会社は所在地であるネイピア（Napier）市の劇場改修を援助した（ちなみに王子製紙グループの関連会社である王子ネピア株式会社が生産しているティッシュペーパーやトイレットペーパーの商品名「ネピア／Nepia」はネイピア市に由来している）。また，トヨタは世界的に有名なヨットレ

ース「アメリカズカップ」において，長年チームニュージーランドのメインスポンサーである。

貿易額（2008年）

NZ→日本　33.6億NZドル
NZ←日本　40.5億NZドル
品目
NZ←日本　自動車等輸送機器，機械，電気電子機器，鉱産物，光学機器，鉄鋼
NZ→日本　アルミニウム，林産品，肉類，酪農品，果物，魚介類，野菜
日本からNZへの直接投資残高　20.1億NZドル（2008年3月末）

人物の移動・結婚／出産など

　戦後すぐの1946年から1956年まで，通算1万2000人ほどのニュージーランド兵士「ジャパン・フォース」（通称：ジェー・フォース，J-ForceまたはJayforce）が連合国軍占領下の日本で治安維持や復興作業に携わっていた。任務の地域は主に山口県の呉市だった。最初は仕事以外での日本人との交流は厳しく制限されていた。特に日本人女性との不適切な仕事やプライベートなつき合いは禁止されていた。しかし，時間と共に交流する機会が徐々に増え，日本の女性に結婚を申し込むニュージーランド兵士も少なくなかった。ところが，1952年まで日本はまだ「敵国」とされていたため，ニュージーランド政府が日本人との結婚を認めなかった。そのせいで実際に結婚できなかった人もいた（Brocklebank, 1997）。

　日本との平和条約締結により敵国ステータスはなくなったが，ジェー・フォース兵士と結婚した日本女性たち，いわゆる「戦争花嫁」（およそ50人）はなかなか永住許可を貰えず，厳しい状況下にいた。日本の家族からもニュージーランド社会からも冷たく扱われていた。地域社会からのサポートもなく，同化するプレッシャーがあり，過酷な状況だったようだ。当時の日本からの莫大な交通費や1964年までの外国への移動制限のため，花嫁としてニュージーランドに行く日本人女性のほとんどは家族との決別を覚悟していた。しかし，ニュ

ージーランド政府が受けていた報告によると，日本人との結婚はほとんどがうまくいっていたようだ（McGibbon, 1999）。

当時の国際結婚の難しさが原田つねよさんの未出版伝記『Child of War（戦争の子）』で描かれている。彼女は戦争中に中国の満州で家族と暮らしていたとき多くの辛い経験をし，戦後日本に帰国した。出会ったジェー・フォース兵士フィリップ・ページ（Phillip Page）と結婚したが，家族や社会の反対も強くて物事が簡単に運ばなかったという。本書の執筆時点ではニュージーランドの小さな田舎町で健在だ。

1980年代以降（特に1980年の東京－オークランド間の直行便の開通後），ニュージーランドと日本との人的交流が活発化し，観光者が増えた。1986年のニュージーランド政府の能力重視型移民政策への転換により，ニュージーランドはようやくヨーロッパ優位な社会から多民族・多文化主義社会へと移行しはじめた。日本からも移民として行きやすくなり，同年のワーキング・ホリデー・プログラムをきっかけに日本からの若者の到来が増えた。

ニュージーランドの国勢調査の統計によると，ニュージーランド在住の日本人の数は1921年に40人，1951年に47人，1976年に1173人，2001年に8622人，2006年に9573人となった。ただし，2006年に行った国勢調査ではどのエスニック・グループに所属するかという問いが新たに増設され，「日本」と回答した人は1万1910人だった。つまり，9573人と1万1910人という数の差はニュージーランド人と日本人との間に生まれたいわゆる「ハーフ」の子供の数を物語っていると言える。試算だけでもニュージーランド人と日本人の間に生まれた子が1万人以上いると推測できる。また，同年度の調査によると，ニュージーランドの総人口の0.6％が日本語を話せると回答した。

最近の傾向としては，滞在期間が長期化しており，職業の多様化も見られる。たとえば，14才のときにニュージーランドに移住したヨシミズナオは，2008年に警察官となり，日本人初のニュージーランド警察官が誕生した。日本の外務省によると，在留邦人数は2007年10月1日現在で1万2250名だった。一方，在日ニュージーランド人の数（外国人登録者数）は3603名（2007年12月末日）だった。

日本からの観光客は1987年に6万6404人だったが，1997年にはおよそ3

表 4-2 ニュージーランドの中学校・高校での日本語を履修しているニュージーランド人学生数の状況　　　　　　　　　　　　　　　　　　　（年／人）

1999	2000	2001	2002	2003	2004	2005	2006	2007	2008
21,479	20,315	19,283	19,400	21,445	20,928	19,689	18,489	18,440	18,157

（出所）http://www.jpf.go.jp/e/japanese/new/0711/img/sum.pdf.

倍の16万2736人にまで上った。しかし，その頃をピークにして，2000年以降は横ばいや減少傾向に陥っており，2008年には11万9500人まで減少した。JETプログラム（語学指導等を行う外国青年招致事業）による招聘で，2007年7月時点の本邦滞在者数は242名，プログラム開始時（1987年）からの累計は2263名となる。

日本とニュージーランドの要人往来は，戦前までは大臣レベルまでに留まっていた。ニュージーランド首相シドニー・ホーランド（Sydney Holland）が1955年5月30日〜6月6日まで来日したのが両国間の初めての首相訪問だった。57年の岸信介のニュージーランド訪問が日本総理大臣による最初の訪問となった。

その他の交流

政治的，経済的，文化的交流は1951年以降少しずつ正常化され，スポーツ，武術，陶器，生け花などのグループによるニュージーランドへの訪問で，日本に興味を持つ人が徐々に増えた。逆に日本にもニュージーランドの文化的団体の訪問が増えた。日本企業の進出に伴い，車，テレビ，他の電気製品と日本人旅行者の出入りなどによって，ニュージーランドでの日本の存在感はかなり強くなった。

交流の発展象徴の1つは，市民レベルでできた親善団体である。現在，ニュージーランドには11のジャパン・ソサエティ（日本協会）があり，日本には42のニュージーランド友好協会が存在している。また，ニュージーランドと日本の間の姉妹自治体提携は42件（2009年8月）ある。

教　育

1965年にマセイ国立大学が全国初で，学士レベルまで日本語を教えること

になった。1987年に同大学内にニュージーランド日本学センターがオープンした（1999年に閉館した）。その後、日本語ブームが巻き起こり、ピーク時には2万人以上の中・高校生が日本語を履修し

表4-3　ニュージーランドの公立小-高に私費で留学している日本人学生数の状況

(年／人)

2003	2004	2005	2006	2007	2008
1428	1452	1590	1458	1393	1309

(出所)　http://www.jpf.go.jp/e/japanese/new/0711/img/sum.pdf.

ていた。国際交流基金の調査（2006年現在）によると、249のニュージーランドの学校（小、中、高、大）で合計2万9599人の学生が日本語を学んでいたという。これを人口当たりに換算すると世界で6番目に多いことになる。ニュージーランドの文部省のデータでは、中・高で日本語を選択している学生の数がこの5年間緩やかに減少していることが窺える（表4-2）。

　ニュージーランドにおいて日本と関連するもう1つの教育事項は、ニュージーランドの学校で学んでいる日本人学生の数である。韓国人の次、中国人学生とほぼ同じくらいの学生が、毎年ニュージーランドの小、中、高校で私費学生として学んでいる（表4-3）。現在は教育がニュージーランドの5番目に大きい収入源となっている。

4　知られざる共通点

　近代の情報化、グローバル化社会では、以前より様々な分野、形での交流がしやすくなってきた。それによってお互いのことをより深く知る機会も昔より多くなった。冒頭で述べたように、元よりニュージーランドと日本には意外にも数多くの類似点が存在する。まず、太平洋の北と南に赤道を挟んでほぼ対称的に同緯度・経度に位置している細長く小さな島の集まりである。面積も、気候も、限りのある可住地なども共通した点である。
　また、自然的な様相もよく似ていると言われている。両国とも島国で、活断層が多く火山、地震、温泉帯もある。似ている山と言えば、北島のタラナキ山（英名エグモント山）は左右対称の美しい、なだらかな円錐形の休火山で、日本の富士山と同形をしているため間違いやすい。トム・クルーズと渡辺謙主演の「ラスト・サムライ」という映画のほとんどがニュージーランドで撮影され、

背景にある「富士山」は実はタラナキ山だった。また，ニュージーランドで一番高い山のクック山（マオリ語でアオランギ山という）の高さは，日本の最高山の富士山とほぼ同じ（クック山は3754mで富士山が3776m）である。そのほか，2007年に公開された映画「どろろ」などもニュージーランドで撮影された。

　歴史的な共通点もある。両国が国際社会の仲間入りを果たしたのは19世紀半ばだった。また，選挙体制にも共通している面があり，ニュージーランドが小選挙区比例代表制を採用したのは1993年で，日本が似たようなシステムを導入した1年前のことである。ニュージーランドが率先して行政改革に大胆に臨んでから数年後，日本も同じような道をたどった経緯がある。

　日本を旅したモリス・ヨック（Morris Yock）が日本の草履を見て感銘を受け，帰国後（1957年）「ジャンダル（ゴム草履）」を発明したという説がある。「ジャンダル」という名前は「ジャパニーズ」と「サンダル」を組み合わせて作られたと言われている。

　ニュージーランドにはプレイセンターという施設がある。これは，保育所，幼稚園に次ぐ第3の幼児教育施設であり，保護者が共同で保育活動に参加し，センターの運営に積極的にかかわるというのが特徴である。日本でもそれを真似た施設が2000年に初めて作られ，現在では9つある。

　19世紀のニュージーランド人が日本庭園を真似したように，日本でもニュージーランドらしさを追求するところもある。大阪府堺市の泉北光明池に，ニュージーランドの町をモデルにした新しい住宅街が2007年に完成した。総区画数183区画で「Zs'Land（ジーズランド）」と名づけられ，「ニュージーランドの生活スタイルに学びました」をキャッチフレーズに，「ワイポウアの森」，「リトルクックパーク」などニュージーランドに関係する名前やデザインを取り入れた町並みをセールスポイントにした。

　日本文化の象徴とも言える日光の東照宮で流鏑馬として活躍している白馬はニュージーランドからの馬である。40年以上前からニュージーランドの馬を使うようになり，30数年前からはニュージーランド政府が直接寄付している。

　こうやって探せばありとあらゆる分野に類似点を発見できる。違いを強調すれば大きく見えるが，共通点を強調すれば差が目立たなくなる。マオリ語でよく知られていることわざがある。

"Nātōrourou, nātaku rourou ka ora ai te iwi"
「私の食料かごとあなたの食料かごで人々は繁栄する」という意味である。つまり，一緒に力を合わせて生活すれば良いことがあるという共感のできる言葉である。地域文化研究では「違い」，「共通」そして「共感」の3つがキーポイントで，多分野から見るのが肝心である。

参考文献

青柳まちこ編『ニュージーランドを知るための63章』明石書店，2008年。
石川栄吉編『オセアニアを知る辞典』平凡社，1990年。
茅原華山「日本国民を自殺せしむるものは英米である」『第三帝国』53号，1915年，4-9頁。
川瀬（川瀨）勇『南の理想郷ニュージーランド』養賢堂，1941年。
川瀬勇『ニュージーランドの素顔』山手書房新社，1994年。
サイード，エドワード，今沢紀子訳『オリエンタリズム』平凡社ライブラリー版，1993年。
志賀重昂『南洋事情』丸善商社，1887年。
高橋康昌『斜光のニュージーランド』東宛社，1996年。
中島洋「ニュージーランド軍の海外派遣の歴史的一断面」ニュージーランド学会編『ニュージーランド入門』慶応義塾大学出版会，2000年。
西川圭輔「ニュージーランドの移民政策と移民の経済的影響」『オーストラリア研究紀要』32号，2006年，127-146頁。
日本ニュージーランド学会編『ニュージーランド入門』大学出版会，2000年。
宮田峯一『ニュージーランド』東洋社，1944年。
森島覚「フェザーストン事件」『オーストラリア研究紀要』34号，2008年，205-209頁。
吉野作造『南洋』民友社，1915年。
Beaglehole, A., "Immigration regulation", Te Ara-the Encyclopedia of New Zealand, updated 4-Mar-09 (http://www.TeAra.govt.nz/en/immigration-regulation).
Brocklebank, L. W. (1997) *Jayforce, New Zealand and the Military Occupation of Japan 1945-48*, Auckland: Oxford University Press.
Copland, T., "Japanese-East and West: early days", Te Ara-the Encyclopedia of New Zealand, updated 4-Mar-09 (http://www.TeAra.govt.nz/en/japanese/1).
Gavin, M. (1997) *The Forgotten Enlightener: Shiga Shigetaka (1863-1927)*, Ph.d.

Thesis, Victoria University of Wellington.

Iwasaki, T. (1999) "An Unfortunate Wartime Incident", in Peren, R. ed., pp. 114-115.

King, M. (1948) *Truby King-the Man*, London : Allen & Unwin.

Knight, H. (1983) *Otago Cavalcade 1901-1905*, Dunedin : Allied Press.

McGibbon, I. (1999) "New Zealand Perceptions of Japan", in Peren, R. ed., pp. 123-143.

McIntyre, D. (1999) "New Zealand, Japan, and the Twenty-year Last Contest of Empires, 1931-1951", in Peren, R. ed., pp. 91-122.

McNeil, K. (1999) "Encounters, 1860s to 1940s", in Peren, R. ed., pp. 23-56.

Peren, R. ed. (1999) *Japan and New Zealand-150 Years*, Palmerston North : New Zealand Centre for Japanese Studies.

Sajima , N. (1999) "Japan-New Zealand Mutual Awareness, 1945-1965", in Peren, R. ed., pp. 144-146.

Tanabe, M. (1999) "Asajiro Noda", in Peren, R. ed., pp. 57-58.

第 5 章

日本の「エレキブーム」と「グループサウンズ」
―― 1961〜1966 年

マイケル・ファーマノフスキー

1 アメリカの影響を受けた日本の音楽産業

　音楽産業の規模では世界でもアメリカに次いで第2位を誇る日本では，種々のライブコンサートが催されるだけでなく，カラオケやテレビの音楽番組，またコマーシャルソングやショッピングセンターのBGMなどで日々絶え間なく音楽を耳にする環境ができ上がっている。今日の日本においては，売り上げではJ-popが洋楽を容易に凌ぐものの，アメリカの音楽トレンドに精通している若者の数は多い。中でも大学生や大卒の中年男女においては，言葉の壁があるにもかかわらず，日本の音楽よりアメリカやイギリスのロックやポップス，ジャズを好む傾向がある。

　日本は巨大なポピュラー音楽産業を有するにもかかわらず，日本のミュージシャンたちはクラシックとジャズ以外のジャンルでは，西洋に大きなインパクトを与えることに失敗してきた。日本人歌手ではただ1人，坂本九のみが，海外で大きなヒット曲を生み出したが，それもすでに約50年前の出来事である。英語圏以外で日本ほどアメリカの影響を大きく受けた国はないとすれば，日本のポピュラー音楽が海外で成功を収めることができないのは不可解である。しかし，国内外を問わずこの現象を解き明かそうとした研究者はほとんどいない。かつてアメリカの音楽文化と密接に結びついていた日本の音楽文化は，最終的にはそこから分岐し，洋楽を片隅に追いやった。一方日本は，世界に通用するポピュラー音楽を生産する代わりに，世界的人気のあるポピュラー音楽を消費する側に回ったのだ（Stevens, 2008／Schilling, 1997）。本章では，日本におけるアメリカのポピュラー音楽について，アメリカとイギリスのポップスやロック

音楽が，先進国の大衆文化を支配するべく登場した1960年代前期から中期を分析することによって，日本のポピュラー音楽がいまだ世界に影響を与えられずにいる原因を解き明かしていきたい。

2　日本のポピュラー音楽

歴史的背景

　戦前から戦後のジャズや1950年代のハワイアンやカントリー，そして1960年代のポップス，1970年代から80年代のフォークやロックに至るまで，アメリカから輸出された音楽は，日本のポピュラー音楽界の発展に多大な影響を与えてきた。アメリカ源流の種々のポピュラー音楽を，日本人がどのように聴取し，それらを自分たちの演奏スタイルに取り込み，独自の演奏スタイルを生み出していったかを知る上で，これらのポピュラー音楽が日本に到来した歴史的背景に目を向けるべきであろう。中でも，変化する日米関係の実情が最も重要である。つまり，洋楽を輸入し，販売促進していた日本のレコード会社と芸能プロダクションが商業目的で下した決断により，日本人は，自分たちの心に訴える音楽サブカルチャーに直接触れられるようになり，それを自分たちの音楽に取り入れられるようになったのである。

　アメリカが日本の音楽文化へ及ぼした影響は，当然ながら1945年から52年の米軍占領期間は非常に大きかった。しかしその当時，レコードや楽器を買う経済的余裕のある日本人はほとんどいなかった。生計を立てるため演奏する人たちのみが，アメリカ音楽，中でもジャズやカントリースタイルのジャンルの影響を強く受けた。アメリカの影響は，1950年代中期から後期におそらく最高潮に達した。その頃のアメリカは，世界の先手を取って，ロックンロールや映画といった，ティーンエイジャーの消費力を基礎とした大衆文化を発展させていた。占領下でアメリカの影響を受けた日本の若者が，1950年代からアメリカのポピュラー音楽に強い関心を示したのは当然であろう。この時期，東京の若者の間に起こったアメリカのポップスや初期のロックスタイルの音楽の熱狂的な人気は，日本とは違って言語や歴史においてアメリカと相通ずる文化を持つイギリスで起こった人気に，引けを取らないものであった（Furmanovsky,

第 5 章　日本の「エレキブーム」と「グループサウンズ」

2008b)。

　しかしながら，1960 年代に先進国の大衆文化に甚大な変化をもたらし，今日もなお音楽業界を支配するビジネス・モデルを生み出したのは，アメリカのポピュラー音楽そのものではなく，音楽にかかわるサブカルチャーとも言うべきものであった。そのサブカルチャーは，60 年代にイギリスのロックやポップグループに刺激を受け，再生を遂げている。このサブカルチャーの大変革とベビーブーム世代の活躍により，1960 年代のロックやポップスは，学術的研究やドキュメンタリーの題材として幅広く取り上げられてきた。最近では，ビートルズやその他のグループの音楽を研究するコースを開設する大学も出てきている。

　しかしそれとは対照的に，日本や欧米の研究者の中で，日本のミュージシャンとファンが，またレコード会社や芸能プロダクションが，この新しい音楽文化とそこに見られるライフスタイルや価値観をどのように受け止めたかを真摯に研究しようとしたものはほとんどいない。この空白を埋め，日本のポピュラー音楽史を歴史的背景に組み込むためには，日本のミュージシャンと彼らの雇い主である芸能プロダクションが，アメリカとイギリスのポピュラー音楽の価値をどのように見出し，吸収し，自分たちの演奏スタイルに取り入れたかを紐解く必要がある。この行程は，やがてまぎれもない「日本の」ポピュラー音楽業界の形成へとつながった。つまり，洋楽（通常英語で歌われていた）の売り上げは，日本的な感受性や情調が込められた「日本製の」音楽の売り上げに追い越されていくのである（Okano, 1977）。

日本のポピュラー音楽——1960 年代に着目して

　日本で 1930〜1935 年と 1950〜1955 年に二度起こったジャズブームは，国内外の研究者の関心を集めており（Atkins, 2001 ／ Hosokawa, 1999），また日本のロックやポップスの最新情報は常々注目の的になっている。最近では，MIT のイアン・コンドリー（Ian Condry）が，日本のラップやヒップホップを研究している。だが驚いたことに，国外のポピュラー音楽史研究者がとりわけ注目した時代，すなわち，ポピュラー音楽革命が先進諸国を席巻し，今日の若者文化を形作った 1960 年代前半から中葉までの時期の日本のポピュラー音楽につい

て，記された書物がほとんどないのである。当然，日本のビートルズファンたちは，彼らの来日について書き記しており，グループサウンズ（GS：1966～1970年）と呼ばれた音楽とともに育った人々は，それに関する本を書き，当時の写真で埋めつくされたホームページを作成している。またNHKでは，1960年代に有名になった歌手やグループによるコンサートを頻繁に取り上げている。その中には，後にテレビタレントとして有名になった人物も多い。

しかし，この時代に焦点を当てる大衆文化史研究者たち（黒澤進やジュリアン・コープらを含む）が注目するのは，「エレキブーム」が起こった前半の時期より，後半のロックの時代（1969～1975年）である。だが後ほど詳しく述べるが，日本語の歌詞による日本独自のポピュラー音楽が確立し，アメリカ社会のそれとは全く異なった音楽業界とファン，そしてマスコミとの関係が生まれたのが，まさにこの1960年代前半の5年間なのである。この時代に光を当てることによって，戦後日本がどのようにアメリカ文化を吸収し，それを発展させていったのかを明確にしたい。

1960年代前期の日本の若者に，7年間のアメリカ軍占領時代（1945～1952年）を直に記憶する者はなく，都会育ちの若者たちに関しては，映画やジャズや野球といったアメリカの大衆文化が娯楽の大半を占めていた。一方，1960年にはすでに，日本の多数のレコード会社やテレビ局や芸能プロダクション（KingやRCA Japan, Victorを含む）が，日本語で歌う日本人の芸能人を売り出す巨大音楽産業を構築する重要な第一歩を踏み出していたのである。この産業は，新しく出現した中流階層の若年消費者層によって急速に発展した。しかしこの時期に芸能産業に携わった若者たちは，どのようにしてアメリカ主流のポピュラー音楽文化を作り変えたのだろうか。また，彼らが生み出した音楽や音楽文化には，伝統的な日本の美意識や感受性がどの程度反映されていたのだろうか。この点を明らかにし，日本のポピュラー音楽をより大きな文脈で捉えるためには，1960年代初期，もしくはプレ・ビートルズ時代のアメリカの大衆音楽を理解することが不可欠である。

1950年代後期は，アメリカ南部諸州の中小規模の町の白人コミュニティを中心とした，新しい労働者階級のロックンロール文化の黎明期であったが，その影響は，1959年のロックンロール・ムーブメントの崩壊により即座に消滅

し、新しいティーンエイジ・ポップスに取って代わられた。このポップスは、ニューヨークやフィラデルフィアを中心とし、すぐにシカゴやデトロイト、そしてロサンゼルスといった都市へと広がりを見せた。この新しいサブカルチャーは、ロックよりはるかに軽快で一般受けするポップスを主体としており、ルックスのよい10代の若手歌手たちが歌う楽曲は、一部の才能豊かな作詞・作曲家やプロデューサーたち（黒人・白人双方を含む）によって生み出されていた。この才能あふれる若手の音楽家たちは、まるで大量生産する工場で働く労働者のように、毎週多くのレコーディングを行った。彼らの多くは、ユダヤ系移民、あるいは南部から移住してきたアフリカ系アメリカ人の2世たちであった。彼らはこうして事実上ポップスを、先に世を席巻したジャズやR&Bやカントリーといったジャンルを超える位置にまで向上させた。1963年までには、ポップ・ミュージックは、アメリカの新ベビーブーム世代の音楽になりつつあった。そして1964年、アメリカ音楽界においてビートルズやローリングストーンズといったポップグループによる「イギリスの侵入（ブリティッシュ・インヴェイジョン）」があった後、アメリカのポップスは、西洋諸国と英語圏の国々に住むほとんどすべての若者が好む音楽となったのである（Altschuler, 2003／Emerson, 2005）。

女性消費者向けの音楽——1961年の日本芸能産業

先の論文で筆者は、「ザ・ヒットパレード」や「シャボン玉ホリデー」といった初期のテレビ番組を生み出した新しいポピュラー音楽文化の発展の足跡をたどった（Furmanovsky, 2008a）。そもそも渡辺美佐と彼女が組織した渡辺プロダクション（ナベプロ）の発案によるこれらの番組は、1959年の皇太子成婚に引き続いて訪れたテレビの急速な普及というビジネス・チャンスを利用したのだ。「ロカビリー・マダム」として名を馳せた渡辺美佐は、1958〜1959年のロカビリーブームに夫とともに育て上げた一部の男性若手タレントたちには活動を続けさせる一方、攻撃的なロックンロール音楽とは意図的に距離を置いていた。この2つの番組ではプロのジャズバンドを採用し、双子姉妹のザ・ピーナッツを中心に、中尾ミエ、弘田美枝子、田代みどり、ザ・スリーグレイセスといった女性ライトポップスの歌手たちを出演させた。「ザ・ヒットパレード」では、ロカビリースターであったミッキー・カーティスが司会を務め、ライ

ト・ロカビリー・スタイルのダニー飯田とパラダイスキングがバンドを担当した。坂本九や尾藤イサオといった歌手たちが出演することもあった。しかし両番組は，目新しいポップスやライト・ジャズボーカルに重点を置くようになっていき，軽快なテンポなので見ていて心地よく，家族視聴者層を確実に獲得していった。番組内では多くのコマーシャルを用い，女性歌手たちの持つ20代女性への特別な魅力を巧みに利用した。この若年女性層は，オリンピックを直前にひかえた東京や他の都市部に起こった消費ブームの重要な担い手であった。

これらの歌手によって歌われた曲の大半は，ヨーロッパやアメリカのジャズやフォーク，そのほか斬新な歌を，作詞家宮川泰が翻訳したり書き換えたりしたものだった。さらに，音楽業界における有力者であるすぎやまこういちほか，プロの日本人作曲家たちが，ザ・ピーナッツのために歌謡曲スタイルの音楽を提供した。レギュラー出演者は，1960年代初期のアップテンポなアメリカン・ポップスのカバーを日本語で歌ったが，これらの曲は，メロディーは耳に心地よいものであったが，詞の内容は取るに足りない曲が多かった。それらの原曲はチャビー・チェッカー（Chubby Checker）やコニー・フランシス（Connie Francis），ジョニー・ティロットソン（Johnny Tillotson）やフォーシーズンズ（the Four Seasons）といった新人歌手やアイドル歌手によってレコーディングされたものである（ファーマノフスキー，2009／Music Life, 1998）。

ナベプロの渡辺美佐は，1961年に音楽シーンの視察にアメリカを訪れている。優れた商才と若者の流行を敏感に察知する能力を備えていた渡辺が，新たに発見していた数多くの音楽に気づかなかったか，あるいはさして興味を持たなかったと見られるのは驚きである。その渡辺が目をくれなかった新しい音楽というのは，次のものである。

- エルヴィス・プレスリー（Elvis Presley）の画期的な作品"Elvis is Back"が発売された。この作品はスコッティー・ムーア（Scotty Moore）の先駆的なギター演奏を基盤としたもので，ロック，ゴスペル，ブルース，ポップスのテイストが印象的にちりばめられたものである。
- ベン・E・キング（Ben E. King）とサム・クックがポップスとゴスペルを見事に融合した"Stand by Me"や"Wonderful World"といった楽曲を

歌っている。
・ニューヨーク・ブリルビルで才能あふれる若いユダヤ人作曲家やプロデューサーによって，メロディーは非常に美しいがシンプルな作曲スタイルの楽曲が数多く輩出され，その多くは混血やアフリカ系アメリカ人音楽家によって歌われた。

ナベプロの制作によるテレビ番組，「ザ・ヒットパレード」と「シャボン玉ホリデー」がアイドルポップ路線で成功したことや，また自らがジャズ志向であったこともあり，渡辺は，上述の新しいトレンドをナベプロの方針に取り入れる必要性を感じなかったのかもしれない。渡辺が，東海岸から出現したディック・デール（Dick Dale）やアドベンチャーズ（the Adventures），そしてワシントンから現れた最も重要なインストゥルメンタルバンド，ザ・ベンチャーズ（the Ventures）らが生み出した，ソリッドボディのエレキギターを中心とした音楽に無関心であったことは，非常に驚くべきことだった。

1960年代後期，チェット・アトキンス（Chet Atkins）のアルバムに収められているジャズナンバー"Walk Don't Run"のテンポを上げ，編曲をシンプルにして演奏されたザ・ベンチャーズのバージョンは，全米で大ヒットした。その後の2年間ザ・ベンチャーズは，のちにザ・ビーチボーイズ（The Beach Boys）や，カリフォルニア・サウンドを生み出す南カリフォルニアの若者サーファーたちのサブカルチャーと緊密なつながりを持つようになった。このダイナミックなインストゥルメンタル・サウンドと，エレキギターとその周辺機器に関連した高度な技術によるサブカルチャーは，1960年代初期には，日本の都会に暮らす若い男性たちの大半をとりこにし，ナベプロとその競合他社が築き上げたアイドル・ポップスの人気に挑むこととなったのである（Furmanovsky, 2008b／Halterman, 2009）。

男性向けの音楽――3つの音楽トレンド

ニューヨークを除く東部と北西部の都市で発展した最も重要な音楽の流行は，1960年代の日本ではほとんど知られることはなく，日本の著名音楽家やレコード会社の中には，このエレキギターを主軸とした3つの音楽ジャンルの持つ

将来性と商品価値に真の理解を示すものはいなかった。ダイナミックでリズムの効いたインストゥルメンタル・サウンドのザ・ベンチャーズに加え、シカゴから登場したマッディ・ウォーターズ（Muddy Waters）やウィリー・ディクソン（Willie Dixon）、ハウリン・ウルフ（Howlin' Wolf）といった、激しいロックスタイルのブルースを奏でるギタリストたちの活躍を通して、アフリカ系アメリカ人たちが頭角を現しはじめていた。これらのブルース奏者たちの、希少価値が非常に高いチェス・レーベルの輸入版レコードは、その頃すでにロンドンやリヴァプールの中産階級や労働者階級の10代の少年たちに影響を与えはじめていたのだった。1950年代後期に起こった、この短命ではあったが刺激的な最初のロックンロールブームは、今も忘れられることはない（Mo Foster, 2000／Pete Frame, 2007）。

　第3の音楽トレンドは、洗練されたカントリーとポップスを融合した「ナッシュビル・サウンド」であった。これは、テネシー州ナッシュビルの近代的なスタジオで、エレキとアコースティック双方を操るギタリスト、チェット・アトキンスやオーウェン・ブラッドリー（Owen Bradley）によって入念にプロデュースされた。この新しい音楽は、ジム・リーブスやパッツィー・クライン、エヴァリー・ブラザーズといった、国内外のバラードシンガーたちが歌う楽曲の基盤となり、とりわけザ・ビートルズの作曲に影響を及ぼすこととなった（Cogan and Clark, 2003）。このギターを機軸とした真新しい音楽の発展は、その4年後にイギリスから発生するポピュラー音楽革命を引き起こした音楽家たちにきっかけを与えるという決定的な役割を担った。しかしながら、イギリスでこれら3つのジャンルの音楽が絶大な支持を得ていた傍ら、日本の少年たちが憧れる存在であったのはザ・ベンチャーズのみであり、1960年代中頃までその状態は続くのであった。

　他には類を見ないザ・ベンチャーズの日本における人気と、彼らが日本の若者、中でも著名なギタリスト寺内"テリー"タケシや加山雄三に与えた影響は、エレキギターマニアやジュリアン・コープらミュージシャン、また一部のジャーナリスト（Schilling Brasor）やポップス音楽史研究者から、注目に値すると考えられている（Halterman, 2009）。彼らは、日本語の文献には一切取材せず、ベンチャーズの成功とそのインストゥルメンタル・グループが生み出した日本に

おけるエレキギターの人気について説明を試みている。しかし，日本語の文献にあたっていないためか，そこには，エレキギター音楽の日本人先駆者である加山と寺内の経歴については触れられていない。この2人の人物は，日本にザ・ベンチャーズの音楽を普及させた最も重要な人物であり，彼ら自身のモチベーションや覇気，また音楽的センスは，エレキブームの発展のみならず，後に続く「グループサウンズ」ブームにも多大な影響を与えた。この時期は，日本のポピュラー音楽史における最も重要な時代と言えるだろう。

ザ・ベンチャーズ登場以前の寺内タケシと日本のポピュラー音楽

　1939年，茨城県の裕福な家庭に生まれた寺内タケシは，わずか5歳の頃から音響技術に興味を持ちはじめ，古い電話機から取り出したコイルを兄のアコースティックギターに取りつけ，エレキギターの原型を作った。彼は，このギターで母の三味線よりも大きな音を出したかったのだ。学業には興味がなかった彼は，いつもビッグバンドやサウンドトラックのレコードを聴いて過ごし，1950年に世界的に大ヒットした「マンボ5」を演奏したキューバ人アーティスト，ペレス・プラド（Perez Prado）のファンになった。

　10代になると彼はジャズバンドを結成し，家にある材料からギターのような弦楽器を作る試みを繰り返していた。寺内は，アメリカのソリッドボディギターの開発者であるレス・ポール（Les Paul）と同様，音へのこだわりと，試行錯誤を重ねて，自分が納得のいく音を生み出す意欲を示した。古いバイオリン教本を用いて，寺内はすぐに独学で楽譜の読み方を習得し，左手の機敏なテクニックを磨いていった。だがギター演奏に集中するため学校をやめようという彼の試みは，父親が彼のために土地を購入して高校を設立してしまったために挫かれ，この若き反逆児は，どうしても学校に通わなくてはならなくなった。学校ではギターを弾くことができず，マンドリンを覚え，自分の高校をNHK国際マンドリンコンテスト3年連続優勝に導いた。そして日本の音楽作曲家の第一人者であり明治大学の優秀なマンドリン部の創始者である古賀政男の招きがあって，明治大学に入学した。

　寺内の音楽への執着と勉学への興味の欠落，また時折見せる突拍子もない行動は，明治大学にはそぐわなかった。数週間のうちに明治大学を退学した彼は，

関東学院大学電気工学科に入学した。関東地域に巻き起こった先のロカビリー旋風とカントリーミュージックの影響を受け，彼は 18 歳でカントリーウェスタンバンドを結成した。数カ月後，アメリカ軍のラジオ放送で披露した彼のギターテクニックと，アメリカの楽曲を編曲して採譜する技術が認められ，ホンシュウカウボーイズへの参加を勧誘された。ホンシュウカウボーイズは，日本では数少ない本格的カントリーバンドで，アメリカ軍基地やダンスホールで演奏し，十分な生活の糧を得ていた。あるコンサートで，おそらく当時は日本ではただ 1 つのフェンダー社製テレキャスターを，米軍の兵士から 100 ドルで譲り受けた。父親から勘当されたも同然の状態だった寺内は，2 カ月の間死に物狂いで働き，その 100 ドルを稼ぎ出したのだった。これは彼の人生で最も意味深い買い物となった。

1960 年から 61 年，寺内はロカビリー・スターであったミッキー・カーティスの率いるバンド，クレイジーウェストに短期間参加し，その頃，いかりや長介をバンドに招いた。そしてその後，日本では一流のカントリーバンドであったジミー時田とザ・マウンテンプレイボーイズへ招かれてメンバーとなった。しかし寺内は，急速にロカビリーへの関心を高めていた 1962 年の初め，東京ハワイアンという小さなプロダクションからロカビリースタイルのバンド結成の依頼を受け，それを承諾した。会社を転々とした後，マネージメントに不満を抱いた寺内は，日本のトップ音楽プロダクション，ナベプロと契約し，寺内タケシとブルージーンズを結成した。業界トップのナベプロに所属するという決断は，テレキャスターを手に入れようとした寺内の決断と同様，彼自身の経歴のみならず，日本のポピュラー音楽産業にとっても非常に重要な意義を持つこととなる（寺内，2004／Cope, 2007）。

3　日本のエレキブーム

ザ・ベンチャーズ初来日とブルージーンズの活動——1962～65 年

1961 年の後半，寺内が自身のグループを結成する数カ月前，そしてザ・ベンチャーズが初来日した頃，彼はザ・ベンチャーズをモデルとするイギリスのインストゥルメンタルバンド，シャドウズ（the Shadows）の演奏でヒットした

「アパッチ」という楽曲を耳にした。ジミー時田は，寺内が，FENラジオの放送でたった一度聞いただけですぐにその曲を自分のアレンジで奏でるその才能に感銘し，寺内にキングレコードでレコーディングするチャンスを与えた。このレコードが大ヒットすることはなかったが，寺内の類まれなギターテクニックを他のミュージシャンたちに知らしめることができた。中でも，映画『ヘイ・レッツ・トウィスト』に出演したロカビリー歌手ジョー・アン・キャンベル（Jo Ann Campbell）らは，寺内のコンサートに出演を果たしている。

キャンベルのコンサートのオープニングには，ザ・ベンチャーズのメンバーである2人，ドン・ウィルソン（Don Wilson）とボブ・ボーグル（Bob Bogle）が出演している。彼らはすでにアメリカで2曲のヒット曲を出していたが，3枚のLPレコードは日本ではまだ入手困難であった。また日本のプロモーターは2人分の予算しか捻出できなかったことからベーシストとドラマーの出演がなかったにもかかわらず，彼らの最新のストラトキャスター・ギターによる演奏技術とシャークスキンのスーツという印象的ないでたちは，観客を魅了し，すぐにレコードが発売されることになった（Halterman, 2009）。

彼らの来日から数カ月の間に，日本のギターファンたちは，ドン・ウィルソンを中心に編み出された「デケデケデケ」と呼ばれた打法的なリズムギター奏法をすぐにコピーし始めた。そして寺内は，日本で最初のエレキバンドとなるザ・ブルージーンズを結成した。1963年に寺内は，ロカビリーバンドの元メンバーだった加瀬邦彦をバンドへ招致した。加瀬はザ・スパイダーズのメンバーであったが，ジャズを基本とするグループの音楽に興味を失っていった。そんな彼には寺内の率いるブルージーンズは，「ロック」バンドに最も近いものに感じられた。後にロックスターとなる内田裕也をボーカルに加えたブルージーンズは，テクニックにさらに磨きをかけ，ウェスタンカーニバルには毎回出演し，またテレビ番組「ザ・ヒットパレード」にも出演していた。1963年には新しいイギリスのロックバンドの初来日となったアニマルズを前座にむかえ，コンサートを開催している。同年，彼らはミュージカル映画『ウエスト・サイド物語』にヒントを得，ステージでの振りつけを展開しはじめた。

その1年後，ブルージーンズはおそらく日本で初のロック音楽アルバムとなる「これぞサーフィン」を発売した。このインストゥルメンタル・アルバムは，

寺内の熱狂的なピック奏法とトレモロアームを独創的に用いた演奏を披露しただけでなく，個々のドラムの音をマイクで拾ったり，寺内自身が開発してヤマハに特別注文してあつらえた電子ピアノを使用するといった，音楽的に大きな技術革新を果たすものとなった。こうした革新的な技術は，この日本のエレキギター創始者が，単なる模倣者に留まらないことを明らかにするものだった。「これぞサーフィン」がすでに発売されていたことを考えると，彼らが1965年ザ・ベンチャーズの2度目の来日コンサートでのオープニングアクトを務めることになったのは何の不思議もない。

2度目の来日とエレキブームの誕生

この数カ月前に彼らは，当時は無名に近いマージービートのグループ，ザ・リヴァプール・ファイブと共演している。このグループはイギリス代表として東京オリンピックに招かれたのだった。寺内の企画した「ワールド・サーフィン・フェスティバル」というイベントで演奏したこのバンドは，後楽園やその他の会場に8000人以上の観客を集めて演奏を披露したが，その際リードシンガーの歌声が観客の中にいたミュージシャンたちに衝撃を与えたため，それから数カ月の間に結成された多くの新しいバンドでは，ボーカルを加えるという決断が下されたことは間違いない。この新しいトレンドに気づいた寺内は，1964年，神戸出身で当時25歳であった内田裕也をブルージーンズへ招致した。1950年代後期のロカビリーブームでは活躍の場の少なかった内田であったが，英語で歌うことに執着があり，その後ローリングストーンズやビートルズの曲を数曲カバーしている。内田の存在はあったが，ブルージーンズは当初のインストゥルメンタル・バンドの形を留めており，1965年初めのザ・ベンチャーズの2度目の来日を実現させる大きな役割を果たしたのだった（寺内，2004／寺内タケシインタビュー）。

ザ・ベンチャーズのコンサートは，東京，横浜，名古屋，大阪，札幌すべてで公演チケットを完売するという大盛況となった。彼らはスーパースターとして扱われ，熱狂的な女性ファンに追い回された一方，彼らのコンサートは，そのギターテクニックを学び，当時の日本では見ることのできなかったモズライトギターを奏でる3人のメンバーを見ようという若い男性ファンも魅了した。

第5章　日本の「エレキブーム」と「グループサウンズ」

その折に，彼らのテクニックを学び取ろうとする熱心なギターファンとバンドメンバーは面会することができた。そのとき日本のファンたちが発見したのは，モズライトギターは日本製ギターよりも細いネックであり，ライトゲージという細い弦が使用されていたということであった。その上，日本人よりも長い指をしているため簡単にあらゆる奏法をこなしており，ファンたちは非常に感心したのだった。

　列車で公演地から次の地へ移動中，寺内がギターを手に彼らの車両に現れ，メンバーのノーキー・エドワード（Nokie Edwards）にギターテクニックに関する質問をするという出来事があり，メンバーたちは非常に驚いたそうである。さらに驚いたことに，3人のファンがツアーの最終日に彼らのモズライトを買い上げたいという申し出をし，メンバーはそれを受け入れたということだ。この3人のファンたちは自身のバンドを結成し，多くの日本人たちがモズライトと高性能のギター周辺機器に夢中になるきっかけを作った。

　アメリカでは，ビートルズなどイギリスのグループがポップスのチャートを独占していたその当時，日本でのベンチャーズ人気はすさまじく，7月に再度来日し，*Live in Japan* というアルバムを東芝より発売した。それにより彼らは，来日公演の映画を作るまでの名実ともに認められるビッグスターとなった。彼らのヒットシングル「ダイヤモンドヘッド」がチャートで首位を獲得し続ける中，50回を超えるコンサートを行い，観客動員数は17万人に至った。しかし，彼らの人気を決定的にした鍵は，フジテレビの「ザ・ヒットパレード」において加山雄三と共演したことだった。番組中，自らもザ・ベンチャーズのファンである加山がリードギターを務めたことで，ファンは歓喜した（Halterman, 2009）。

最初の「クールジャパン」加山雄三──1965～66年

　ザ・ベンチャーズの魅力の1つは，彼らのステージの迫力であった。粋なスーツに身を包み，高度なギターテクニックとあわせ，綿密に振りつけされたステップと動きを披露するザ・ベンチャーズは，裕福なベビーブーム世代の心を摑んだ。この高等教育を受けた新しい世代の人々が憧れる，非常に刺激的で裕福なライフスタイルを象徴したのが加山雄三であった。彼は，東宝映画の若大

将シリーズのスターであり、壮健で大変裕福な大学生を演じていた。有名俳優を父に持つ加山はクラシック音楽を愛する家庭で育ったが、慶応高校に通う頃、カントリースタイルのギターに興味を示しはじめた。1956年、FENラジオでエルヴィス・プレスリーの歌を初めて聞いた加山は、カントリーバンドを結成し、プライベートに開いたダンスパーティーや米軍基地などで演奏を行った。1961年に俳優デビューした彼は、音楽活動に費やせる時間は限られたが、映画撮影の合間には、父親が持っていたウェブスター社製のワイヤーレコーダーを使って自身の楽曲を録音していた。1963年初め頃、加山はザ・ベンチャーズの音楽に傾倒するいとこの喜多嶋瑛と喜多嶋修、そして慶応時代の仲間らとともにザ・ランチャーズを結成し、若大将シリーズ次回作「ハワイの若大将」で演奏することとなった。

この海と恋愛をテーマとした映画は、明らかにプレスリーの「ブルーハワイ」、「ビーチパーティ」（フランキー・アバロン [Frankie Avalon]、アネット・ファニチェロ [Annette Funicello]、サーフギターバンド、ディック・デイル・アンド・ザ・デルトーンズ [Dick Dale and the Deltones] 出演）をモデルにしたものであり、加山を大スターへと導く作品となった。「ハワイの若大将」の撮影時に、渡辺美佐と晋夫妻は、彼自身が作ったその大半が英語の楽曲に注目し、その中から3曲を映画の挿入歌として選んだのである。この決断は、今省みると、日本のポピュラー音楽史における画期的な節目と見ることができる。白いスーツを着て、ザ・ランチャーズをバックにアコースティックギターをかき鳴らす加山は、最もエルヴィスの影響が投影された自作のミディアム・テンポの楽曲「ホンキートンク・パーティ」と「スイーテスト・オブ・オール」という2曲を、レイ（ハワイ風の花輪）をかけた観衆を前に屋外パーティで披露した。当時これらの2曲、およびバラード曲「デディケイテッド」に論評を加えた者はいなかったが、事実上この曲は、日本人作曲家による初の英語によるポピュラーソングとなった。

加山の曲を採用した渡辺の決断を見ると、彼女はやはり革新的な音楽を聞き分ける感覚を持ち合わせていたようである。その後の若大将シリーズ2作品においても、彼女は加山の楽曲選びにはいささか大胆な賭けに出た。しかし、その後の「海の若大将」では、ベテラン歌謡曲作詞家岩谷時子の、非常に完成度

が高く一般受けする歌詞、そして寺内タケシによる編曲を採用した。1年に1本の若大将映画を撮影する契約を結んでいた映画界のアイドル加山は、ザ・ベンチャーズの来日に世間が沸いていることと、エレキギターに対する関心が高まってきていることをますます意識し、次回作ではこのエレキブームを取り上げ、彼のバンドだけでなく他のミュージシャンにも脚光を浴びさせるよう、制作会社を説得した（加山，2005）。

「エレキの若大将」とエレキギター文化の拡大
　1965年に公開された「エレキの若大将」は、1960年代の単独の作品では最も若者を感化した映画と言えるかもしれない。バンドコンテストでの対決や、若いギターファンをとりこにする高価なギターの見せ場などを含むよく練られた脚本を用い、風光明媚な様々なロケ地で撮影し、魅力的な女性を多く出演させ、アメリカ、イギリスの映画に引けを取らない、完成度の高い作品となった。後にポップ・ミュージックの模範となる加山自作の楽曲を採用し、洒落たユーモアを織り交ぜたこの作品は、東京オリンピック翌年の日本の若者の楽観的な展望に合っていた。映画で取り上げられた曲の中には、最もベンチャーズサウンドを感じさせる楽曲の1つ「ブラックサンドビーチ」や、加山自身が作詞したアップテンポの「夜空の星」、そしてロマンティックなメロディーのバラード「君といつまでも」などがあった。岩谷時子の作詞による「君といつまでも」は加山のテーマソングとなり、当時の若者に最も影響を与えた曲の1つと見なされている。しかしその曲のヒットはまた、当時プロダクションやレコード会社による需要が高かった万人受けする音楽に、加山がその先乗り出していくことを予告していたとも言える。
　1965年の「エレキの若大将」の公開と、数カ月後に発売された加山のLP「エキサイティング・サウンド・オブ・加山雄三・アンド・ザ・ランチャーズ」は、男子高校生や大学生の多くに大きな影響を与え、彼らは、日本の代表的な楽器メーカー、グヤやビクター製のエレキギターを我先に購入した（Schilling, 1997／Cope, 2007）。この年のギターの売り上げは76万本とも言われ、この数字はエレキブームが主要都市部のみに留まらず、日本中に拡大したことを物語っている。数千ものバンドが全国に現れ、日本のベビーブーム世代の

人々は，日本固有のダイナミックなポピュラー音楽文化を生み出すことのできる機会を確かに手にしていた。しかし，この日本の音楽文化が発展し，過去10年間大いに感化されてきたアメリカやイギリスの模範的な音楽文化から分岐したことに関して，歴史的，社会的，文化的にどのような影響力が絡んでいるのかは，まだその大半が明かされないままである（加山に関する英語の文献は非常に少ない。ザ・ベンチャーズとの交流に関しては Halterman, 2009 を参照）。

新しいジャンルの音楽

先にも触れたように，1960年代の初め，ナベプロやホリプロなどの芸能プロダクションや，キング，東芝，ビクター，コロムビアなどのレコード会社などに代表される日本のポピュラー音楽業界は，アメリカから輸入され，アレンジされた一般的なライトジャズやポップスの方向を目指しており，ヨーロッパ音楽はほとんど知られていなかった。ナベプロに所属するアーティストたちは厳しい契約の下，レコードの発売や演奏スタイルなどあらゆる面で会社に制約を受けており，一定の給料で働き，印税による収入はなかったのだ（Cope, 2007）。同様の経営構造が1960年代初めのアメリカのティーン・アイドルにも当てはまり，エルヴィス・プレスリーでさえ例外ではなかった（Altschuler, 2003）。

一方で，アメリカの音楽サブカルチャーはと言うと，シカゴやデトロイト，ニューオーリンズといったアフリカ系アメリカ人の住む町や，またナッシュビルやメンフィス，バーミンガムといった白人の住む南部において，主流の音楽業界から取り残された形で，ロカビリー，ウェスタン スウィング，ブルーグラス，ブルース，ソウル，R&Bといった，洗練された音楽が自由に生み出されていた。こういったジャンルと，バディ・ホリー（Buddy Holly）やマッディ・ウォーターズ（Muddy Waters），チャック・ベリー（Chuck Berry）やエヴァリー・ブラザーズ（the Everly Brothers），サム・クック（Sam Cooke）やロイ・オービソン（Roy Orbison）といったアーティストによる名作や，レイバー・アンド・ストーラー（Leiber and Stoller）やキャロル・キング（Carole King），バート・バカラック（Burt Bacharach）やバリー・マン（Barry Mann），そしてエリー・グリニッチ（Ellie Greenwich）といった若手の作詞作曲家によって書か

れた歌とメロディーは，ロンドンやリヴァプールなどイギリスの労働者階級や下層中産階級の若者を刺激し，1964年から1966年のイギリスにおけるポピュラー音楽革命を引き起こしたのである（Stanley, 2009）。

　新しいジャンルの音楽は，その大半が，社会の周辺に追いやられたアフリカ系アメリカ人や，貧しく小さな町に暮らす白人たちや，かつて都会に流入したユダヤ人の2世たちによって生み出されたもので，当時主流であった音楽に挑戦するものとなった。そしてジャズ・シンガーやインストゥルメンタル・バンドで活躍していたミュージシャンたちだけでなく，ジーン・ピットニー（Gene Pitney）やニール・セダカ（Neil Sedaka），またロイ・オービソンといった数多くの才能豊かなシンガーソングライターたちまでが，事実上そのキャリアに幕を下ろすこととなった。しかしながら，日本の音楽産業の経営陣が導入しないことを決めたのが，まさにこのジャンルの音楽であり，そのため日本人がこの音楽をラジオやテレビで耳にすることはめったになかった。

日本の場合

　グループサウンズ（GS）の先駆者である加瀬邦彦によると，日本人は，演歌に似たところのあるベンチャーズのメロディーに親しみが持てたようであり，新進の日本人ミュージシャンたちは，ベンチャーズやシャドウズのプロ意識の高さや音楽に対する真摯な態度を崇拝した。一方，ロックテイストやポップスを取り入れたローリングストーンズやアニマルズの生み出す新鮮で情感あふれるR&Bは，日本人には理解も共感もしがたかったという（加瀬邦彦インタビュー）。アメリカの最高品質のポップスやロック，中でもR&Bを見過ごしてしまったことにより，日本の若い音楽家たちの能力が貧弱になってしまったのである。日本人の音楽家たちが，これらの音楽を耳にする機会を意図的に与えられていなかったからか，あるいは，地理的にも歴史的にもこういった音楽と接点を持つのが困難であったため伝わらなかったのか，いずれかは定かでないが，どちらにせよ，アメリカ国内でさえ主流を外れていた文化的表現が伝達されるのは困難であった。しかし日本の若者が，視野を広げ他に類を見ない豊かなアメリカの音楽文化の良さを理解しなかったことは明らかである。一方イギリスでは，若者の多くは1961年から1964年のうちに，この音楽文化に価値を見出

すようになっていたのだ。

　日本人のポップス歌手たちは別の問題にも直面した。1960年代のアメリカでは，すでに半世紀以上にわたり，プロの商業的な作詞作曲活動が行われており，主にブロードウェイのボードビルや，音楽的歴史のあるニューヨークのティンパンアレーがその舞台となっていた。一方日本では，演歌や歌謡曲といった伝統的音楽以外の作詞作曲は，服部良一や古賀政男，また吉田正といった一握りのベテラン作曲家か，コーラススタイルのジャズバラードやポピュラー風クラッシックを専門とした，やや若手のすぎやまこういちや宮川泰，中村八大といった一部作曲家の手に委ねられていた。

　1960年代初め，渡辺美佐は作曲家宮川泰と作詞家岩谷時子といった中堅2名をザ・ピーナッツの楽曲制作のために雇った。数年後に起こったエレキブームの間，岩谷は加山主演映画，「エレキの若大将」のために50作を超える曲の作詞をした。その2年後，後に述べる日本のポップス・グループを代表するザ・スパイダーズのヒットソングを生み出す任務を預かったのが，またしても50歳に近い浜口庫之介だった。ザ・スパイダーズのメンバーたちはこれに不満を抱いていたものの，この提案を懐疑するほどではなかった。そして浜口の楽曲が大きなヒットとなったとき，LPにおいてはオリジナル曲の多くを自分たちの演奏で発表しつつも，大ヒットを生むには，10代のリスナーにも分かるベテラン専門家による歌謡曲スタイルの楽曲を受け入れる必要があると理解したのであった（NHKドキュメンタリー／ファーマノフスキー，2009／加山，2005）。

　初期のイギリスやアメリカのポップスのヒットソングも，やや年配の作詞作曲家によって生み出されていたが，これら作詞作曲家は歌手と同年代で，歌手たちと相通ずる音楽的感受性があるケースが多かった。1966年までにはどのロックバンドでも，自分たちの曲の大半を自ら作詞作曲し，レコーディングの際も楽器の大半を自分たちで演奏するようになっており，プロデュースする自分たちのイメージの少なくとも一部を自分たちで取り仕切るようになっていた。レコード会社経営陣が，ヒットを生むためにベテラン作詞作曲家を頼みにする一方，レノンとマッカートニー（ビートルズ），ジャガーとリチャーズ（ローリングストーンズ），ブライアン・ウィルソン（ビーチボーイズ）らの大成功に続き，20代の作詞作曲家が多く現れた。イギリスやアメリカの若手アーティストが，

メロディと言葉を調和させる技能を習得できていたことはもはや疑う余地もなかった。この点において，日本では明らかに事情が異なっていたのである。

4　日本のグループサウンズとその限界

ビートルズ来日

1966年6月29日，ビートルズが東京へやって来た。この前後数カ月の間に，後に「グループサウンズ」と呼ばれるようになる音楽とビジュアル双方に関する基礎的なひな型が形成された。これを理解するためには，当時の日本のミュージシャンが直面していた選択肢や問題に着目し，同時代のアメリカ，イギリスのミュージシャンたちと比較することが有意義であろう。その8年前に起こった規模としてははるかに小さいロカビリーブームにおいて，ミュージシャンたちが直面した選択である。

ロカビリーシンガーたちは，アメリカのロックンロールのヒットソングをそのままカバーし演奏した後，そういった曲に日本語の歌詞を乗せたり，日本の伝統的なフォークソングをロカビリースタイルにアレンジしたりし始めた。しかしながら，本物の日本のロックやポップスがどのように生み出されるべきかという問題が解決される以前に，ロカビリーブームはすでに終焉をむかえており，1960年代初期には，ポピュラー音楽業界は芸能プロダクション数社に徹底的に支配されるようになった。その代表と言えるナベプロは，すぎやまこういちら専門の作詞作曲家を雇用し，ライトジャズをアレンジした歌謡曲を，主として女性ポップスアイドルに歌わせていた（Furmanovsky, 2008b）。

新生ワイルドワンズの寺内タケシや加瀬邦彦，ブルーコメッツのジャッキー吉川，またスパイダーズのかまやつひろしら後に「グループサウンズ」を率いるアーティストたちは，これに異議を唱えるためには，数多くの矛盾やジレンマと向きあわなくてはならなかったと見られる。彼らは，イギリスやアメリカで起こっている音楽革命の波に乗りつつ，自分たち独自の音とイメージを生み出し，それを国内市場で売り込むことに苦闘を強いられていた。まだ駆け出しの26歳の寺内タケシも，29歳の映画アイドル加山も，イギリスやアメリカでは一流バンドが1965年の終わりに引き起こしはじめたような一種壁を打ち破

る音楽文化革命を，日本で引き起こすことはできなかったようである。ビートルズやローリングストーンズ，ザ・フーやアニマルズといったイギリスのグループや，彼らに匹敵するアメリカのバーズやビーチボーイズらは，往々にして搾取的なレコード会社の指令に従うことに激しく抵抗し，自分たちで作詞作曲から演奏もし，また自身の音楽を共同プロデュースすることさえ始めていた。1965年後期から66年初めにレコーディングされた多くの曲は，時代を超えたポップスの名作となり，先進国では今日でも廃れることなく，あらゆる年代のアーティストたちに演奏されている。

ザ・スパイダーズの場合

　今振り返ると，ザ・スパイダーズとブルーコメッツ，そしてザ・ワイルドワンズという3つのエレキグループのみが，日本における音楽革命に影響を及ぼす位置にあったというのは疑う余地がない。ザ・スパイダーズは，日系アメリカ人のジャズミュージシャンを父に持つかまやつひろしによって，1962年から63年頃にカントリーバンドとして結成されたが，彼はイギリスやアメリカのポップスを最も深く理解していた人物であり，すでにエレキサウンドを超えることを考えはじめていた。1964年には，才能あるギタリスト井上忠之がメンバーに加わっており，2人のティーンエイジャー，元子役でタレントの堺正章をフルートとボーカルに，非常にハンサムなボーカリスト井上順も加わり，グループが完成した。

　ザ・スパイダーズは，1965年のザ・ベンチャーズのツアーにおいて前座を務めた。前者は後者の実力に感銘を受けたが，最も影響されたのは，1965年の中頃来日したザ・リバプール・ファイブ（the Liverpool Five）やピーター・アンド・ゴードン（Peter and Gordon），そしてザ・アニマルズ（the Animals）といったイギリスのアーティストたちだった。中でもザ・アニマルズの影響は強く，ザ・スパイダーズのメンバーたちは，エレキギターを基盤としたバンドにはボーカルを加える必要があることに加え，電子オルガンや他の楽器も加えて音に広がりを持たせることの大切さも確信させられた。3年の経験を経て，ザ・スパイダーズは，男性エレキギターファンにも支持されるほどの実力を備えた，日本では他に類を見ないバンドへと成長したようだ。彼らは，新しいエレキサ

ウンドを紹介するテレビ番組で演奏できる機会を得た。彼らの音楽は「トーキョー・サウンド」と呼ばれ，モータウンの R&B グループ，ザ・ミラクルズ（the Miracles）のダンスを取り入れた少々コミカルな「モンキー・ア・ゴーゴー」ダンスで，視聴者を驚かせた。この曲は，かまやつが作詞作曲した最初のシングルで，A面に収録された「フリフリ」よりも注目を集めた (Cope, 2007)。

　作詞作曲，歌唱のすべてが日本人による「フリフリ」は，日本初のロックソングと呼ぶことができよう。このレコーディングでは，1950年代後期のロカビリーテイストと，チャックベリースタイルのロックンロールギターの要素が取り入れられている。シンプルだが効果的な井上忠之のリズムギターによって展開していくこの曲では，ザ・アニマルズやローリングストーンズを彷彿させる音色を聞くことができる。レコード制作も演奏もいくぶん粗削りではあったが，バンドが一体となって好戦的なムードを醸す歌い方は，独創的であり，同時代の西洋の音楽にも十分匹敵する。その当時から30年後に行われたテレビドキュメンタリー番組のインタビューで，井上は，最初のアルバムに収録されているフリフリやその他のアップテンポの楽曲は，独特のサウンドであり，プロの作詞作曲家には作れないものであったと述べている。かまやつによって作詞作曲された全曲オリジナルソングを収録したファーストアルバム『ナンバー1』に収録されたレコードバージョンのこの曲は，空前の名曲だったと言える。

　グループはすでに自分たちの音楽事務所（スパイダクション）を設立していたが，ホリプロとの契約は続いており，ヒットを生み出さなければならないというプレッシャーを与えられていた。「フリフリ」とその後続けて発売した自作の2枚のシングルの失敗により，ザ・スパイダーズのメンバーたちは苦しい立場に追い込まれた。またその3月，ライバルバンドであったブルーコメッツのミディアム・テンポのバラード「青い瞳」の大ヒットも打撃となった。このブルーコメッツの曲は，メンバーである井上忠夫とナベプロ専属のプロ作詞家すぎやまこういちの弟子にあたる27歳の橋本淳の美しい歌詞を用いた共同作であった。おそらくこのヒットに一部貢献していたことから，ザ・スパイダーズはプロ歌謡曲作家，浜口庫之介による短調のフォークバラード「夕陽が泣いている」のレコーディングの話を持ちかけられたと考えられる。この曲では，バンドのボーカルのハーモニーと電子オルガンの音が活かされていたが，それは，

ザ・スパイダーズがそれまで築いてきた自分たちのイメージとはかけ離れていた。

「夕日が泣いている」をレコーディングしたことで一部のファンが感じ取ったバンドのイメージチェンジを埋め合わせるためか、メンバーたちはステージでは、ぱりっとした黒いスーツを身にまとい、ローリングストーンズのブライアン・ジョーンズが設計したティアドロップ型ギター「グレッチマークⅢ」をはじめとする最新モデルの楽器で演奏した。「夕日が泣いている」は大成功を収めた。グループはその後のLPでも様々な試みを続けながら、かまやつによる楽曲を数曲発売し、1968年には、「いつまでも」の大成功を受け、7人のメンバーがそれぞれにファンクラブを持つほどの不動の座を手に入れた。だがザ・スパイダーズは、自分たちの音楽的潜在能力を十分発揮することなく終わってしまった。当時を振り返ると、このグループはビートルズやローリングストーンズとは比べるに及ばず、日本のポピュラー音楽史上にさえ残るものではなかった（Cope, 2007）。

ザ・ワイルドワンズとブルーコメッツの場合

エレキブームから大きなヒットを飛ばしたザ・ワイルドワンズは、1960年代中期のエレキブームからポスト・ビートルズ時代への最も純粋な架け橋となったバンドであると言え、現在も定期的に演奏を行っている。ワイルドワンズの結成者である加瀬邦彦は、1964年から寺内タケシ率いるブルージーンズの一員であり、ビートルズに多大な影響を受けた人物である。またインストゥルメンタル・バンドがまだ大勢を占める中、リードボーカルの必要性を提唱していた。

1966年6月、ブルージーンズ（寺内は病気のため離脱していた）は、ビートルズ武道館公演の前座バンドの1つに選ばれ、加瀬はビートルズをその目で見るのを心待ちにしていた。しかし安全性を考慮した運営スタッフから、前座バンドは演奏の後は控え室で待機するよう要請された。つまり、憧れのビートルズの演奏を見ることができないというのである。非常にショックを受けた加瀬は即座にバンドを脱退し、観衆に混じり、このイギリスのバンドが、ハーモニーが非常に美しいフォークロック調の「ペーパーバックライター」や「Nowhere Man」などのオリジナルソングを演奏するのを目の当たりにした。当時26歳でエレキの達人であった加瀬は，新しいタイプの音楽に乗り出す決意をした。それは，より若い世代と女性に受け入れられるスタイルを作り出すことであった。加瀬は1966年6月，ボーカルに19歳の新人，鳥塚しげきをむかえ，そのほかにも10代後半の若いミュージシャン2人がメンバーとなり，ザ・ワイルドワンズを結成した。このバンド名は，古くから親交のあった加山雄三によって名づけられたものであるが，ソフトで旋律が美しい音楽の方向へ進もうとしているグループにとってはいささか皮肉な選択となった。7月，ザ・ワイルドワンズは1960年代のベンチャーズのエレキサウンドに，ビーチボーイズとラヴィン・スプーンフル（Lovin' Spoonful）が"Do you believe in Magic"（1965）や"God Only Knows"（1966）などで醸し出した，心地よく馴染みやすいハーモニーボーカルを融合させたスタイルを生み出そうと苦心していた（加瀬，2001／加瀬邦彦インタビュー）。

　苦心の末生み出されたのが，切ない夏の思い出を歌った「思い出の渚」であり，今日GSではその時代で最も有名なポップソングと見なされている。作曲自体に関してはそれほど斬新なものではなかったが，メロディーに物悲しいフィーリングを加え，単純であるが非常に心を打つ高音のリードギターを載せて悲しい映画のサウンド・トラックのような雰囲気を醸し出す点で非常に優れていた。この印象的な楽曲を勝利の座に導いたのは，単純だが耳に残る歌詞である。この歌詞は歌謡曲や演歌にも多く用いられるセンチメンタルな手法で書かれたものであった。1966年11月に発売された「思い出の渚」は無類の大ヒットとなり，この曲以前のGSのどの楽曲よりも幅広いリスナーを取り込むことができた。この曲は50万枚以上の売り上げを記録したが，皮肉なことにこの成功により，事実上加瀬らは，所属するナベプロの好むアイドルバンド的音楽に着手することを決定づけられたのだ。その後のヒットソングでは，美しいメロディを生み出す才能を見せながらも，「思い出の渚」のような長く親しまれる作品を生み出すことはできなかった。

　他方，1966年にレコード売り上げと公演回数双方において最も成功したグループは，実力派ではあるがいささかビジュアル的魅力に欠けるブルーコメッツであった。ブルーコメッツは，1964年にロカビリーシンガー・尾藤イサオ

のバックバンドとして活動を開始した。バンドリーダーでドラマーのジャッキー吉川は，ジャズドラマー，ジーン・クルーパ（Gene Krupka）の演奏スタイルを手本としていた。吉川と，ボーカルとサックスを担当するもう1人のリーダー井上忠夫は，フジテレビの「ザ・ヒットパレード」で技術をかなり磨いた。洋楽を日本語でカバーした曲のみを演奏していたブルーコメッツは，フジテレビの音楽監督であったすぎやまこういちと仕事上有益な関係を築き上げた。クラシック音楽を学んできたすぎやまは，洋楽やポップスの大半を軽蔑しており，ナベプロの「ザ・ヒットパレード」における狭くて模倣的な手法には不満を抱いていた。しかし，1966年の初め，ビートルズの「ミッシェル」が発売された際，それを聴いてビートルズの曲に見られるような洗練された音楽構造を持つ新しい日本のポップスを生み出そうと考えるようになった。1966年の初め，すぎやまは，彼の運転手であり「子分」とも言える橋本淳に，ブルーコメッツの井上忠夫とともに「ミッシェル」に匹敵するような楽曲を作ることを提案した。熱烈なジャズファンでありフルート奏者であった井上は，いつか日本音楽の繊細さとジャズのリズムの融合を試みたいと考えていたので，この提案に大いに興味を持った（NHKドキュメンタリー）。

こうして生まれたのが「青い瞳」であり，オルガンの音色を中心とした，短調のバラードの雰囲気を持つ旋律的なジャズであった。1966年7月のビートルズ公演の前座を務めたわずか数日後から，ポップスチャートに長期にわたってランクインし続け，数週間のうちに50万枚を売り上げた。1年もたたない間に井上，橋本の作詞作曲による「ブルーシャトウ」は，ポップス曲では初めての日本レコード大賞を受賞し，数百万枚の売り上げを達成した。この大きな成功により，数多くのテレビ番組への出演の機会が与えられ，日本のGSグループで唯一アメリカのテレビへの出演をも果たしたのである（ジャッキー吉川，2000）。

初期GSの位置づけ——日本の本物のポップスか，模倣にすぎなかったのか

ザ・スパイダーズの「夕陽が泣いている」や，ザ・ワイルドワンズの「思い出の渚」，またブルーコメッツの「青い瞳」など，これらはすべて1966年7月から11月の間に発売されている。これは，1966年のビートルズなど一握りの

第 5 章　日本の「エレキブーム」と「グループサウンズ」

ポップスグループによるポピュラー音楽のすばらしい開花期に対する，日本のポピュラー音楽の大きな反響を表している。1966 年は音楽史において重要な意味を持ち，1960 年代初めの「ビート」グループは，今日ポップスの正典(キャノン)に加えられる作品を創作できる音楽家，作曲家へと成長したのであった。今日正典(キャノン)に加えられる作品群として「ゴッド・オンリー・ノウズ」(ビーチボーイズ)，「ペイント・イット・ブラック」(ローリングストーンズ)，「エリノア・リグビー」(ビートルズ) などが挙げられる。

　これらの楽曲のほとんどは，アーティストと音楽業界の専門家の共同制作によって生まれたが，あからさまな営利目的による悪影響はほとんど見られなかった。ローリングストーンズの暗いテーマを持つ楽曲「ペイント・イット・ブラック」が一例として挙げられるが，この曲はバンドのメンバーであるミック・ジャガー (Mick Jagger) とキース・リチャーズ (Keith Richards) によって作られた。彼らは 1966 年 5 月に発売されたこの曲に，かつてユダヤ人の結婚式で耳にした中東のリズムを取り入れており，演奏にはインドのシタールという楽器を用い，また歌詞にはジェームズ・ジョイスの『ユリシーズ』からの一節を加えている。その 2 カ月後，ビーチボーイズはマルチトラック録音の作品「ゴッド・オンリー・ノウズ」を発表した。今日最も秀でたポピュラーソングの 1 つに数えられるこの曲は，ハープシコードとフレンチホルンを斬新な形で取り入れ，バロック音楽の趣を醸していたことから，当時聴衆の多くを愕然とさせた。「青い瞳」が日本のチャートに入ったのと同じ 1966 年 11 月，ビーチボーイズのブライアン・ウィルソンは「グッド・バイブレーション」を発表した。この楽曲を聴き，ビートルズでさえ，自分たちの作曲の手法を再度考えさせられたほどであり，この曲は，1960 年代最高のポップソングとされている。

　これらのポップスの傑作と比較すると，初期 GS において最高の作品であっても，日本の作品はいま 1 つ精彩に欠けるようである。音楽的に見て彼らの作品は，何かが明らかに異なっていた。それは，1960 年代初期のシンプルなエレキサウンドと，ロマンティックだが平板な歌詞を特色とした最新の切ない歌謡曲との融合であった。つまり，それらの曲は，若い世代の消費拡大を目論んだ音楽業界の年配世代の専門家たちの思惑を反映したものであり，彼らがターゲットにした一見反抗的だが根は従順な若者たちは，アメリカのポップカルチ

ャーにはおしなべて非常に興味を持って育った反面，アメリカの一流の音楽サブカルチャーに触れる機会はほとんどなかったのである。これらの専門家たちとの関係，そして企業とミュージシャンの給与関係は，その後登場するGSグループと企業の間にも継承されていった。最も優れたザ・タイガースやカーナビーズ，またゴールデン・カップスでさえ，創作活動において制約を受けていたのだ。

一方，イギリスやアメリカのバンドによる名曲に目を向けると，メンバーたちが自らの技巧を磨く上で，会社側から営利主義的な制約を受けることはほとんどなかったことが窺えるだけでなく，彼らがGSに影響を与えたジャンルの音楽において，熟達した技能と知識を備えていたことが見て取れる。1960年代初頭から中期における西洋において，日本文化はまだ重視されていなかったとしても何の驚きでもないと多くの人は考えるだろう。だが，忘れてはならないのは，日本の映画業界においては，当時の欧米最高峰レベルの作品と肩を並べる映画が多く産出されていたことである。1950年代後期から1960年代初頭の日本とイギリスについて詳しく見てみると，音楽産業の販売戦略の精巧さにおいても，アメリカで主流のポピュラー音楽を耳にする機会，またそれを吸収する能力においても，日本はイギリスに大幅に遅れをとっていたことが窺える。ここで日本の音楽業界とそこで働く年配のベテラン作曲家やプロデューサーたちに見られる営利主義を重視した姿勢を見れば，1960年代初期には将来性が見込まれた日本のポピュラー音楽がなぜ進展できずにいるのか，またイギリスのポピュラー音楽と互角に渡り合える作品が日本で生まれないのはなぜなのかといったことが，容易に理解できるだろう。こういった芸能プロダクションの関係者たちこそが，かつてエレキブームから躍り出た有能なミュージシャンたちを拘束し，彼らの才能を封じ込めてしまったのだ。筆者が見たところ，この負の影響力は今なお払拭されておらず，その後の日本のポップスやロックの発展をも阻んでいると考えられる。

■参考文献■

加瀬邦彦『ビートルズのおかげです——ザ・ワイルド・ワンズ風雲録 あの頃の音楽シーンが僕たちのスタイルを生んだ』椛出版社，2001年。

加山雄三『I am Music 音楽的人生論』講談社，2005年。
黒沢進『日本ロック紀 GS 編　コンプリート Psychedelia in Japan 1966-1969』シンコーミュージック，2007年。
ジャッキー吉川『ブルーシャトウは永遠なり』近代映画社，2000年。
寺内タケシ『テケテケ伝』講談社，2004年。
ファーマノフスキー，マイケル「日本とイギリスの TV 音楽番組革命——ビートルズ以前のポップス，その発展の岐路」佐々木英昭・松居竜五編著『芸術・メディアのカルチュラル・スタディーズ』ミネルヴァ書房，2009年，112-131頁。
Altschuler, Glenn C. (2003) *All Shook Up : How Rock 'n' Roll Changed America*, Oxford : Oxford University Press.
Atkins, E. Taylor (2001) *Blue Nippon : Authenticating Jazz in Japan*, Durham and London : Duke University Press.
Cogan, Jim and William Clark (2003) *Temples of Sound : Inside the Great Recording Studios*, Chronicle Books.
Cope, Julian (2007) *JapRocksampler : How the Post-War Japanese Blew Their Minds on Rock 'N' Roll*, London : Bloomsbury Publishing.
Emerson, Ken (2005) *Always Magic in the Air : The Pomp and Brilliance of the Brill Building Era*, New York : Viking Penguin.
Foster, Mo (2000) *Play Like Elvis : How British Musicians Bought the American Drea*, MPG Books.
Frame, Pete (2007) *The Restless Generation : How Rock Music Changed the Face of 1950's Britain*, London : Rogan House.
Furmanovsky, Michael (2008a) "American Country Music in Japan : Lost Piece in the Popular Music History Puzzle", *Popular Music and Society*, Vol. 31, No. 4, pp. 357-372.
Furmanovsky, Michael (2008b) "Rokabiri, Student Radicalism and the Japanization of American Pop Culture, 1955-60", *Ryukoku University Intercultural Studies*, No. 12, pp. 45-56.
Halterman, Del (2009) *Walk-Don't Run : The Story of the Ventures*, Lulu.Com.
Hosokawa, Shuhei (1999) "Strictly Ballroom. The Rumba in Pre-World War Two Japan", *Perfect Beat*, Vol. 4, No. 3, pp. 3-23.
Music Life (1998) *Roots of Japanese Pops*, 1955-1970, Shinko Music.
Okano, Ben (1977) "Japan Discovering its own Musical Diversity", *Billboard*, April 30, pp. 56-64.

Schilling, Mark (1997) *The Encyclopedia of Japanese Pop Culture*, Weatherhill Books.
Stanley, Bob (2009) "Rise of the Beatles: From Mop Tops to Megastars", The Times Online, Sept. 12.
Stevens, Carolyn (2008) *Japanese Popular Music, Culture, Authenticity and Power*, London: Routledge.

＜ビデオ資料＞
NHKドキュメンタリー「ザ・タイガースと60年代GSブーム」2008年1月6日。

＜インタビュー＞
石田新太郎氏への筆者インタビュー，2009年8月20日。
加瀬邦彦氏への筆者インタビュー，2009年8月6日。
寺内タケシ氏への筆者インタビュー，2009年8月20日。

第 6 章

京都とアジア
―― いにしえからの交流をひもとく

泉　文明

1　千年の都　京都の魅力

　京都には響きがある。早朝の禅修行僧の「オーッオーッ」という声，西陣の機の音，舞妓さんのこっぽりの音，町家の格子戸を開け閉めする音，錦市場の商いの掛け声，夕闇の中に遠くより聞こえるお寺の鐘の音。いずれも京都という空間を感じさせてくれる。
　京都には色がある。春の薄霞の中の円山や仁和寺の淡い桜色。夏の都大路を彩る各山鉾の多彩な色。五山送り火の闇と炎のコントラスト。秋の清水の紅葉。冬の北山の雪景色。同じ関西にあっても絵画に例えるなら，奈良は墨絵，神戸はパステル画，京都は水彩画の印象を与える。
　京都はよく「山紫水明」とか「三方を山に囲まれた盆地」と形容されることが多い。全国各地から，世界各地から，多くの人が京都を訪れ，人々を惹きつけてやまない。京都の景観・歴史・風土・芸術・学問・情緒等々は高く評価されており，それは自他共に認めるところであろう。1200年の歴史と数多くの「世界遺産」，「国宝」，「重要文化財」を有する京都には，内外の人々を虜にしてやまない魅力がある。四季折々の美しい自然。花鳥風月を愛でるゆかしさ。京都の人々は，伝統を守る保守性と，改革を求める革新性と，一見矛盾して見えるこの二つを両立させ，創造を重ね続けてきた。人々が京都を訪問する理由としては，「日本の歴史の舞台を訪ねたい」，「有名な寺院や神社，祭を見たい」などがある。全国の人々が京都に求めるものは，歴史的な都市としての舞台，社寺仏閣・祭事などであり，古都のイメージをほうふつとさせるような風景・景観・行事であるようだ。京都らしさとして全国の人々が考えるものの第 1 は，

そうした「古都」としてのイメージが大きいようである。また,「伝統技術」,「和魂」,「季節感」,「高級品」,「手作り」,「優美」などがこれに続く。よく見かける京都市や観光関係のポスターに「そうだ京都行こう」や「日本に京都があってよかった」とあるが,これは人心をうまく捉えていると言える。また,そういったブームを受けて,「京豆腐」,「京野菜(さらに通には『淀大根』『聖護院大根』『堀川ゴボウ』『壬生菜』『加茂茄子』『万願寺トウガラシ』『鹿ヶ谷カボチャ』『九条ネギ』『桂ウリ』『柊野ササゲ』など具体的な地名や寺社名を付けて表示してある)」,「京菓子」,「宇治茶(京都府)」,「京呉服」,「京扇子」,「京生麩」,「京箪笥」,「京畳」,「京料理」など,「京何々」とする命名することによって,そのブランド力を活かそうとしている。本書では,地域文化学にふさわしく,いにしえからの京都とアジアの関係に思いを馳せてみたい。具体的には,平安京造営と唐都の影響,京都と朝鮮通信使の足跡に触れながら,京都の伝統と進取性について考えてみることにする。

2　平安京の造営と唐都風水の影響

京都と平安京

　京都の中心はどこかというと,その答は難しいが,例えば京都駅前に立っても,京都府庁や京都市役所前にたたずんでも,京都一の繁華街である四条河原町を散策しても,前述のような「山紫水明」とか「三方を山に囲まれた盆地」の風景は見えてこないし,イメージできないことであろう。京都市役所や四条河原町からだと,東山は近くに見えるが西山ははるか遠い。それもそのはずである。現在の京都の町の中心が,平安京のできた頃より随分と東に移動してしまっているからである。現在の京都の行政や経済の南北の中心軸は,烏丸通か河原町通になるであろうが,平安京の時代のそれは千本通であったのである。この千本通は,当時朱雀大路と言い,その通の北には〈大内裏〉が南には〈羅城門〉が構えられていた。

　「京都」と聞いて,古代首都平安京を思い浮かべる人は少なくあるまい。小・中・高等学校の歴史では必ず平安京が教えられる。平安時代は,桓武天皇による794年の平安京遷都から源頼朝が征夷大将軍に就任し,鎌倉幕府を開い

たまでの約400年間を言う。ただし，その後も天皇家御所の所在地であり，文化の中心であり続けたことが千年の都と称される所以である。今でも京都の人の中には一部「(京都から)東京への正式の遷都の発表はしたはらへんさかいに，まだ京都が首都や」と冗談混じりに言う人があるが，これは当たらない。明治5 (1872) 年 (ちなみに日本では明治5年12月2日まで太陰暦を採用していた。) に天皇が東京から京都に向かわれる時に〈行幸〉とされており，この事実は〈遷都宣言〉の有無はともかく，皇室の意思は東京にと，決まっていることを意味する。もし仮に，〈京都〉にあるとするならば〈行幸〉とはならずに，〈還幸〉となったはずである。その碑は京都府庁正門前など市内随所に遺る。

京洛・洛中・洛陽

平安京は，よく知られている通り，唐の都長安を模して造営されたものであるが，その坊名を調査すると，長安の坊名にちなむものが5例あるのに対して，洛陽の坊名にちなむものが8例もあり，洛陽もまた都市建設に当たってモデルになっていたことをうかがい知ることができる。平安京は，南北5.7km，東西4.6kmである。これは，長安が南北8.2km，東西9.7kmに比べると半分以下のサイズであるが，随所に模倣の跡が見られる。平安京が南北に縦長型であるのに対して，長安が東西に横長型である点などは異なるものの，碁盤の目状に整然と区画される点をはじめ少なからぬ共通点・類似点を見出すことができる。ちなみに，この規則正しい碁盤の目状の町の区画は，平安京建都の当時から変わっていない。平安京の1ブロックはおよそ120m^{2}であり，4ブロックで大きな街区 (坊) となる。

遷都はまず地理的な移動であるが，その場合〈四神相応の地〉が最も理想的とされる。〈四神〉とは四種の霊獣のことであるが，風水の解釈で，これを地形でいえば，東に河川 (青龍)・南に沼沢 (朱雀)・西に大道 (白虎)・北に高山 (玄武) があれば，皇都の繁栄が約束されるという。このような中国の風水思想が日本の造都事業に大きな影響を及ぼしたことは言うまでもない。このことは，奈良平城京造営にも言えることであり，708年に出された奈良遷都の詔に「平城の地，四禽は図に叶ひ，三山は鎮を作し，亀筮並びに従ふ。都邑を建つべし」と，やはり〈四神相応の地〉のことが語られている。風水思想にかなっ

た地形として，京都が選ばれ，造都されていったのである。これらのことは，古代から，遣隋使・遣唐使などによる中国大陸との結びつきが非常に深かったことを物語っている。このように平安京は，中国の風水思想に基づいて忠実に設計された都市で，三方を山に囲まれ，東の鴨川と西の桂川が蛇行しながら南へと流れている。内部は都城を模倣した長方形の区画をもっていた。現在の千本通が当時の朱雀大路にあたり，真北には船岡山が位置していた。平安時代の律令制の形骸化にともなって，次第に本来の領域にとらわれない，鴨川と大内裏・御所を中心とする都市になり，文化花開く都市へと発展していったのである。

　また，京都の地名には洛陽出自のものが少なからず見受けられる。『帝王編年記』には「東京又左京と謂ひ，唐名洛陽，西京又右京と謂ひ，唐名長安」とあるように，古く京都は，しばしば中国王朝の都となった洛陽に因み，〈京洛〉〈洛中〉〈洛陽〉などといわれた。元々は平安京を東西に分割し，西側（右京）を〈長安〉，東側（左京）を〈洛陽〉と呼んでいたのであるが，右京すなわち〈長安〉側は湿地帯が多かったことや，戦乱にまみれてしまったことなどから廃れてしまう。一方の左京すなわち〈洛陽〉側は逆に栄え，市街地は実質的に左京すなわち〈洛陽〉だけとなった。このため京都は〈洛陽〉と称されるようになった。京の都に上ることを「上京」あるいは「上洛」と言い，都入りすることを「入洛」というのはこのためである。地名や高等学校名，作品名に，「洛北高校」，「洛東高校」，「洛西ニュータウン」，『洛中洛外図屏風』などが見られるが，これらはその名残である。このように，洛陽は京都の代名詞として，今にその名を遺しているのである。

3　京都に遺した朝鮮通信使の足跡

京都での滞在

　〈朝鮮通信使〉は，朝鮮国王が書契（国書）および礼単（進物）をもたらすため派遣した外交使節団のことで，「朝鮮信使」，「信使」，「朝鮮来聘使」，「来聘使」などとも呼ばれる。実質的には，江戸時代に12回にわたって来日した朝鮮王朝から友好関係の証として派遣された外交使節団のことである。江戸時代

の朝鮮通信使は，幕府の命を受けた対馬藩主が朝鮮へ使者を派遣し，これを受けた朝鮮側が，正使（文官堂上正三品），副使（文官堂下正三品），従事官（文官五・六品）の三使を中心に使節団を編成している。この三使は，次代を嘱望される人物が選ばれている。この通信使の影響は，絵画や歌舞伎の題材にもなるくらい文化全般に多大な影響を与えた。江戸時代における日本の外国との関係は，一部長崎で中国とオランダとのみ貿易が行われていた鎖国状態であったと一般には思われているが，隣国，韓国・朝鮮との交流はあった。計12回におよぶ〈朝鮮通信使〉との交流は，善隣友好の名のもとに執り行われている。これはもと秀吉の起こした壬辰倭乱，文禄慶長役の後に，両国の国交回復の国策として成された事業である。日本側からは〈朝鮮通信使〉という窓を通して世界を観察しておきたいという思いがあったし，韓国・朝鮮側からは，壬辰倭乱，文禄慶長役で被虜となって日本へ連行された人々を本国へ送還させたいという願いがあった。〈朝鮮通信使〉との間で交わされた文化往還の内容は，科学技術・儒学思想・詩文・書画・医学・易学など多岐に及ぶ。文化交流とか文化往還とはよく言われるところではあるが，そのほとんどにおいて〈朝鮮通信使〉が日本列島に伝授あるいは教示してくれるという方向付けされた性格のものであった。

　一行は朝鮮半島から船で海を渡り，江戸に向かうまでの道程の中で，京都にも滞在し，その足跡を市内各所に残した。京都と〈朝鮮通信使〉の歴史には，京都五山，とりわけ天龍寺・東福寺・建仁寺・相国寺との深いつながりがある。室町時代の京都五山は，仏典の研究ばかりでなく儒学の研鑽にも努めており，そのことは五山文学に表れている。

　〈朝鮮通信使〉の入洛順路としては，淀で上陸した後，鳥羽街道を北上し，途中，実相寺（南区上鳥羽鍋ヶ淵町）が休憩場所とされ，正使・副使・従事官の三使以下，衣冠を改めて入洛に備えた。このあたりは江戸時代すでに京都を控えた近郊農村地帯で，稲作のほか，木綿や野菜の栽培も盛んで，〈朝鮮通信使〉が書き残した記録に「行き届いた土地利用が目にとまった」との記録が見られる。特に水車の技術に関しては，その技術を持ち帰り，自国の技術に採り入れたと言われる。

　〈朝鮮通信使〉一行は平均すると3週間ほど京都に滞在している。京都での

宿泊は，初回から第3回までは大徳寺が使われ，享保4（1719）年の本能寺宿泊を除いて，寛永13（1636）年以降すべて本国寺（貞享2［1685］年より水戸藩主徳川光圀の庇護を受け，寺名を「本圀寺」に改めたと伝えており，昭和46年に山科区御陵大岩に移転）である。本国寺から松原通を東に入り室町通まで行き，室町通を今度は北に三条通まで上がり，三条通を東へ折れ，東海道の入り口である三条大橋から江戸へと向かっている。また，江戸からの帰路においては，三条通から縄手通（大和大路）を南へ下って方広寺大仏殿前を通っている。これは享保9（1724）年まで大仏殿前で対馬藩主主催の招宴があったためであり，大仏殿からの帰路は，五条通（現松原通）まで北上して，寺町通→四条通→室町通→松原通の順で本国寺に入るのである。

　京都滞在期間中，一行は東福寺や三十三間堂，清水寺，知恩院などの京都の名所を見学し，感嘆と賞賛の辞を記している。また，名刹に関すること以外にも，京都と大阪と江戸の三都を比較した記録もある。例えば元和3（1617）年の記録には京都の繁華・町の勢いは大阪の10倍にも値する，と記されている。しかし，後になるほど京都の勢いは大阪や江戸に比べると衰えていっていることを，享保4（1719）年の同使は伝えている。また記録文書ではないが，「洛中洛外図屛風」には通信使一行が二条城の前を行く光景を描いたものがいくつかある。しかし，通信使を扱った記録類には，二条城に立ち寄った記事は皆無である。

大陸・半島の文化

　通信の経路となった日本各地でそうであったように，当時の京都の文化人にとっても，先進的な大陸・半島の文化を取り入れる絶好の機会であった。とりわけ本国寺は，両国の知識人にとって最高の交流の場であった。〈朝鮮通信使〉が寛永14（1637）年に江戸からの帰りに立ち寄った際，漢詩人の石川丈山が本国寺を訪れ，筆談や詩文をやりとりをした記録が残っている。本国寺と同様に大徳寺でも，寛永2（1625）年，江戸より帰途の際，当寺の住持であった江月宗玩が三使に茶酒を呈して歓待し，江月の五言絶句に三使が次韻するなどの文化交流が行われている。また，耳塚参拝が記されている。耳塚とは，豊国神社の門前にある，土を大きく盛り，その上に五輪塔が建てられた塚のことである。

文禄・慶長の役の際，武士達は，首の代わりに朝鮮武将の耳や鼻を塩漬けにして樽に詰め京都に送ったと言う。耳塚はそれを供養するために造られた塚である。寛永元（1624）年に来日した〈朝鮮通信使〉副使姜弘重の日記には「翌年正月17日に大仏を訪れ，耳塚を見て深く心を痛めた」とあり，〈朝鮮通信使〉の耳塚参拝があったことを物語っている。

　これら数度にわたる〈朝鮮通信使〉の訪問を受けて，京都の碩学の僧が輪番僧として寛永年度から派遣されていて，対馬の厳原（長崎県対馬市）にあった朝鮮との外交事務を管掌する以酊庵（現西山寺）に赴任している。これは，慶応2（1866）年の廃止時まで続けられ，延べ人数として，天龍寺から37人，東福寺から33人，建仁寺から32人，相国寺から24人が，その責に当たっている。

4　交流・創造を重ね続ける京都

　以上見てきたように，京都には，中国や韓国・朝鮮との古来からの深い結び付きがあったことは明らかである。これらが伝えてくれた先進文化・先進技術を生かして，古代の京都は日本の中心たり得た。こういった交流の中で，京都はその情報を受信するだけにとどまらず，全国あるいはアジアへの発信を行ってきた。千年前に栄えた世界十大都市のうち，現在なお大都市として存続しているのは京都のみとも言われ，全国の国宝の約20％，重要文化財の約15％が京都に存在する。

　京都には勅祭社（祭礼に際して天皇により勅使が遣わされる神社）や各宗派の本山・総本山が多く存在し，今でも神道・仏教の中心である。京都には特筆すべき社寺の文化があるのである。伝統芸能の能・狂言や京舞，茶道・華道・香道の家元も多くあり，大学・研究機関の数に比例する形で学者・文化人・芸術家も多い。菓子・料理・嗜好品などでは本家・総本家・元祖などの付く店舗が軒を連ねる。また，祇園や先斗町に代表される花街も賑わいを見せ，京の雅をかたちづくる。ここ京都には，まぎれもなく伝統と歴史が息づいているが，注目すべきは，その中にあって，発展と改革・革新を重ねてきたことであろう。京都が世界から吸収してきたものも，逆に世界から求められたものも数知れない。

京都には保守・伝統の歴史があり，プラスイメージで評価される反面，〈ぶぶ漬け伝説〉や〈一見さんお断り表示〉に象徴されるように，その実態はともかくとして，排他的で冷淡でシニカルな側面があるとも言われる。それはこの町の沿革と非常に深い結び付きがある。公武の対立時期や，戦国の世の統治者が目まぐるしく変わり，明日の行方も分からない中で日々の生業があり，幕府と朝廷の二重政権下で生き抜くための知恵が醸成されたのであろう。そういった環境にあっては，「行間を読む」，「空気を読み取る」，「言外にある部分を察してあげる／察してもらう」，「断定的な表現の忌避」ということがおのずと発達し，それができずに直接的に表現したりすると，「無粋」，「無教養」，「無躾」，「鈍い」とされたのである。そのことが，他県の人には「利口」，「ゆかしい」，「上品」，「やさしい」けれども「冷たい」，「そのまま受けとめていいのか迷う」，「お高くとまっている」，「何を考えているのかわからない」と映るのである。確かに，かたくなに何かを保守・堅持しようとする姿勢がなければ，京都のカタチは現存のものとは違うものになっていたであろう。

京都人の伝統堅持・保守性の是非をここまで概述してきたが，実は京都は新しい町でもある。京都が全国にさきがけて成し遂げてきたものはたいへん多い。数例を紹介すると，まず小学校の建設が挙げられる。明治維新にあたり，京都は，行政主導でなく一般市民の手で，つまり私財を出し合って自分たちが運営にする小学校を建てたのである。しかもこれらは欧米の学校をモデルとしたものであった。また，琵琶湖疎水事業を工法や技術を独自に工夫開発しながら，日本人技師によって完成させた。さらにその水力により市電を走らせている。日本初のノーベル賞受賞者を出す土壌を形成したのも，キリスト教主義の理念に基づく大学を設置したのも，集書院（図書館の前身）も女紅場（女子のための教育機関）も盲唖院（視聴覚障がい者のための教育機関）も，京都府の事業として成された。医師に検定試験制度を設けて，医師免許を発行するようになったのも京都が先んじたプロジェクトである。正式には，明治政府も早くに医師開業試験制度を予告していたが，数年の猶予機関があったために，京都は独自で試験実施，医師免許交付を始めているのである。要は数知れない事例の１つ１つを知ることではなくて，いにしえの時代に中国や韓国・朝鮮に学んだという，進取・改革の精神が京都の人々には息づいているということと，首都でなくな

ってしまった後の京都の進路・展望を〈新たな生き方〉に求めようとした民衆の心意気を知ることであろう。京都は，古いばかりの町ではない。新しさの取り入れ方も融和のさせ方もよく心得た町である。

■参考文献■

上田正昭監修『京都学を学ぶ人のために』世界思想社，2002年。
京都市編集『京都 歴史と文化3 ［文化・行事］』平凡社，1994年。
京都造形芸術大学編『京都学への招待』2002年。
京都文化博物館編集『長安——絢爛たる唐の都』角川書店，1996年。
黒田正子『それは京都ではじまった』光村推古書院，2005年。
新創社編『京都時代MAP 平安京編』新創社，2007年。
竹田聴洲『日本の民俗26 京都』第一法規出版，1973年。
仲尾 宏『朝鮮通信使——江戸日本の誠信外交』岩波書店，2007年。
森谷尅久・井上満郎監修『平安京1200年』淡交社，1994年。
山上徹『京都観光学［改訂版］』法律文化社，2007年。

第Ⅱ部

ユーラシアの交流

第Ⅱ部　ユーラシアの交流

　ユーラシア大陸はヨーロッパ部とアジア部からなる。ヨーロッパはいわばユーラシア大陸北西部に突き出た半島である。ユーラシアは古来，ヒトの交流，モノの運搬，情報の伝達の舞台であり，陸路および海路によって様々な文化の交流が見られる。中国の絹を西方へと輸送したシルクロードはあまりに有名である。奈良・正倉院の宝物に見られるように，シルクロードによって，南アジア・西アジアから中央アジアを通り，さらに東アジアの果てに位置する日本にもたらされた文物を，私たちは今も目にすることができる。古代インドに発する仏教が日本に伝播したのも，このルートによるものであった。反対方向では，西アジアから地中海伝いにさらに西へ伝わったものもある。病原菌すらもユーラシアの交易ルートによって伝えられた。14世紀中頃，ヨーロッパの人口を3分の1から半分ほどに減少させたと言われる黒死病のペスト菌もその例である。

　13世紀にアジアの高原から興ったモンゴル族は，東アジアから東ヨーロッパ（ロシアを越えてポーランド，ハンガリーまで）に至るユーラシア大陸の中心部を押さえ，歴史上最大版図となる大帝国を建てた。古代ローマ帝国時代の「ローマの平和（Pax Romana）」にならって，「モンゴルの平和（Pax Mongolica）」と称せられ，この大帝国下に古代以来のシルクロードはもちろんのこと，地中海，紅海，アラビア海，インド洋，そして東南アジア沿岸から中国に至る海路による交易も大きく発展したのである。

　海路によるユーラシアの東と西の人々の交流は，その中間に位置するイスラーム世界の商人なしには成り立たなかった。7世紀にアラビア半島で始まったイスラームは，中央アジア，南アジアから西アジア，アフリカ北岸からジブラルタル海峡を渡ってイベリア半島まで広がり，今日でもユーラシアを，さらには世界を動かしている。

　ヨーロッパ半島を除くユーラシア大陸中央部と南部は，歴史上，東西文化交流の中心的位置を占めていた。このような形勢が一変し，西ヨーロッパ人が直接に各地に乗り出し，やがて世界を支配するのは，15世紀中頃に端を発し1492年（インドを目指すコロンブスの出航）をシンボルとする大航海時代以後のことである。しかし，今日の21世紀の世界では，コロンブス以来の西欧諸国およびアメリカによる世界的な優位，そして20世紀後半に展開された冷戦終結後のアメリカ一極支配が

終わりはじめたのではないだろうか。ヨーロッパ連合（EU）の拡大，北大西洋条約機構（NATO）の拡大，「改革開放」から30年たち「世界の工場」となったユーラシア東部の中国，また社会主義のソ連解体という大転換後，エネルギー資源をてこにしてユーラシア国家を目指すロシアなど，新しい動きが進んでいる。中国，ロシアと，ソ連から独立した中央アジア諸国（カザフスタン，キルギス，タジキスタン，ウズベキスタン）が正式メンバーである上海協力機構は，インド，パキスタン，モンゴル，イランなどをオブザーバーとしており，ユーラシアに新しい息吹を吹き込みつつある。ユーラシアに張りめぐらされた石油・天然ガスのパイプラインは，現代のシルクロードとも言われ，多極化世界の実現を促しているように思える。

　ユーラシアは，ヒトとモノの交流の地であっただけでなく，精神面で今日に受け継がれる価値を生み出し，伝える基盤でもあった。すなわち仏教，キリスト教，イスラームという，いわゆる世界の3大宗教である。それらのうちキリスト教内の宗派について触れておく。ユーラシアのヨーロッパ半島に広まったキリスト教は元来1つであったが，世紀を重ねるうちに東西に分かれ，西のキリスト教世界では，16世紀初めの宗教改革によりカトリックからプロテスタントが分かれた。カトリックは世界でただ1人の教皇（法王）をいただく中央集権的な体制をとっている。プロテスタントは，できる限り個人主義化，近代化したキリスト教であり，プロテスタント諸派というのが正確であろう。他方，東のキリスト教は，東ヨーロッパ，ロシアへ広められ，東方正教（ギリシア正教）と呼ばれる。正教世界では今日，国家（民族）別の独立した19の教会が並び立っている。これらキリスト教の宗派，特にカトリック・プロテスタント諸国に対する正教諸国との間には，宗教と政治の関係，ひいては文明の違いがあることを指摘しておこう。

　これら宗教内部の宗派の相違は仏教，そしてイスラーム（スンナ派とシーア派）にも見られる。しかし他方で，今日では宗派，さらには宗教の相違を超えた対話が，ユーラシア規模の相互理解と新たな交流のため求められているのである。第Ⅱ部では，これを前提に，日本を軸としたユーラシアの交流について，ロシア，ヨーロッパ，西アジア・中央アジア，そして仏教の事例から順次見ていくことにする。

　　　　　　　　　　　　　　　　　　　　　　　　　　（松原広志・佐野東生）

第 7 章

江戸から明治・大正期の日露の交流

松原広志

1　日露の遭遇

　17世紀中頃からオランダと中国以外には国を閉ざしていた江戸幕府が，19世紀中頃にアメリカのペリー（Perry）の黒船によって開国したことはよく知られている。しかしロシアがペリーより半世紀以上も前から，一度ならず日本に開国を求めていたことはあまり注目されない傾向がある。ロシアはなぜ日本とのコミュニケーションを必要とし，どのような方法をとり，日本をどのように見ていたのだろうか。他方，日本側はロシアをどのように認識したのだろうか。

　日露交流の歴史は17世紀末から，気象条件という偶然の要素がきっかけとなって始まった。当時ロシアは，ロマノフ朝4代目の君主であり西欧化政策で知られるピョートル（Petr）1世（大帝。在位1682～1725年）*の治世で，西方だけでなく東方にも積極的に活動の手を広げていた。しかし日露の遭遇は，国同士の直接・正式な交渉によるものではない。17世紀前半から幕府により外洋航行用の大型船建造が禁じられ，近海航行のみに活躍していた1本マストの千石船が，嵐のため太平洋を漂流したあげくにロシア領にたどり着き，船員が保護されたことが始まりである。日本人漂着という報告を聞いたピョートル大帝は，彼らを教師役にして日本語を学ぶよう命じた。ここには未知の国と将来国交を持つことを想定したピョートルの大胆で広い視野と，実用主義的観点が窺える。こうして漂民は，ロシアに日本文化を伝える先がけとなった。

　しかし，ロシアの地に同胞が生きていることは，日本側には半世紀以上も伝わらなかった。18世紀末から19世紀初めになると，ロシアは漂民送還を友好

第7章　江戸から明治・大正期の日露の交流

の証としつつ幕府に開国・通商を申し入れ，ここに国家同士の接触が始まったのである。日本では漂民に対する人道的扱いがロシアへの好感を生み，送還された漂民の体験談は初めてのまとまったロシア情報となった。すでに150年以上も国を閉ざしてきた日本にとり，ロシアからの働きかけは世界に目を開くきっかけであった。

　この章では，ロシアに漂着後，その地で日本語教師となった，あるいは帰国した日本人たちの姿，ロシア側の日本へのアプローチとそれに対する日本側の対応，開国から大正期に至る日露交流の跡を幾人かの人物にしぼり，たどってみよう。

　＊　ロシア文字による固有名詞はすべてラテン文字に転記した。

2　世界の中の日本とロシア──2つの「謎の国」

　日本とロシアはともに，世界（西欧）の眼に「謎の国」と映っていたという過去を持っている。日本の場合は，「謎の国」説を生む背景としてマルコ・ポーロ以来の「黄金のジパング」伝説があった。さらに15世紀後半から西欧諸国が世界各地に乗り出していく「大航海時代」に背を向けるように，すでに南蛮貿易を経験していたにもかかわらず，日本（徳川幕府）が日本人の海外渡航・帰国とキリスト教を禁止したこともその理由として挙げられる。

　他方，西欧よりも遅く9世紀中頃，ヴァイキングが招かれてノヴゴロドにやって来た，という建国伝説を持つロシアの場合はどうであっただろうか。まず10世紀末に国教として受け入れたキリスト教が，西欧（ラテン語圏）のキリスト教＝カトリックではなくビザンツ帝国（ギリシア語圏）のキリスト教＝ギリシア正教（ロシアに定着した後はロシア正教と呼ばれる）であったことと，11世紀中頃にキリスト教会が東西に分裂したことが挙げられる。正教とカトリックとの間には，教義・歴史的な対立・論争の歴史があるが，東のキリスト教である正教は，時代に応じて変わることなく原始キリスト教の姿を受け継ぐと称し，今日に至るまでキリスト教の本家・本流意識を保持している。この点で正教は，同じキリスト教でも，時代に対応して変化することを活力源としたカトリックとは異なる。世界でただ1人の教皇（法王）を擁する中央集権的な聖職位階制

を作り上げたカトリック世界では，16世紀初めの宗教改革によりプロテスタントが分かれ出たが，その後も西欧はラテン語を基盤とする文化的まとまりを保っていた。それに対して正教を受け入れたロシアではルネサンスも宗教改革もなく，西欧とは異なる歴史の道を歩んだのである。

さらに古来ロシアでは，地政学的位置からして，様々な民族の交流・混血は普通のことであった。西では北欧，ポーランド，ドイツ，バルト諸族など，東ではチュルク，モンゴルをはじめアジア系諸民族の血がロシア人には流れている。加えてその広大な領土を統治するのは，西欧には見られない強力な専制政治（ツァーリズム）であった。これらのことからロシアは，西欧のカトリック・プロテスタント圏からは異質な国と見なされ，少なくとも「玉座の革命家」ピョートル大帝による強力な西欧化政策が定着するまで，あるいは定着後も，「謎のロシア」と見られがちであった。

ここで注意するべきことは，日本やロシアといっても，その領域は歴史的に，今日われわれが思い浮かべるものとは異なっていたことである。日本の場合，蝦夷地（樺太まで含むこともあった）と呼ばれていた北海道の北部・東部や千島列島が領土として幕府の意識に上ったのは18世紀後半，ロシアの進出への対応としてであった。ロシアは16世紀後半からウラル山脈を越えてシベリアへ領土を拡大し，先住民を服属させて毛皮税（ヤサーク）を課しながら17世紀末にはカムチャツカ半島に達した。西ヨーロッパ諸国が「大航海」によって新世界を目指した時代に，ロシアはユーラシア大陸を東進して領土を拡大したのである。幕府に北の領土を意識させたのは，カムチャツカからさらに千島列島に沿って日本への水路を探検・測量し，地図・海図を作成するロシアの影であった。当初，日本ではロシア人が何者か分からず，アイヌ語を基にして「赤蝦夷」，「赤人」などと呼んでいた。オランダ経由で17世紀中頃からリユス，ムスカウベヤという国名は知られていたが，それが「赤蝦夷」の国であることが分かったのは18世紀後半であった*。こうしてロシアは日本にとり，ポルトガル，スペイン，オランダ，イギリス，フランスなどに加え，「もう1つのヨーロッパ」として登場したのである。

  *　日本とかかわりはじめた頃のロシアの国名はモスコーヴィア（Moskoviia）あるいはモスクワ大公国。ピョートル大帝治世の18世紀前半からロシア帝国，20世紀

初めから末までの 70 年余りがソビエト社会主義共和国連邦（ソ連），そして現在のロシア連邦となる。

3　ロシアにおける漂民＝日本語教師たち

最初の日本人デンベイ

　ロシアでは 17 世紀末まで，メルカトールの地図，カトリック宣教師の報告やオランダ経由以外には，日本に関する生の情報が得られることはなかった。しかし 1697（元禄 10）年，カムチャツカ遠征の先頭に立つカザーク（コサック）隊長アトラーソフ（V. Atlasov）が，先住民の中ですでに 2 年間暮らしていた男に出会った。これがロシア側の記録に残る最初の日本人で，彼自身が書き残した文字（漢字とひらかな）から，「大坂（阪）谷町の質屋万九の傳（伝）兵衛」であったことが分かる。デンベイは米・酒などを積んだ船で大坂から江戸へ向かったが，嵐のため 7 カ月洋上を漂い，カムチャツカに漂着した。最初インド人と間違われたデンベイは，日本の様々な生活習慣・信仰・統治者・産物や，金銀についての情報を伝えた。彼は首都モスクワに送られ，1702 年にピョートル大帝に拝謁した。その直後ピョートルは，おおむね以下のように命じている。

　　「デンベイをロシア語に習熟させた後，ロシア人の生徒数名をつけて日本語を教えさせる。ロシア正教の洗礼を受けるかどうかは本人の判断に任せる。将来帰国の可能性もあると伝える。モスクワでの生活費を政府が保障する」
　　（アダミ，1993）

　この勅令が出された 1702 年 4 月 16 日は，ピョートルが西欧から外国人を招いてヨーロッパ文化をロシアに移植するよう命じたのと同じ日付である。ピョートルの眼は西とともに東にも向けられていた。それは日本では赤穂浪士の討ち入りの頃のことである。

　3 年半余り後にデンベイは，新しい都として建設されはじめてまだ 2 年目のサンクトペテルブルク（以下，ペテルブルクと略）の航海数学学校で，ロシア人生徒に日本語を教えることとなった。それから 5 年後，デンベイは帰国を希望

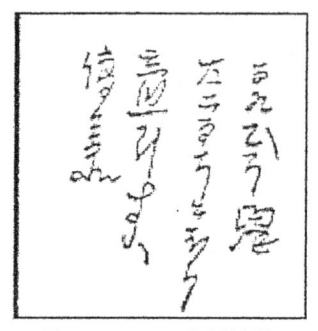

図7-1　デンベイ自筆署名
（出所）漂流民・伝兵衛を顕彰する会（略称：伝兵衛研究会）ホームページ。

したが，先年のピョートルの言に反して許可は得られず，彼はそこでロシア正教の洗礼を受け，ガヴリイル（ガヴリール [Gabril]）という洗礼名を名乗った。改宗すれば，もはやキリシタン禁令の日本に帰れないことは言うまでもない。なおロシアでは伝統的に，非ロシア人でもロシア語を身につけ，ロシア正教に改宗すれば，出身を問わずに登用されることは珍しくなかった。デンベイは次にやって来た漂民サニマとともに日本語を教えたが，仲違いしたとも言われ，間もなく1714年あるいは翌年に亡くなったようだが，その他のことは一切不明である。

　デンベイ以後ほぼ一世紀間に，何人かの漂民がロシアで日本語教師役を務めたが，日本語教育の成果が目覚ましかったとは言えない。教授法や教科書の未整備・未確立は言うまでもないが，教える側が船乗りでもほとんど水夫クラスで，かながやっと読める程度，あるいはかなは読めても漢字が読めない，あるいは文字は読めても書けない等，様々な悪条件が横たわっていた。また彼らが伝えた日本語は，南部，薩摩，伊勢などそれぞれの出身地の言葉であったことは，今日のように「標準的な日本語」がない時代のことで当然である。しかし，彼らがロシアで書き残した言葉は，今日では当時のロシア語だけでなく，日本各地の方言を研究する上でも貴重な手がかりになっている。日本語を学ぶ生徒の側には，兵士やカザークの子どもが適性も調べずに指名され，学ぶ動機もないまま生涯日本語を学ばせられるという例も見られた。

　しかし，そのような条件下にもかかわらず，異文化（たとえば外国語の習得だけでなく，気候風土，食習慣の違いなど）に懸命に適応しつつ異郷で生きた人々は，日露交流史の中で忘れられてはならない存在である。今日に至るまで，ロシアにおける日本文化への関心は，日本側のロシア文化に対する関心よりはるかに大きいが，その出発点に本章で触れるような18世紀初め以来の事情があると言えるのではないだろうか。

第2の漂民サニマ

　デンベイに遅れること10年余り，やはりピョートル大帝治世の1710（宝永7）年に，日本人10名が乗った船がカムチャツカ東岸に漂着した。先住民による攻撃，ロシアのカザークと先住民との戦いに巻き込まれ，かろうじて生き残った2名中の1名がサニマ（三右衛門か？　洗礼名イワン [Ivan]）である。彼らは，日本では金や銀が採れ，宝飾品や絹織物が作られることを，千島列島に関する情報とともに伝えた。ピョートル大帝はすでにカムチャツカ半島からさらに千島列島（ロシア名ではクリール諸島）へも関心を示し，探検を命じていた。1711年にはカザーク崩れの盗賊アンツィフェーロフ（Antsiferov）とコズィレフスキー（Kozylevskii）の2人が，犯した罪の許しを得るという意図を持って，サニマ情報を基にカムチャツカ半島から千島列島最北の島（シュムシュ島，占守島）に渡った。その報告からは，日本人（松前藩）が「鎖国」にもかかわらず（密）貿易のためカムチャツカや千島列島まで定期的に出かけ，鉄製品や布地とビーバーの毛皮を交換し，鉱石を採掘している様子が窺える。マトマイ（松前）島すなわち北海道の名も，同じ報告に見られる。

　1713年，今度は正式にピョートル大帝の命を受けたコズィレフスキーは，再び千島を探検した。彼は千島列島の北から3島までを実際に訪れて記録を残すとともに，当時としては精密な日本北部を含む千島列島全体の地図を作成した。そこには松前，津軽，南部，仙台，江戸，伊勢，熊野などの地名が見られるが，東北の地名が多いのは，今回の探検に水先案内人兼通訳として同行したサニマからの情報によると思われる。サニマは千島探検の2年後にペテルブルクに着き，先任のデンベイとともに日本語教師になったと推測される。その後のサニマについては，1736年まで日本語を教えたというほかは何も分からない。最初サニマとともにいたもう1名の日本人についても，その後の情報は一切ない。

薩摩若潮丸のソウザとゴンザ

　次に1729（享保14）年，薩摩から大阪へ米などを運ぶ若潮丸の17名が，嵐のため半年間漂流した末にカムチャツカに漂着し，2人だけが生き残った。32歳のソウザ（宗左あるいはソウゾウ [宗蔵] か？　洗礼名コジマ・シュリツ [Koz'ma

第Ⅱ部　ユーラシアの交流

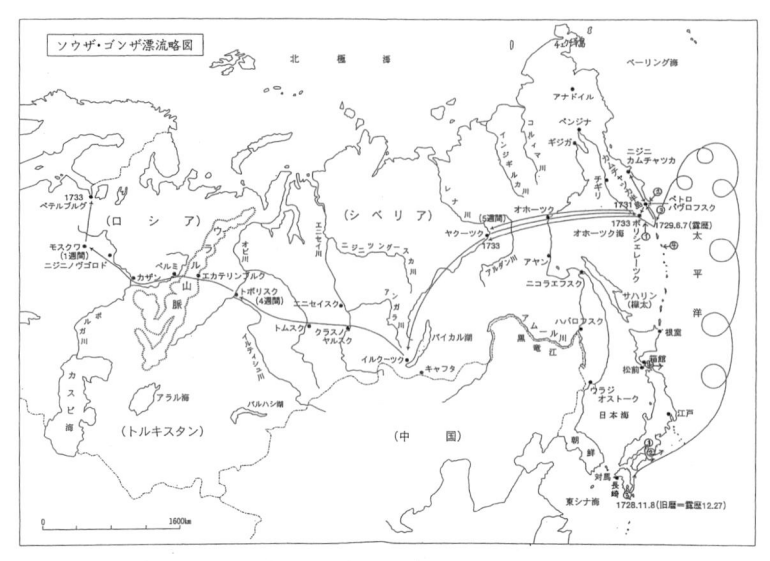

図7-2　ソウザ、ゴンザの漂流とペテルブルグへのルート
(出所)　瀬藤祝『ロシア漂流民　ソウザとゴンザの謎——サンクトペテルブルグの幻影』新読書社，2004年。

Shul'ts])と、11歳のゴンザ(権左あるいはゴンゾウ[権蔵]か？　デミヤン・ポモールツェフ[Dem'ian Pomortsev])である。2人は東シベリアのヤクーツク、シベリア庁が置かれるイルクーツク、西シベリアのトボリスク、モスクワを経て首都ペテルブルクで1734年に女帝アンナ・ヨアノヴナ(Anna IOanovna：在位1730～1740年。ピョートル大帝の姪)に拝謁した。2人はロシア語を習い、1736年に開設されたロシア科学アカデミー付属日本語学校で教えている。生徒は当初フェーネフ(Fenev)、シェナヌィキン(Shenanykin)の2人、後に3人が加わった。ソウザはその年に亡くなったが、ゴンザは1739年にわずか21歳で亡くなるまでの3年間に、科学アカデミー司書で日本語学校主幹アンドレイ・ボグダーノフ(Andrei Bogdanov：サニマに日本語を教わったと推測される)の指導下で、6点の日本語関係著作を残した。そのうちの1点は世界最初の『露日新辞典』(1738年)であり、これは日本では村山七郎訳編『新スラヴ・日本語辞典』(1985年)として刊行されている。1万2000語以上を含むこの辞典に記された日本語は、ゴンザの出身地薩摩の言葉であり、当時のロシア語だけでなく薩摩言葉を研究するためにも貴重な材料となっている。たとえばロシア語の

"znaiu（私は知っている）"には"shicchor（シッチョル）"，"mater'（母）"には"kaka（カカ）"があてられている。その他は日本語単語集，会話集，文法書と，チェコの宗教家で教育者ヤン・コメンスキー（Jan Komensky：ラテン名コメニウス［J. Comenius］）の子ども向け絵入り百科事典『オルビス・ピクトゥス Orbis Pictus』（『世界絵図』）の部分訳である。最後の訳書はボグダーノフがまずラテン語をロシア語に訳し，さらにゴンザの助けを借りつつ日本語に訳したと見られる。なおゴンザは死ぬ前に100ルーブリというかなりの年俸を得ており，丁重に葬られたことが分かっている。

以上の漂民たちについては，日本では明治初期まで紹介されることはなかった。彼ら以外にも日本人が何名かロシアに漂着したことがロシア側の記録に残されているが，どのようにしてロシアにたどり着いたか，ロシアでどのように生きたか等は何も分からない。彼らに該当する日本側の情報もない。

南部佐井の多賀丸漂民

ゴンザの死から6年たった1745（寛保2）年，江戸へ向かう南部藩佐井（下北半島）の多賀丸乗組員（船頭竹内徳兵衛）17名中10名が，嵐に遭い，半年の漂流の末に千島列島北部の温禰古丹島（オンネコタン）に漂着した。彼らはそこで出会ったロシアの毛皮徴税官によってカムチャツカ西岸ボリシェレツクのカムチャツカ長官のもとへ送られ，その地で洗礼を受けた。長官の報告に応えた政府の指示により5名が選ばれて，オホーツク，ヤクーツクを経てペテルブルクへ送られ，科学アカデミー付属日本語学校教師となった。その日本語学校は1754年にシベリアの中心都市イルクーツクへ移転された。シベリア東部や日本も含め北東アジアと近い，というのがその理由である。それまでに3名になっていた日本人教師は，生前のソウザとゴンザのときからの生徒フェーネフとシェナヌィキンの2名とともにイルクーツクへ移った。日本語学校は航海学校に付設して開かれ，校長はロシア人航海士ミハイル・タターリノフ（Mikhail Tatarinov）で，教員（ロシアの文官職名では参議会通訳。武官では中尉に相当）の年俸は150ルーブリであった。他方，ペテルブルク組と別れた漂民中4名はヤクーツクの日本語学校で教えていたが，1761年イルクーツクへ移って日本語学校は統合された。

統合直後がイルクーツクの日本語学校にとり短い最盛期で，日本人漂民教師

第Ⅱ部　ユーラシアの交流

図7-3　多賀丸漂流記念碑
(出所)　月刊デラシネ通信11回前編。

は7名，生徒は1761年に15名，1764年には最多の17名に達した。1765年には，漂民の三之助（ロシア名イワン・タターリノフ）とロシア女性の間に生まれた息子三八（1752生まれ。アンドレイ・タターリノフ）が入学した。1773年頃，5名の漂民教師は各数ページの『日本語単語集』，『日本語会話集』を作成し，三八はそれらを基に全101頁の『レクシコン（露日辞典）』を編集した。1782年に科学アカデミーに受理されたこの辞典は，1000語足らずのロシア語単語と対応する日本語（ロシア文字とひらかなで表記），数詞と月日の呼び名，さらに50例の露日会話文からなる。この辞典から一例を挙げれば，ロシア語で神を意味する"bog"の日本語訳には，"fodoge（ほとけ）"があてられている。

　多賀丸漂民がロシアで生きている，といううわさは日本に伝わった。オランダ商館長が幕府に提出する『和蘭風説書』の1781（天明元）年の項には，漂民がロシアで日本語を教えているとオランダ本国から知らせてきた，と記されているが，これは多賀丸漂民のことかどうかは分からない。その後1785（天明5）年に老中田沼意次が組織した蝦夷地巡察隊に加わった最上徳内の『蝦夷草紙』（1790［寛政2］年）や，19世紀初めに世に出た民俗学者・旅行家の菅江真澄の著書などには，多賀丸漂民のことが記されている。

　菅江真澄は民謡集『ひなの一ふし』（1809［文化8］年）に，次のような「魯斉亜風俗距戯唄（ロシイヤブリヲドリウタ）」を書きとめている。

　　よめをとろなら，にほんのやうに，めぐろ，かみぐろとるがよい
　　サアハラ，サアハラ，サアハラ，サアハラ
　　サアハラ，砂糖をいふとなん

菅江によると，この唄は1778年と79（安永7と8）年，ロシアのシャバーリン（D. Shabalin）の二度にわたる東蝦夷来航時に伝えられたとされる。その唄はロシアに暮らす多賀丸漂民の子どもたちによって，父たちから聞いたが見たことはない故郷の盆踊り唄をまねて作られ，日頃はもの静かに暮らす日本人が盆になると踊りあかした，という。歌詞を見ると，伴侶として黒い瞳，黒い髪の日本女性がよいとされた後，囃し言葉としてロシア語のサーハル（sakhar：砂糖）が繰り返され，「サアハラとは砂糖のことだ」と説明が続く。菅江の雑記帳『かたゐ袋』にも佐井漂民の「をろしやのをどり」が記されている。

シャバーリンはイルクーツクの商人・冒険家で，政府に無断で東蝦夷の根室，厚岸に来航し，松前藩に交易を申し入れた。松前藩は，外国貿易は長崎に限られている，としてシャバーリンの申し出を拒絶したが，帰国前に松前藩からは米・たばこ・酒が，ロシア側からは砂糖が贈られた。シャバーリン自身はアイヌ語を理解し，日本語が分かるアイヌを通訳として乗船させ，さらにイルクーツクの日本語学校で学んだアンチーピン（Antipin），オーチェレジン（Ocheredin）（佐井漂民利八の妻の兄と名乗る）が同行していたので，日露双方は互いの言葉を理解しあったのである。佐井漂民の情報は，後のラクスマンとレザーノフ両使節来航時に，それぞれ送還された大黒屋光太夫たちと津太夫たちによって，日本に直接伝えられた。

4 ロシアにおける日本イメージ

ロシアの北東アジア探検と日本情報

ここで時間的には前後するが，ロシア側の日本への接近の跡を振り返っておこう。「探検家皇帝」とも言うべきピョートル大帝は，地理学に関心が深く，先に述べたサニマを連れたコズィレフスキーの報告を受けて，さらに日本や千島の探検を命じている。ピョートルは死の前年の1724年にも大がかりな探検隊の派遣を命じ，デンマーク出身のヴィトゥス・ベーリング（Vitus Bering）隊長による二度に渡る探検の結果，アジアと北アメリカが陸続きでないことが分かった（ベーリング海峡の確認）。

日本とのかかわりでは，ベーリングの副官マルティン・シパンベルグ大尉

（Martin Shpanberg）率いる別働隊4隻が，日本への航路発見と日本の調査のためカムチャツカから南下したことが挙げられる。その中のヴァリトン（Val'ton：ウォルトン［Walton］）少尉率いる1隻は，1739（元文4）年5月，安房の国天津村（現鴨川市）で住民と接し，ロシアの銀貨やビーズを日本の水，タバコ，キセルと交換した。これがロシア人による日本本土への初上陸であり，その後ヴァリトンの船は伊豆半島沖から紀伊半島沖まで南下している。シパンベルグの船も同年6月に数度，仙台湾に現れて，住民と，また非公式に役人と接した。彼らは金貨，米，タバコ，魚などとロシアの物品を交換し，役人は出されたウォッカを飲み，ロシア料理を食べた。しかし，シパンベルグたちは好奇心いっぱいの日本人群衆に囲まれて，用心のため，上陸どころか，沖で一夜停泊さえせずに立ち去った。これらは「元文の黒船」と呼ばれるが，日本側では異人が何者か分からず，受け取った貨幣をオランダ人に鑑定してもらってはじめてロシア人だと分かった。1742年のシパンベルグの再度の遠征では，日本を本格的に調査するため，日本語学校でゴンザの生徒であり，彼の死後に教師役を務めたシェナヌィキンとフェーネフが通訳として乗船したが，船体故障のため遠征は中止された。

　1771（明和8）年にはベニョフスキー（Benievsky：日本では「ハンベンゴロウ」）事件が起こり，北方の強大な帝国の存在を幕府に意識させ，ロシアへの警戒感をかき立てた。ベニョフスキー男爵は，ハンガリー出身でオーストリア陸軍に勤務する軍人・冒険家だが，戦場でロシア軍の捕虜となりカムチャツカに流刑となった。彼は流刑地で反乱を起こして官船を奪い脱走し（その中に1759年イルクーツクの日本語学校入学者が1人いた），帰国の途中に水と食料を求め阿波，土佐と奄美大島に立ち寄った。その際彼は長崎のオランダ商館にあて，ロシアの南下を強く警告する手紙を送った。手紙はオランダ人に向けたものであったが，ベニョフスキーのロシアに対する復讐の念が，本来の狙いとは違ってロシアに対する日本の警戒感をかき立てることとなり，しかも対日貿易の独占をあくまでも守ろうとするオランダ人の言葉によってさらに強められた。

　このような事態が重なって赤蝦夷に対する日本側の関心が高まり，ロシアや西欧諸国の研究が進められた。シャバーリンの黒船来航を松前藩は幕府に報告しなかったが，うわさはすぐに漏れて，工藤平助の『赤蝦夷風説考』

(1781～1783［天明元～3］年）が出版され、1785（天明5）年から、田沼意次により蝦夷地探検隊が派遣されることとなった。その後、林子平『海国兵談』（1791［寛政3］年）、本多利明『西域物語』（1798［寛政10］年）などが書かれた。

「動乱時代」のロシアに渡った日本人ニコラス

　ピョートル大帝以来ロシアでは、これまで述べたように日本への航路と情報が繰り返し探られたが、ピョートル大帝による西欧化政策の影響が及ばず、伝統的な世界に生きるロシア民衆（ナロード［narod］）の間には日本に関する「白水境（ベロヴォージエ［Belovod'e］）」という伝説が伝えられていた。それによると日本（オポーニヤ［Oponiia］、現代ロシア語ではヤポーニヤ［IAponiia］）は、「正しいキリスト教が守られている理想郷」なのである。この伝説は1807年に初めてロシア内務省の記録に書きとめられているが、その発生は17世紀初めに遡ると見られる。以下ではこの伝説の発生事情をたどり、日本とのかかわりを探ろう。

　先にロシア最初の日本人デンベイと述べたが、実はデンベイより1世紀前、1599年頃から10年以上（日本では関ヶ原の戦い、徳川幕府創設から豊臣滅亡目前の時期）、ロシアに滞在した日本人がいた。その足跡は首都モスクワ、白海に浮かぶソロヴェツキー島、モスクワ北々東200kmほどに位置する古都ロストフ、ヴォルガ川中流の要衝ニージニー・ノヴゴロドに記されている。彼の日本名や生年は分からないが、おそらく1570～1580年代に生まれ、幼時に両親とフィリピンのマニラに渡ったとみられる。彼はキリシタン（カトリック）で、洗礼名をニコラス（Nicholas）といい、アウグスティノ会の修道士となった。16世紀末頃マニラには1000人ほどの日本人が住んでいたと言われる。日本人ニコラスは、カトリック世界では早くも1623年刊行の『日本殉教録』に登場するが、反カトリック色の強い正教国ロシアでは、日本人であってもデンベイ以前の孤立した存在でもあり、日の当たらない存在であった。

　日本人修道士ニコラスは、ローマで開かれる会議に出席するため、その師ニコラス・メロ（Nicholas Mero）神父につきしたがって1597年にマニラを発った。実は彼らの出発前年に、スペイン船サン・フェリペ号に乗り太平洋回りでロー

マでの会議に出席しようとした宣教師が，台風のため土佐浦戸沖に流れ着いた折，スペインは宣教師を領土征服の手先としている，という船員の失言が一因で豊臣秀吉のキリシタン弾圧（長崎の26聖人殉教）を招いた。メロ神父と日本人ニコラスは，この「サン・フェリペ号事件」後に改めてローマ行きの使命を帯び，同号とは反対に海路西進してペルシア湾岸のホルムズに到着した。そこから2人は紅海経由でなく，北進して，サファビー朝ペルシア，ロシアからポーランド経由でローマを目指そうとしたようである。

2人がおそらく1600年の秋から冬にたどり着いたモスクワは，「動乱時代」と呼ばれる未曾有の大混乱の前夜にあった。すなわち，9世紀中頃のロシア建国伝説に始まるリューリク朝断絶，後継ツァーリとして正統性を疑われるボリス・ゴドゥノフ（Boris Godunov）の即位（1598年），異常気象，飢饉，農民やカザークの一揆，そして偽ドミトリー（Dmitrii）の登場に，ボリス・ゴドゥノフの急死（1605年）が続いた。ドミトリーとはイワン（Ivan）4世（雷帝）の末子で，10年以上前に幼くして事故死した帝位継承権者の1人であり，その死は即位前のボリス・ゴドゥノフによって仕組まれたものだ，とのうわさが流れていた。そして偽ドミトリーとは，実はドミトリーは生存しており，自分こそが正当な帝位継承者だ，と主張する僭称者である。彼はポーランド軍の支援を受けて，1605年に首都モスクワのクレムリンでツァーリとして即位し，偽ドミトリー1世と呼ばれた（この件は，プーシキン［A. Pushkin］の戯曲，ムソルグスキー［M. Musorgskii］作曲のオペラで知られている）。

しかしカトリックのポーランドに全面的に依存する偽ドミトリーの支配は反感を買い，1年で崩壊した。その後も第2の偽ドミトリーが登場し，ポーランド軍がモスクワのクレムリンを占拠，王子をロシアのツァーリとして即位させようとするポーランド国王の企てなどが続いたが，ニージニー・ノヴゴロドで結成された国民義勇軍がポーランド軍を撃退した。その翌年の1613年に，ミハイル・ロマノフ（Mikhail Romanov）が諸身分代表からなる「全国会議」で新しいツァーリに選出され，ロシアの「動乱時代」はやっと終わりを告げたのである。日本人修道士ニコラスたちは，反ポーランド・反カトリック感情の高まる中で，逮捕・改宗強要・拷問・ソロヴェツキー島その他への追放，偽ドミトリー即位による釈放とモスクワ帰還，偽ドミトリー失脚による再追放など苦難

第 7 章　江戸から明治・大正期の日露の交流

を経験したが屈せず，ニコラスは 1611 年にニージニー・ノヴゴロドで処刑された。

日本国白水境伝説

では，日本人修道士ニコラスの短い滞露生活が白水境伝説とどうかかわるのだろうか。彼とメロ神父が流されていたソロヴェツキー島の修道院や白海沿岸部をはじめとするロシア北部地方で，住民が彼らから日本について聞いたことが伝説の発端になった，とするソ連（ロシア）の民俗学・文化人類学者の説が，日本人研究者を含めて広く認められている。

白水境伝説は「正しいキリスト教が守られている理想郷日本」というイメージが特徴であるが，この伝説を生み，伝えたのは「分離派」*と呼ばれた人々である。彼らは 17 世紀後半にニーコン総主教の下でロシア正教会が行った典礼改革が正しいキリスト教を損なうとして反対したため破門された。異端とされた分離派教徒に対しては正教会から改宗が強要され，従わないと武力鎮圧のため軍隊が出動した。それに対して分離派教徒の武力抵抗，焼身自殺が相次ぎ，さらに彼らはヴォルガ川東岸からシベリアへ，無人の地へと逃亡・移住して外界との接触を絶ち，閉鎖的な共同体の中で自分たちの「正しい信仰」を守ろうとした。日本人ニコラスたちが流されていたソロヴェツキー島の修道院は，典礼改革後 8 年間，政府軍からの攻撃に対する分離派の武力抵抗の拠点であった。なおソロヴェツキー諸島は 1992 年に世界遺産に指定されている。

19 世紀に書き残された「オポーニヤへの旅案内」という文書には，日本がおおむね次のように描かれている。

「オポーニヤの住民は大洋に囲まれたベロヴォージエというところで，70 ほどの島々に住んでいる。そこには古き信仰を守る人々がおり，ニーコンによる悪しき典礼改革後ロシアから北氷洋経由で信者が渡ってきて，丁重にむかえられている。この地には盗み，騙り，その他の掟違反はない。俗権による裁判は行われず，教会が人々を治めている。この地では地震が起こり，あらゆる大地の実りがある。ブドウや米が育ち，金銀真珠が多く採れる。日本人は他国人を入れず，どことも戦争しない」（中村，1990a）

このような日本イメージには，実際の日本に合っているところ，合わないところの両方が含まれていることは言うまでもない。1898（明治31）年には，伝説の理想郷を求めて長崎にやって来たが，ユートピアを見出せずに帰国したあるカザークの記録が残されている。

分離派信徒は20世紀初めのロシア革命時に2000万から2500万人（帝国総人口1億6000万，そのうちロシア人9000万ほど）を数えたと言われる。また信徒は農民，商人，カザーク，一部の貴族などの身分に多く，地域的には日本人ニコラスたちが流されていた北ロシアから各地に広がったと見られる。西欧化以前の信仰・生活様式を厳守し，ピョートル大帝を古きロシアとその信仰を破壊するアンチキリストと見なし，「固陋頑迷」というイメージで見られる分離派だが，信徒は極めて勤勉であるという一面を備えていた。ドイツの社会学者マックス・ウェーバーが唱えた，資本主義の発展にプロテスタントが大きな役割を果たした，という学説（『プロテスタンティズムの倫理と資本主義の精神』）を念頭に置き，19世紀以来のロシア資本主義の発展に分離派が貢献した，という説も唱えられている（分離派は決して欧米のプロテスタントではないが）。無神論の立場から宗教に対して否定的であった20世紀のソ連時代は，ロシア正教徒，分離派も含めてすべて宗教を信じる者にとり厳しい時代であったが，ペレストロイカからソ連解体で宗教が全面的に復活した今日のロシアでは，分離派の研究も盛んで，国際学会が定期的に開催されている。

* 「分離派」は，正統派である正教会側からの否定的意味を持つ呼称であり，より中立的には，典礼改革前の古いしきたりを守る「古儀式派」，ロシアの「旧教徒」と呼ばれる。

5　ロシアの遣日三使節と日本人漂民たち

伊勢神昌丸漂民大黒屋光太夫たち

18世紀末になると，日露の国家間の接触が始まる。アメリカやイギリスが次第に北東アジアへ進出する中，ロシアもシベリアと当時は領土であったアラスカとの，また中国沿岸部との交易の中継・補給地を求め，日本人漂民を送り返しつつ，江戸幕府に対して開国の呼びかけを繰り返した。もっとも開国まで

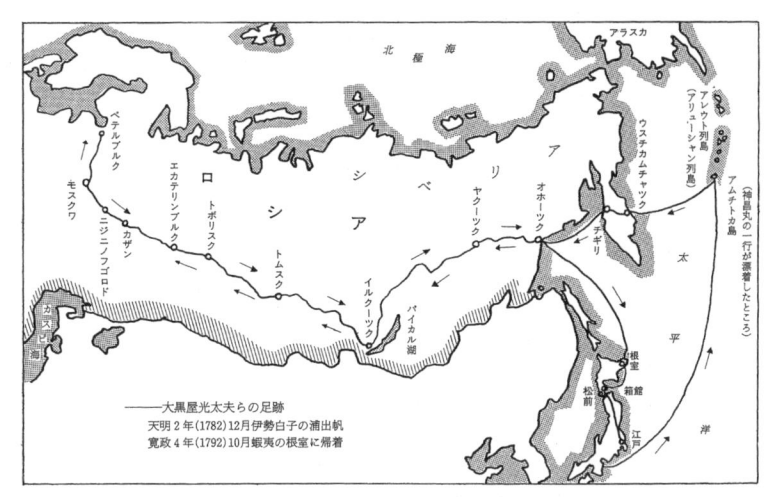

第 7 章　江戸から明治・大正期の日露の交流

図 7-4　光太夫たちの漂流から帰国までのルート
（出所）　桂川甫周・宮永考解説訳『北槎聞略』雄松堂出版，1988 年。

にはさらに半世紀以上が必要であったが。

　佐井多賀丸漂民からほぼ 40 年後の 1782（天明 2）年末，米などを積み伊勢白子港（現鈴鹿市）から江戸を目指した大黒屋光太夫たち神昌丸の 17 名は嵐に遭い，ほぼ半年の漂流後，当時ロシア領であったアリューシャン列島のアムチトカ島に漂着した。彼らはその地で先住民を使って毛皮を収集するロシア人に保護され，5 年後に，生き残った 9 人がイルクーツクに送られた。そこで彼らは多賀丸漂民とロシア女性との間に生まれた子ども数人と出会っている。

　光太夫たちはイルクーツクで，生活の保障と引き換えに改宗して日本語教師として留まるようにと強く求められた。光太夫は彼以前・以後の漂民の誰よりも教養・人格・リーダーシップなどで抜きんでていたことを，彼に接した人々が伝えている。光太夫は当地でスウェーデン出身の博物学者キリール・ラクスマン（Kirill Laksman）の知遇を得て家族同様の扱いを受け，彼の日本研究を手伝った。キリールの親友には，オランダ商館員として来日して江戸まで行き，帰国後『日本紀行』などを著してヨーロッパに日本情報を伝えたスウェーデン生まれの植物学者ツュンベリ（ツュンベルグ［Thunberg］）がいた。キリールは光太夫に，日本の優れた蘭学者として桂川甫周と中川淳庵（いずれも杉田玄白の『解体新書』翻訳に加わる）の名を挙げたが，その情報源はツュンベリであった。

175

光太夫の帰国後，彼が語るロシアでの見聞を『北槎聞略』にまとめたのが奇しくも桂川甫周であるが，それは後の話である。

　光太夫は何度も帰国を請願したが，ロシア側は留まらせようと生活費支払いを停止して圧力をかけ，役人か商人になれと強く勧めもした。そこで光太夫はキリール・ラクスマンの全面的助力を得て首都ペテルブルクへと上り，エカテリーナ（Ekaterina）2世（在位 1762～1796 年）に拝謁して直接に帰国許可を得ることができた。光太夫を，日本に関する学問上の協力者としてだけでなく，家族の一員のように受け入れ私費で援助したキリール，そして実の両親に対するようにキリール夫妻と別れの挨拶を交わし帰国の途についた光太夫の物語は，国・民族・宗教などを超え，人と人とが理解・交流できることを示す例である。なお，光太夫は帰国準備に忙しい中，エカテリーナ2世に招かれてロシアで学術探検・研究に携わるドイツ人 P.S. パラス（Pallas）教授編纂の『欽定全世界言語比較辞典』に記された日本語単語（佐井多賀丸漂民が伝えたもの）を訂正し，新たに約 300 語を追加している。

　光太夫一行中，日本語教師としてイルクーツクに残ったのは庄蔵，新蔵の2人である。庄蔵（ロシア名フョードル・シートニコフ［Fedor Sitnikov］）はイルクーツクへ向かう途中で凍傷にかかった片足を切り落としてかろうじて命を保ち，一行中で最初に正教に改宗した。庄蔵より若い新蔵（ニコライ・コロトゥイギン［Nikolai Kolotygin］）も大病後改宗し，ロシア女性と結婚してロシアに留まった。彼はロシア語習得をはじめ異国の環境になじむのも早く，3人の子どもをもうけ，相当な給料を得ていた。彼は，ロシア科学アカデミーに派遣されてイルクーツクにやって来たドイツの東洋学者クラプロート（H. Klaproth）に日本語を教え，クラプロートが林子平『三国通覧図説』（1775［天明 5］年）をフランス語に翻訳するのを助けている。またイワン・ミレル（Ivan Miller：ドイツ名ミュラー［Müller］）『日本と日本の貿易について，または日本諸島最近の史的・地理的叙述』（1817 年）という小冊子には，校閲者として 9 等官＊コロトゥイギン（新蔵）の名が留められている。新蔵はロシア語の読み書きは不自由なかったようだが，光太夫ほどには教養を積んでおらず，漢字が読めなかった。後述する遣日使節レザーノフ（N. Rezanov）が携えてきたロシア皇帝アレクサンドル（Aleksandr）1世から将軍あての国書は新蔵によって日本語に訳されてい

たが，その訳文は日本側では全く理解されなかった。新蔵，庄蔵については，次にイルクーツクにやって来た仙台若宮丸漂民が帰国後，『環海異聞』で伝えている。

* ピョートル大帝が制定した能力主義に基づく「官等表」のランク。「官等表」は文武の役職を1等官から14等官に分け，門地ではなく，勤務年限と功績によって14等官から昇進する制度であり，1917年の革命まで存続した。新蔵の時代に，9等官には一代貴族の資格が与えられていた（8等官以上が世襲貴族）。

日本におけるロシア学の始まり

　光太夫，磯吉，小市の3人は1792（寛政4）年，10年ぶりに帰国した。ただし小市は北海道の根室まで帰りながら，正式な帰国手続き前にその地で病死した。エカテリーナ2世の命を受け，最初の遣日使節として3人の漂民を送還するとともに幕府と交渉の糸口を探ろうとしたのは，キリールの次男アダム・ラクスマン（Adam Laksman）陸軍中尉であった。ラクスマン使節一行中には，案内役として前記のシャバーリンと，通訳として佐井漂民とロシア女性の子であるトラペーズニコフ（Trapeznikov）とが同行していた。幕府は光太夫たちを引き取り，通商は拒否したが，老中松平定信の判断で次回にロシア船1艘の長崎入港を許可する信牌をラクスマンに与えた。

　光太夫と磯吉は江戸へ送られて，将軍家斉や老中松平定信の前で10年間のロシア体験を語り，江戸番町の薬園内に住まいを与えられて生涯を過ごした。幕府は彼らのロシア情報と語学力を，必要に応じて役立てようとしたと見られる。帰国後の彼らの日々は，井上靖の小説『おろしや国酔夢譚』（1968年）に書かれているような厳しい監禁生活ではなく，経済的に保障され，結婚し，蘭医大槻玄沢の塾「芝蘭堂」で催されたオランダ正月（太陽暦による新年会）に出席するなど，蘭学者その他の知識人との交流もあった。さらに2人は伊勢への一時帰郷も果たしたことが，後年発見された資料により明らかになっている。彼らが語り，桂川甫周が書きとめた『北槎聞略』は，当時としては画期的なロシアの政治，官制，経済，風俗，言語，民族など多岐にわたる生きた情報をもたらした。この書は日本におけるロシア学の本格的な一歩と言われる。ロシアからの接触，蝦夷地の国境問題などが生じる中で，幕府はオランダ情報だけで

は世界情勢を知るには不十分と感じ，英語やロシア語の通詞（通訳で税官吏）育成に取りかかった。光太夫は，幕府のオランダ語通詞馬場佐十郎にロシア語の手ほどきをしている。ロシア学はより広くヨーロッパ学へとつながっていった。ロシアは国を閉ざしてきた日本に対して，ヨーロッパの国として大きな刺激を与えたのである。

遣日使節レザーノフと仙台若宮丸漂民

光太夫たちの帰国の翌年末，16名が乗り組んだ若宮丸が仙台藩の石巻港から江戸へと向かう途中で嵐に遭い，6カ月漂流した後，1794（寛政6）年アリューシャン列島中のアンドレアノフスキー諸島に漂着した。彼らはこれまでの漂民と同じくカムチャツカ，オホーツク，ヤクーツクを経てイルクーツクへ送られ，この地で8年近く滞在した。この間，彼らは支給される食費以外の生活費を日雇い仕事で稼いでいた。日本人漂民に対するロシア側の扱いが，光太夫以後変わったのである。日本語学校では新蔵が6名のロシア人生徒を教えており，それ以上に教師はいらなかったものと思われる。若宮丸漂民の生存者13名は1803年に首都ペテルブルクへ呼び出され，帰国希望者は送還されることとなった。首都に着いた10名中，津太夫をはじめ4人が皇帝アレクサンドル1世の前で帰国を希望すると，皇帝はもっともなことだと好意を示したが，残留希望者には言葉もかけなかった。ロシア政府は，漂民送還をロシアの友好の証とし，アダム・ラクスマンが持ち帰った信牌を活用して日本との国交樹立の方針を立てた。ここにピョートル大帝の構想に起源を持つ日露の国と国との正式な接触が始まったのである。

第2の遣日使節レザーノフが上記の信牌と皇帝アレクサンドル1世の国書を持って長崎に来航したのは，1804（文化2）年9月であった。なお，先年アダム・ラクスマンが携えてきたのは，エカテリーナ2世の意図によりシベリア総督名の書簡であった。レザーノフは，シベリアと北アメリカ（アラスカ）を舞台として植民地を経営するロシアの国策会社「露米会社」の長でもあり，日本との通商の道を開いてアラスカ経営にてこ入れすることをも目指していた。彼はペテルブルクから長崎まで約1年3カ月に及ぶ大航海の間，若宮丸漂民でロシア正教に改宗し通訳となった善六（ロシア名ピョートル・キセリョーフ［Petr

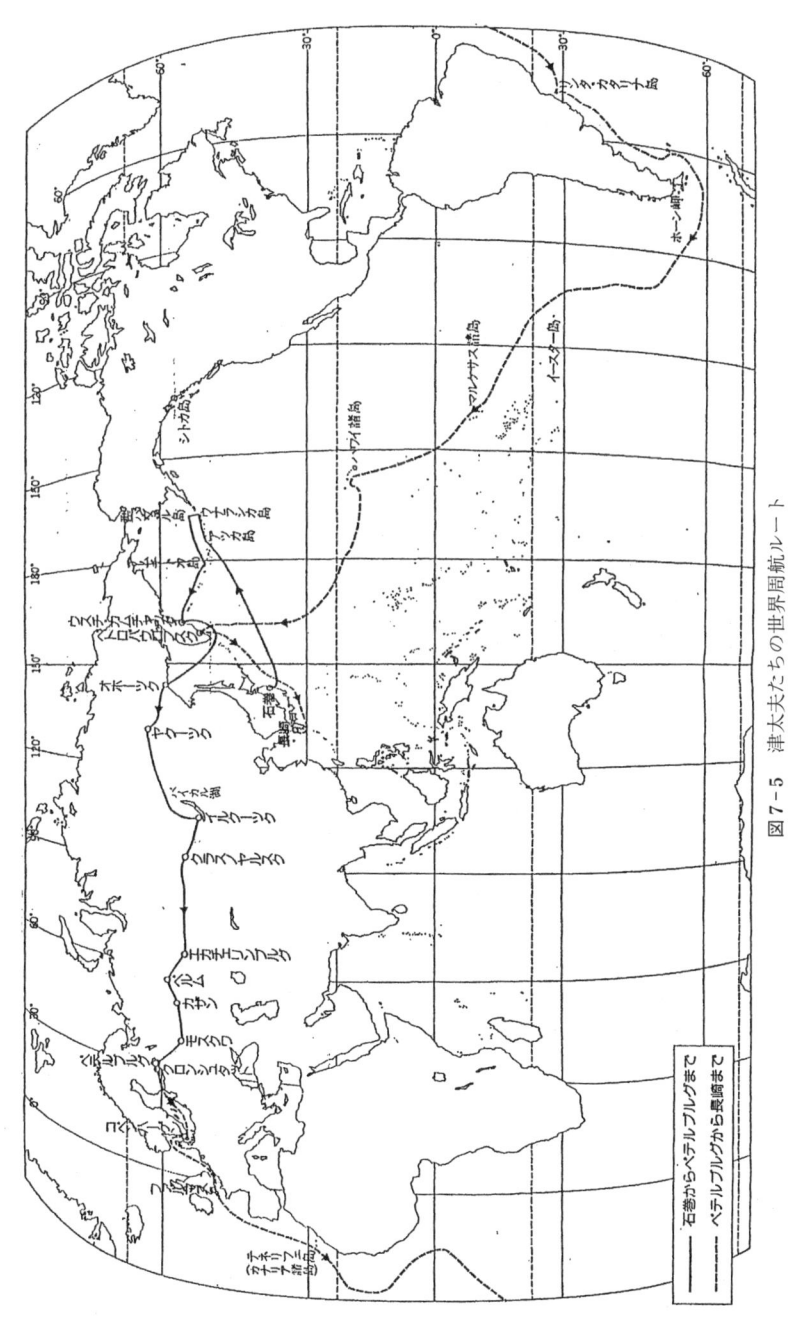

第7章　江戸から明治・大正期の日露の交流

図7-5　津太夫たちの世界周航ルート

（出所）加藤九祚『初めて世界一周した日本人』新潮社、1993年。

Kiselev〕) から日本語を習い，日本語会話帳と5000語におよぶ単語集を作成して対日交渉に備えている（なお善六はオホーツクの港で船を降ろされ，長崎までは来ていない。改宗した彼が日本で幕府に捕えられることを危惧し，イルクーツクの日本語学校で働くようにとのレザーノフの配慮による措置であったと考えられる）。しかしレザーノフは，予想に反して長崎で幕府の交渉引き延ばし（長崎－江戸の連絡時間を含む）と上陸制限にあい，療養のためやっと上陸できた後も厳しい監視など様々な束縛を受け，信牌を取り上げられ，二度と来るなという言葉とともに半年後に追い返された。

レザーノフは，2艘の帆船でロシア初の世界周航・調査を試みるクルーゼンシテルン（I. Kruzenshtern）艦長の旗艦ナジェージダ（希望）号に乗って来日したのだが，航海中，2人は権限をめぐって対立を繰り返し，船上でレザーノフは孤立した。2人の対立はまた，同船で送還される津太夫たち4人と，ロシア側の通訳として乗船している善六との対立にも重なった。対立はカムチャツカ到着後，レザーノフの訴え・調査・尋問の結果，クルーゼンシテルンの公的謝罪で幕が引かれた。なお，高田屋嘉兵衛（後述）を主人公とする司馬遼太郎の歴史小説『菜の花の沖』（1982年）では，嘉兵衛の運命にかかわって登場するレザーノフへの評価は極めて厳しく，他方クルーゼンシテルンは最大限に評価されている。司馬『ロシアについて：北方の原型』（1986年）でも同様である。その理由は，彼は執筆にあたりクルーゼンシテルンの世界周航記の邦訳を資料として利用したが，レザーノフ側の資料は当時ロシアでも未公開で，邦訳も当然なかったことにあろう。つまり司馬は対立する一方の側の証言しか利用できなかったのだが，レザーノフの資料が公刊されて彼への評価が改められつつある今日ならば，いささかでも違う書き方ができたと思われる。

若宮丸の津太夫たちはアリューシャン列島漂着後，シベリアを横断してペテルブルクに至り，さらにバルト海，大西洋，太平洋を航海して帰国した。彼らはアジア，ヨーロッパ，アフリカ，南北アメリカと5大陸に足跡を記し，日本で最初に世界を一周したことになる。その途中彼らは，ペテルブルクでは有人熱気球の飛行やプラネタリウムを見物し，船が流されたために北極圏と南極圏に乗り入れて氷山を見，ホーン岬を通過し，赤道地帯の酷暑を味わい，20以上の人種に会うなど，いずれも日本人として初の体験を重ねている。彼らの見

聞は仙台藩の蘭学者大槻玄沢と儒学者志村弘強により『環海異聞』にまとめられた。同書は光太夫・磯吉と桂川甫周による『北槎聞略』と同じく，庶民によるロシア見聞記である。ただし，対象がロシアに限られる『北槎聞略』よりも広い世界を見た『環海異聞』は，同時代のヨーロッパで学者や外交官によって書かれた多くの日本関係の著作と比べても引けを取らない，と評価されている。なお，若宮丸漂民はイルクーツクで光太夫一行中の庄蔵，新蔵と生活をともにしている。ロシア側が日本との通商を積極的に推し進めるため漂民送還へと方針を変えたので，若宮丸以後には漂民が日本語教師となることはなかった。

レザーノフの怒りと「文化魯寇」

　日本との通商関係樹立のため準備を怠らず，自信を持って来航したレザーノフにとって，日本側の態度はヨーロッパの外交儀礼に照らし信じられないものであった。彼は非ヨーロッパ的な異文化理解の難しさを身にしみて味わったことだろう。しかも彼は，長崎で接した日本側の通詞から，幕府の態度がラクスマン来航時と変わったのは現老中戸田氏教の意向であり，幕府の方針は通商を望む日本の民衆にはたいそう不人気であると聞いていた，ということが今日では明らかになっている。レザーノフは，慣習を盾に拒み続ける幕府に対しては一種のショック療法で開国の手がかりを得ようとし，蝦夷地の日本人居留地を攻撃して日本人を拉致するよう部下に命令した。しかし，この攻撃命令はあらかじめ皇帝の許可を得たものではなかった。レザーノフはその後あいまいな表現で攻撃命令を撤回し，皇帝への直接説明と許可を求めて首都を目指しシベリアを西へと旅立った。しかし日本への航海中から健康を害する身であった彼は，エニセイ川畔のクラスノヤルスクまでたどり着いたところで病死した。彼の日記をはじめ重要な資料は2世紀近くもその地で眠ったままであったが，同地の研究者によって1995年に公刊された。その一部は『日本滞在日記1804-1805』（大島幹雄訳，岩波文庫，2000年）として読めるようになっている。

　レザーノフの部下フヴォストフ大尉（N. Khvostov）とダヴィドフ少尉（G. Davidov）の2人は，上官の最初の命令によって，1806年から翌年（文化4〜5年）にかけ樺太や択捉島の日本の会所，利尻島で船を襲撃して略奪・放火し，数人の日本人を捕えてロシアに拉致した。これがいわゆる「文化魯寇」であり，

日本人のロシア（人）恐怖・脅威・嫌悪の感情を生み出す契機となったと言われる。18世紀後半の田沼時代頃から北方地域を視野に入れるようになった幕府は，北からの「赤蝦夷」進出に対抗して，すでに1799（寛政11）年に東蝦夷（北海道の太平洋岸と千島）を松前藩から召し上げ直轄地としていた。さらに「文化魯寇」後には西蝦夷（北海道の日本海側と樺太）をも直轄地として，東北諸藩に命じ北方警備を強化させた。

ゴロヴニーン事件と高田屋嘉兵衛・リコルドの友情

「文化魯寇」で日本側が緊張しきった折に，千島列島を南下しながら測量を続けていたロシア船ディアナ号が，1811年に水と薪を求めて国後島に上陸した。日本側は彼らをむかえ入れるそぶりを見せて，艦長ゴロヴニーン（ゴローニン [V. Golovnin]）海軍少佐たち7人と通訳のアイヌ・オロキセを捕えた。艦長を失った副官リコルド（P. Rikord）は，翌年，国後島沿岸を航行する高田屋嘉兵衛の観世丸を発見して拿捕し，船長嘉兵衛以下6人を拉致した。淡路島出身の高田屋嘉兵衛は，函館など北海道の開拓・北前船による上方や江戸との通商，国後島航路の開拓や海産物取引など，幕府に大きな利益をもたらす大商人であった。嘉兵衛，リコルドの両人は，敵対する立場にありながら互いの言葉を学びあい，協力して翌年ゴロヴニーン釈放を成功させた。釈放の条件として嘉兵衛は，襲撃や拉致がロシア側の公的な方針によるものではないと確認する文書が必要と考え，リコルドの努力によってそのような文書を入手し，松前藩を通じ幕府に提出した。この問題解決の道は，まさに幕府が考えたものと一致していた。一民間人にすぎない嘉兵衛が，囚われの身でありながら日露両国の交渉を無事に成功させたことは高く評価されることである。リコルドは手記で嘉兵衛を「日本にはあらゆる意味で人間という崇高な名で呼ぶにふさわしい人物がいる」と絶賛している。

なお，ゴロヴニーン釈放交渉のため函館にやって来たリコルド一行中には，仙台漂民の善六（キセリョーフ）が通訳として加わっていた。彼は20年ぶりに日本の地を踏んだことになる。そのほかにも彼は，1804（文化元）年に北千島に漂着した南部藩牛滝村（現青森県佐井村）の慶祥丸乗組員や，「文化魯寇」でロシアに捕えられた五郎治（牛痘を持ち帰り，種痘を行ったことで知られる）たち

第7章　江戸から明治・大正期の日露の交流

の世話をし，帰国を助けたことが知られている。

ほぼ2年3カ月ぶりに解放されたゴロヴニーンは，帰国後『日本幽囚記』を著した。同書はロシア語からドイツ語，オランダ語，英語，フランス語，スウェーデン語に翻訳され，当時最新の日本情報をヨーロッパに提供した。40年ほど後に幕府に開国させたアメリカのペリー提督も『日本幽囚記』を熟読していたという。ゴロヴニーンはその著で，囚われの身でありながら冷静に観察した日本および日本人論を展開している。同書オランダ語版は馬場佐十郎，村上貞助たちにより『遭厄日本紀事』という書名で1825（文政8）

図7-6　『日本幽囚記』に掲載された嘉兵衛の肖像
（出所）『高田屋嘉兵衛翁伝』高田屋顕彰館・歴史文化資料館，2009年。

年に翻訳されているが，訳者たちは松前でゴロヴニーンからロシア語を習った幕府の通詞である。

ゴロヴニーン釈放は日露の関係を最も良好なものにし，幕府は，通商こそ認めないが国境を確定しようと，翌年の再会を約束したが，北海の悪天候に妨げられて両国間の連絡が取れず，関係は途絶えてしまった。同じ頃，ロシアでは1816年にイルクーツクの日本語学校が閉鎖された。理由は，学校経営の経費がかさむにもかかわらず日本語教育が成果を挙げていない，と見られたことである。新蔵（コロトゥイギン）が死んだ1810年には生徒は2人だけで，彼らの日本語のレベルは永年学んでいるにもかかわらず実用には遠かった。善六（14等官）は，新蔵の後任に任命されたが無給となり，数年後には勤務先もなくなってしまったのである。

プチャーチンと日露の国交樹立

ゴロヴニーン事件の解決後ほぼ40年，日本に開国を求めるロシアからの公

第Ⅱ部　ユーラシアの交流

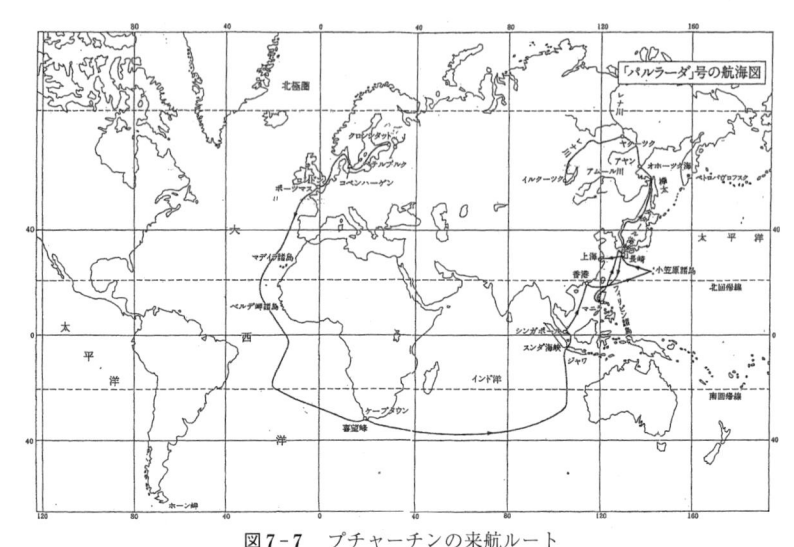

図7-7　プチャーチンの来航ルート
（出所）　和田春樹『開国――日露国境交渉』日本放送出版協会，1991年。

式な働きかけは途絶えていた。ロシアでは1812年にモスクワまで攻めこんできたナポレオン軍を打ち破った皇帝アレクサンドル1世が1825年に没した。ナポレオンを追ってパリまで進撃し、革命後のフランスを見たロシア軍の一部将校が、次の皇帝ニコライ1世即位までのわずかな空白期間に自由を求めて「デカブリストの乱」を起こし、以後ニコライは国内秩序を厳しく固めた。他方、対外面でロシアは「ウィーン体制」の名で知られるナポレオン後のヨーロッパ国際秩序を支え、極東への関心を弱めた。露米会社の船が数度、日本人漂民を送還してきたが、幕府は漂民を受け取るだけで、国交はかたくなに拒否し続けた。

　1853（嘉永6）年6月、アメリカのペリーの「黒船」が浦賀に来航して日本中にショックを与えた。その翌月、ロシアから第3の使節プチャーチン（E. Putiatin）海軍中将がパルラーダ号で来航し、翌年伊豆の下田で国交交渉を行った。彼はまず長崎に来航するという手順を踏み、交渉に臨む態度もペリーに比べると終始紳士的であった。永年にわたる祖法と称する「鎖国」を解いてすでにアメリカ、イギリスと和親条約を締結した幕府は、外国奉行川路聖謨たちをロシアとの交渉の場に派遣し、1855（安政元）年に下田で日露通好（または和親）条約を結んだ。これにより下田、箱館（現函館）、長崎の3港が開かれ、千

島列島の択捉島とウルップ島の間が国境とされ，樺太はこれまで通り日露雑居地と定められた．なおプチャーチン一行中には，「余計者」を主人公とする小説『オブローモフ』で知られる作家ゴンチャローフ（I. Goncharov：プチャーチンの秘書役．帰国後『日本渡航記』を出版），作曲家リムスキー＝コルサコフ（N. Rimskii-Korsakov）の兄（ヴォストーク号艦長）が加わっている．

交渉中に起こった安政大地震・大津波のため，乗船ディアナ号は下田沖で破損し，乗組員に死傷者を出したが，プチャーチンは日本人数名を救出し，乗船していた医師による治療を申し出た．これが日本側のロシアに対する好印象を生んだ．ディアナ号は修理のため曳航される途中で沈没したため，伊豆半島西岸に位置する戸田村（現沼津市）に約500名の乗組員が半年近く滞在した．この村でロシアの乗組員と戸田村の大工の協力の下，ディアナ号よりかなり小型の洋式帆船が約3カ月で建造され，「ヘダ号」と名づけられたこの船でプチャーチンは帰国した．言葉が通じなくても，両国人が船造りという共通の作業を通して見事に交流を果たしたのである．建造にかかわった現地側では，江川太郎左衛門の名も見られる．ヘダ号建造は日本にとって初めての近代的船舶建造の経験となり（薩摩藩による洋式造船を除く），今日この地の造船郷土資料博物館にはディアナ号の錨やヘダ号の模型，プチャーチンや彼の死後に当地を訪れた娘オリガにまつわる記念の品々が展示されている．プチャーチンは1858（安政5）年の日露修好通商条約をもロシア側の代表として締結するなど，日本との縁は深く，1881（明治14）年には外国人で初めて勲一等旭日章を受けている．

6　文明開化期の日本とロシア文化

宣教師ニコライと日本ハリストス正教会

幕府による開国でロシア船の寄港先に指定された港の1つである箱館には，ロシア領事館が置かれ，初代領事ゴシケーヴィチ（Goshkevich）が赴任した．館内にはロシアの国教である正教の聖職者が不可欠であり，そのため1861（文久2）年に来日したのが25歳の修道士ニコライ（Nikolai：俗名イワン・カサートキン［Ivan Kasatkin］．1880年に主教，1906年に大主教と昇叙）である．彼によって日本ハリストス正教会が創設された（ハリストスはギリシア語，ロシア語のキ

第Ⅱ部　ユーラシアの交流

図7-8　ニコライ大主教
(出所)　鐸木道剛監修『山下りんとその時代展　日本〜ロシア／明治を生きた女性イコン画家』読売新聞社，1998年。

リストの日本語表記)。彼は後年，自分が日本に関心を持ったのは神学生時代にゴロヴニーンの『日本幽囚記』を読んだため，と述べている。ニコライ来日時の幕末日本では，まだキリシタン禁令が撤回されておらず，また各国の外交官や民間人に対してしばしば攘夷が実行されるような情勢であった。

　来日したニコライはまず徹底して日本語を学んだ。その教材となったのは『古事記』，『日本書紀』，『大日本史』，『論語』，『孟子』，『中庸』，諸仏典，小説，歴史書，哲学書などで，彼は当時の日本語を読み・書き・話す能力だけでなく，古典の日本語をも読む力を身につけた。その活動は領事館内に留まらず，箱館の人々に英語を教えつつ，日本に正教を伝道するための準備にあてられた。箱館時代に，彼はごく短期間ではあるが，新島七五三太を領事館に住まわせて英語と日本語を互いに教え合い，1864（元治元）年に彼がアメリカに密航する手助けをしている。新島七五三太とは後年，同志社英学校（同志社大学の前身）を創設する新島襄のことである。

　当時，土佐出身の攘夷論者で江戸を経て箱館まで流れ着いた澤辺琢磨という人物がいた。彼はこの地で宮司の家に婿入りした身であり，日本人にキリシタンの教えを吹き込んでいるヤソの坊主をたたき切る，と言って刀を腰にニコライのもとに乗り込んだ。ニコライは澤辺に，正教の教えを知っているのか，その内容を聞かねば邪教かどうか分からないだろう，と言って教えを説きはじめた。3日目に澤辺はニコライの語るところを書き写しだし，ついには日本人最初の正教徒の1人となった（1868［慶応4］年）。洗礼名をパウェル（パーヴェル，パウロ）という澤辺の父方の従兄弟は坂本龍馬，母方の従兄弟の夫は武市半平太になる。澤辺は後に日本人最初の正教聖職者（1875［明治8］年）ともなり，

ニコライの下で伝道に努めた。

　ニコライの教えはまず北海道から仙台を中心にして東北各地に伝わったが，1872年，彼は伝道の拠点を東京に移し，1891年には神田駿河台にビザンティン様式の東京復活大聖堂（ニコライ堂の名で知られる。重要文化財）を建立した。建立を援助したロシア人の中に，ニコライと親しいプチャーチンの名も見られる。設計監督は鹿鳴館と同じイギリス人建築家ジョサイア・コンドル（Josiah Conder）であった。高層建築がまだない時代のことで，高台にそびえるニコライ堂は，皇居を見おろすとは畏れ多い，と言われたものである。彼の伝道の成果は，来日32年後に日本のキリスト教信者13万人中のほぼ20％にあたる2万5000人余りが正教徒であったと，内務省調査に示されている（長縄, 1989 : 13）。ロシアから伝わったキリスト教ということで，日露戦争勃発前から信者がスパイ視され，嫌がらせや直接的な攻撃がしばしば起こったが，ニコライの日記によれば，1911年に信者は3万人を超えている。しかも大勢の外国人宣教師を擁するカトリックやプロテスタント諸派の教会とは異なり，正教会では，数年ごとに来日・帰国するロシア人聖職者1，2名を除き，もっぱらニコライ1人が日本伝道を担ったのである。彼は明治が大正に替わる年に没し，台東区谷中の墓地に眠っている。ニコライ堂で行われた葬儀には，明治天皇からの生花が供えられた。

　ニコライは1870年から死の前年まで，数年間を除いて日記を残しており，それらはすべて日本語で読めるようになっている（中村健之介ほか訳『宣教師ニコライの全日記』教文館，2007年）。その日記は彼が日本ハリストス正教会を築く過程と同時に，彼の目を通して見た明治の日本各地の姿を伝えている。半世紀を日本で過ごしたニコライは，キリスト教各宗派の宣教師中でもひときわ大きな存在であった。彼は明治政府高官とも親交があり，外務卿副島種臣，陸軍卿西郷従道の子弟などの教育にかかわっている。文明開化の風潮の中で，キリスト教は全体として，先進的な欧米文化・文明を伝える手がかりでもあった。音楽面での一例を挙げれば，混声四部合唱が日本の音楽界に伝えられたのは，すべて歌でもって奉神礼（礼拝，ミサ）を進める正教会からであった。つけ加えれば，正教会の奉神礼では今日でも楽器は一切用いられないが，これは，神から与えられた人間の声が一番美しい，という正教会の考えに基づいている。パ

イプオルガンなどの楽器を発達させたカトリックやプロテスタントの教会音楽とは，同じキリスト教でも異なる点である。

しかし信者数から見ると，日本における正教は，カトリックやプロテスタントに比べてその後伸びていない。その要因としては，これまで述べたような交流の事例にもかかわらず，あるいはその事例ゆえに生み出されたロシアへの嫌悪感や恐怖感，あるいは優越感とともに，日清戦争後の三国干渉，日露戦争，そして1917年の革命と社会主義ソ連の誕生といった政治・外交上の動きが挙げられよう。

さらに，正教というキリスト教の性格が，文明開化を推し進める日本には合いにくかったことも考えられる。正教とカトリックとの違いについては第2節で触れたが，時代に対応して変わるのでなく，変わらないこと，原始キリスト教の姿を変わらず守ることが正教にとり最も重要であったことを思い起こそう。しかし文明開化の日本では，近代以後，世界を支配する欧米の物質文明・制度を受け入れることが最優先され，その国々のキリスト教（カトリック，プロテスタント）は日本の進む方向に適合していたが，控え目な正教には条件が不利であったと言える。しかもロシア帝国がイギリス，フランス，プロイセン（ドイツ），アメリカなどに比べ欧米諸国中でいわば第2グループに位置するという認識は，明治政府が岩倉具視を団長に木戸孝允・大久保利通・伊藤博文などを欧米に派遣した使節団の報告書（久米邦武編『特命全権大使 米欧回覧実記』）に早くも表れている。また，戊辰戦争後成立した明治新政府は官軍である薩長を中心としており，賊軍とされた東北諸藩はことごとく冷遇されたことはよく知られている。そして正教が広まったのは，元来地理的位置や気候，さらに経済的にも不利な条件下にあった東北・北海道が中心であることは，明治時代・社会の風潮を反映していると考えられるのではないか。

イコン画家山下りん

最後に，ニコライの指導を受け，おそらく女性で初めてロシアに留学した山下りんを取り上げよう。彼女は笠間藩（現茨城県）の下級武士の家に生まれ（1857〔安政4〕年），絵を習おうと15歳で家出して1人江戸へ向かうほど，情熱と才能を備えていた。東京では初め，浮世絵師や大和絵師の下に住み込みで

第7章　江戸から明治・大正期の日露の交流

弟子入りするなど苦労を重ね，1877（明治10）年，工部美術学校＊に女子の第1期生として入学した。同校には短期間ではあるが，イタリアから印象派の風景画家アントニオ・フォンタネージ（Antonio Fontanesi）がお雇い外国人教師として招かれており，りんはその指導を受け，同期の女子学生中一番の成績を収めて

図7-9　フォンタネージ送別記念写真
（後列中央　フォンタネージ，前列右端　山下りん）
（出所）　図7-8と同掲書より。

いる。また在学中にりんは，おそらく同期の親友山室政子の影響で正教徒となり，イリナ山下りんとなった。りんに洗礼を授けたのは，言うまでもなくニコライである。りんの運命は，ニコライからロシア帝国の首都ペテルブルクのノヴォジェーヴィチ修道院へ行き，イコン画家としての修業をするよう勧められたことで大きく動いた。出発は約2カ月後，1880（明治13）年末のことであった。

　明治になって外国留学した女性には，たとえば前記岩倉具視たちの遣欧使節団に同行してアメリカに渡った津田梅子（帰国後，津田英学塾，今日の津田塾大の祖となる）たちがいるが，ロシアに留学した女性はりん以前には知られていない。彼女は，帰国するロシア人聖職者（妻は日本人）一家に同行しての旅の間，聖職者の子どもの守役をさせられ，しかも彼女だけ休むべき船室の割り当てもなく，食堂にも入れず厨房で残飯を食べながらも，行く先々での見聞を手短に日記に記し，スケッチを残している。横浜を出港し，シンガポール，セイロン島，ゴアを経てスエズ運河からポートサイドへ，さらに地中海，黒海を渡りウクライナを北上してモスクワを過ぎ，ペテルブルクに至る3カ月の旅であった。

　ペテルブルク到着後間もなく，りんが街中で耳にした爆発音は，ナロードニキ革命家「人民の意志」派が皇帝アレクサンドル2世を暗殺した爆弾の破裂音であった（1881年3月1日。西暦では13日）。彼女が当地で落ち着いたノヴォジェーヴィチ修道院は，18世紀後半創設の格式高く，豊かな修道院である。彼

189

女が習う正教のイコンは美術画ではなく、それを通して信者が神と交わる宗教画であり、男女の修道士が祈りつつ制作にあたる。正教会内部、信徒の家庭ではイコンが不可欠なのである。

　実は彼女がペテルブルク行きを受けたのは、イコン制作修行だけでなく、修道院に教えに来る美術アカデミー教授の指導で近代絵画を学ぶとともに、エルミタージュ美術館（今日では世界遺産に指定）で名画を見られるという動機があったことは疑えない。事実、彼女は何度かエルミタージュに通って名画を模写し、美術アカデミーの学校への通学許可も手に入れた。しかし、りんの行動は修道院の規則と合わない点が生じ、間もなくエルミタージュ通いは禁止され、美術学校通学も辞退を余儀なくされた。そもそもフォンタネージに習った近代絵画（りんの日記の表現によれば「イタリヤ画」）と、伝統的な様式・テーマをもとに画家の個性を消して描き、画家のサインすらない宗教画イコン（同じく「ギリシヤ画」＝「ヲバケ画」）との大きな違いが、彼女を引き裂いた。その上、画家としての生来の才能と東京の美術学校での勉強は、修道院の同僚やときには指導する立場の高位修道女よりも自分の方が絵の腕は優れている、という自負を彼女に抱かせ、それが態度に表れることもあったようである。ロシア語でスミレーニエ（smirenie：謙遜、謙譲）という徳目を重視する正教世界で、これはあるべき態度ではない、とされたであろう。それだけでなく、日本とロシアの習慣や感性の違いも重なり、りんは修道院内で孤立した。精神的なストレスとともに気候も含め慣れない異国での生活で、彼女は健康を害し、パスポート申請時は5年とした留学生活を2年で打ち切らざるをえなかった。

　帰国後のりんはニコライ堂の側にアトリエを得て住み、20年以上イコンを描き続けた。彼女の手になるイコンは、ニコライ堂に掲げられたものは1923（大正12）年の関東大震災ですべて焼失したが、今日、日本国内の正教会に250点以上が確認されている。ロシア滞在中は何かとトラブルに悩まされたが、帰国後りんは修道院での生活を懐かしみ、指導役の副院長姉妹と深い精神的つながりを窺わせる手紙を残している。

　彼女の帰国（1883年）時に日本では、鹿鳴館に代表される文明開化・洋化への反動から国粋主義の風潮が高まって洋画が排斥され、彼女が学んだ工部美術学校も同年廃校になった。そのきっかけとなったのは、彼女の帰国前年に行わ

れ，日本画を高く評価したフェノロサ（Fenollosa）の講演「美術真説」であった。洋画家にとっての激震の下で，彼女は帰国翌年，イコンに集中する前に銅版画を学ぶという理由で一時正教会を離れているが，これは試行錯誤の時間を持ったものと思われる。この間の仕事の一例として，ドイツの文豪ゲーテ（Goethe）の作品として初めて日本語に訳された『ライネケ狐』（井上勤訳述，邦訳書名は『独逸奇書　狐の裁判』1884 ［明治 17］年，繪入自由出版社）のために，原書挿絵を写した石版挿絵の下絵が残されている。

　日本ハリストス正教会唯一のイコン画家としてのりんへの評価は，ニコライの日記に何度も記されているほど高いものだった。りんの作品で，訪日したロシア皇太子ニコライ（後のロシア帝国最後の皇帝ニコライ 2 世）に日本ハリストス正教会から献上されたイコン「ハリストス復活」の運命は，歴史の変転を映し出している。そもそもこのイコンが献上される直前，皇太子が滋賀県大津市訪問中に沿道警備の巡査津田三蔵にサーベルで切りつけられる大津事件が起こった（1891 ［明治 24］年 5 月 11 日）。イコンは事件後にニコライ主教と日本ハリストス正教会の代表から，神戸港停泊中のロシア軍艦アゾフ号上で皇太子ニコライに贈呈された。皇太子はこのイコンがたいそう気に入り，1917 年にロシア 2（3）月革命で退位するまで宮殿に掲げていたと言われる。革命後，無神論によって宗教を排斥したソ連時代にこのイコンは行方不明となっていたが，エルミタージュ美術館に保管されていることが，ゴルバチョフによるペレストロイカ期に確認された。

　1917 年のロシア 10(11) 月革命で無神論・社会主義を掲げるレーニンたちボリシェヴィキが政権を奪取し，900 年以上続いたロシアの国教を否定した。ロシアの母教会とのつながりを絶たれた日本ハリストス正教会は財政難に陥り，これを機にりんはアトリエを退去して故郷笠間に戻った。以後彼女は絵筆をとることなく，82 歳まで自然とともに寡黙に生きた。彼女の葬儀はニコライ堂で行われた。笠間市にある浄土真宗光照寺墓地内には，「山下りん之墓」と「いりな山下之碑」が建てられている。

　20 世紀美術の展開とともに正教のイコンが美的鑑賞の対象として日の目を浴び，山下りんの名が日本の美術界で注目されるようになるのは，彼女の死から 30 年余りも後のことである。今日，彼女の住まい跡には，子孫の手で白凛

居と名づけられた資料館が建てられ、残された資料が展示されている。

* 工部省が管轄する工部大学校（東京大学工学部の前身）に付属し、欧米の建築・絵画・彫刻などを取り入れるため設置された。

7　今後の日露交流

　江戸期と同じく明治以後も、日露・日ソの交流はしばしば政治の動向に左右され、必ずしも円滑に進まなかった。とりわけソ連時代はそうであった。しかしゴルバチョフによるペレストロイカからソ連解体、現在のロシア連邦発足という20世紀末の大転換によって、交流の可能性は大きく広がった。

　現在、大阪では「デンベイ友の会」が、鹿児島では「ゴンザ・ファンクラブ」が結成され、日露の交流を担った郷土の先人を顕彰し、研究が続けられている。三重県鈴鹿市には大黒屋光太夫記念館があり、資料が展示されている。「石巻若宮丸漂流民の会」の活発な活動は、ホームページで知ることができる。高田屋嘉兵衛の出身地淡路島の洲本市五色町にある高田屋嘉兵衛公園には、高田屋嘉兵衛顕彰館・歴史文化資料館があり、ゴロヴニーンと嘉兵衛が並んで立つ「日露友好の碑」が、嘉兵衛没後170年、日ソ（露）国交回復40年を記念して、1996年に建てられた。1999年にはゴロヴニーン、リコルド、嘉兵衛の子孫が五色町や函館に集まり、講演会が開かれた。また五色町とロシアのクロンシタット市（バルト艦隊基地が置かれる軍港都市で、ロシア側の2人が青年期を過ごした）は姉妹都市となった。以上の会については、インターネットで検索できる。

　ニコライについての研究は、彼の日記全文が日本語で読めるようになったので、日本の歴史研究の中で今後ますます進められるであろう。山下りんの白凛居については、開館日も含めてホームページで知ることができる。

　そのほかにも日本各地には日露交流の跡が予想以上に多くあり、それらを各地に尋ねて確認する、あるいは新たに発掘することは意味あることと言えよう。

　他方、今日の日露間には、友好的側面だけでなく未解決の問題が横たわっていることを忘れることはできない。日露戦争以後、第一次世界大戦でのみ日露は同盟関係にあったが、ロシア革命と日本の「シベリア出兵」、「満州国」をめ

ぐる対立，ソ連による「シベリア抑留」が重なり，そもそも日露の間には，第二次世界大戦終結後の平和条約もいまだに締結されておらず，ロシア側は日本の「北方領土」返還要求に否定的である。日露和親条約が締結された（1855年）2月7日が，日本の内閣によって1981（昭和56）年から「北方領土の日」と定められていることが，日露関係の現状を象徴している。この問題を解決する上でも，今後双方が互いを理解し，交流することがますます必要であろう。

■参考文献

アダミ，ノルベルト，市川伸二訳『遠い隣人——近世日露交渉史』平凡社，1993年。
生田美智子『大黒屋光太夫の接吻——異文化コミュニケーションと身体』平凡社，1997年。
大下智一『山下りん——明治期を生きたイコン画家』北海道新聞社，2004年。
川又一英『われら生涯の決意』新潮社，1981年（『ニコライの塔——大主教ニコライと聖像画家山下りん』中公文庫，1999年）。
木崎良平『漂流民とロシア——北の黒船に揺れた幕末日本』中公新書，1991年。
高野明『日本とロシア——両国交渉の源流』紀伊国屋新書，1971年（再刊，1994年）。
長縄光男『ニコライ堂の人びと——日本近代史のなかのロシア正教会』現代企画室，1989年。
中村健之介『宣教師ニコライと明治日本』岩波新書，1996年。
中村喜和『聖なるロシアを求めて——旧教徒のユートピア伝説』平凡社，1990年a（平凡社ライブラリー，2003年）。
中村喜和『おろしや盆踊唄考』現代企画室，1990年b。
中村喜和『ロシアの風——日ロ交流二百年を旅する』風行社，2001年。
村山七郎『漂流民の言語——ロシアへの漂流民の方言学的貢献』吉川弘文館，1965年。
ロシア史研究会編『日露200年——隣国ロシアとの交流史』彩流社，1993年。

第 8 章

「東ヨーロッパ」の概念と日本の投資

キグリチュ・イシュトヴァーン

1　冷戦終結と日本

　1989年の「ベルリンの壁」崩壊により新たなビジネスチャンスが生まれ，共産主義の支配から自由になった東ヨーロッパ諸国へ向けて各国の投資が集中した。しかし，そのような流れの中で，各国との交易を不可欠とする日本の投資が立ち遅れを見せているのはなぜだろうか。その背景として，この地域に関する情報が日本では伝統的に不足していることがあげられる。本章では，いまや「中欧」と呼ばれる旧「東ヨーロッパ（東欧）」地域に対するわれわれの理解を推し進めるため，まずヨーロッパという概念を歴史的にたどった後，中欧地域の経済状況を検証することとする。

2　EU新加盟の背景

　2004年5月1日，新たに「欧州連合（EU）」に加盟した10カ国中，マルタとキプロスを除く8カ国（チェコ，エストニア，ハンガリー，ラトヴィア，リトアニア，ポーランド，スロヴァキア，スロヴェニア），及び2007年に加盟したバルカン半島の2カ国（ルーマニア，ブルガリア）は旧共産圏の国々，いわゆる「東欧」諸国であった。それらの国々では，EU加盟がヨーロッパへの回帰と考えられ，人々は喜びにあふれていた。加盟27カ国を擁するEUの今後の拡大は未定で，恐らく拡大の範囲は限られ，終結へと近づいたと思われる。

　ヨーロッパ統合の結果，冷戦時代の二分法的な「東西」概念（東欧‐西欧，社会主義‐資本主義）への疑問が生まれてきた。実はこの地域概念は，第二次世

第8章 「東ヨーロッパ」の概念と日本の投資

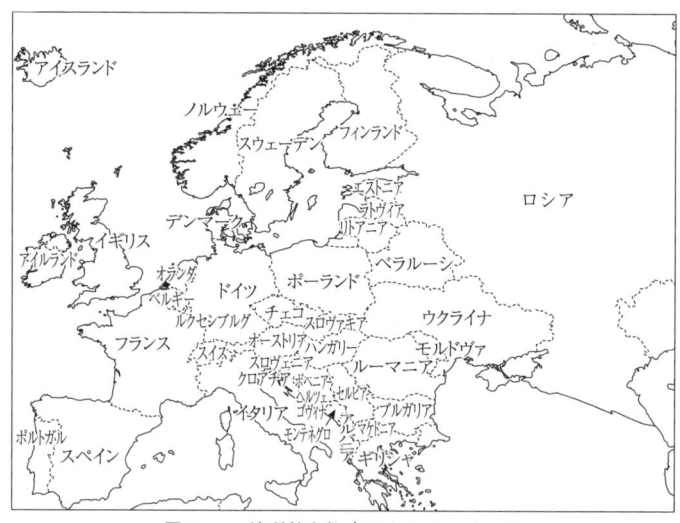

図8-1 地理的な概念によるヨーロッパ

界大戦後からベルリンの壁崩壊までに象徴される冷戦期の産物なのである。他方，それ以前のおよそ1800年にわたるヨーロッパ史の中で，「ヨーロッパとは何か」という問いは様々に論じられてきた。以下では，過去に東欧という概念がどのように位置付けられてきたかを考察し，20世紀後半の半世紀足らずの間に流布した東欧概念の特殊性を明らかにしよう。

3　ヨーロッパの概念——歴史的・文化的・学術的な見方の展開

東西ヨーロッパの形成

　「ヨーロッパ」あるいは「欧州」には，地理的にははっきりとした概念があるが（図8-1），歴史，文化，理念，その他の側面から見ると「当たり前」のイメージがあいまいになる。

　ヨーロッパでは歴史的にも国境や国自体が移動したり，なくなったり，現れたりすることが少なくない。その例はイタリア，スペイン，フランス，イギリス，ドイツ，ポーランド，チェコ，ハンガリー，スカンディナヴィア諸国，そしてロシアにも見ることができる。また，各国の政治的，文化的な流れや発展，あるいはその背後にある理念（ヨーロッパのアイデンティティを決めるルネサンス

195

[Renaissance]，ヒューマニズム［Humanism］，啓蒙思想［Enlightenment］等）の影響は，地域ごとに微妙に異なる。「ヨーロッパ理念」の普及の違いによって，「ヨーロッパ」概念は微妙に変わってくるという考え方もある。18世紀フランスの思想家ルソー（Rousseau）によると，ヨーロッパの境界とは啓蒙思想が広がっている地域である。しかし同世紀末に，ポーランドは歴史の舞台から消えてロシア，プロイセン，オーストリアという文化的にも違う三勢力の支配下に置かれ（ポーランド分割），それとともにヨーロッパの境目は曖昧になっていた。似たような問題はその他の国々にも存在する。結果としてマスコミ，政治，学問的世界は，そのときどきの事情に合わせてヨーロッパという言葉を使っており，それらの多様な定義，言葉の意味合いから，統一的な定義を生み出すことを困難にしている。歴史は常に生き物であり，その発展とともに特徴も変化する。それにつれて，概念もまた変化する。

　「ヨーロッパ」の歴史はローマ帝国の崩壊に始まる。ローマ帝国はヨーロッパに対して確かに大きな影響力をもち，ヨーロッパ文化の根元に欠かせない存在であるが，ローマ帝国自体はヨーロッパではない。ローマ帝国は地域的に地中海周辺に限られており，半分はアジアと北アフリカを含み，「ヨーロッパ」という地域的な概念はローマ帝国時代には使われていない。ヨーロッパは，ある意味でキリスト教信仰が拡大し，定着した地域として形成されていく。中世期の前半，11世紀（日本の歴史では平安時代の末期）までは東と西のローマ帝国を継承する勢力が存在したが，西のラテン系と東のギリシャ系のキリスト教（カトリックと正教）は，様々な勢力争いにもかかわらず分立していない。

西ヨーロッパ（西欧）

　8世紀末〜9世紀初めを頂点とするフランク王国当時のヨーロッパには，ある理念に沿った統一意識があった。しかも西と東の両勢力，つまりフランク王国とビザンツ帝国は統一を図り，ある意味ではヨーロッパを1つのものとして認識していたと言える。中世ヨーロッパ人の考える「ヨーロッパ」とは，キリスト教（カトリック）が広がっている範囲だったと見ることができる。

　ただし，同時にフランク王国時代から，別の「ヨーロッパ」概念も徐々に浮かびあがってくる。まだ近代的な東西ヨーロッパの概念とは違うが，西側のい

第8章 「東ヨーロッパ」の概念と日本の投資

表8-1 大学の設立年

場　所	設立年	場　所	設立年
アヴィニョン（フランス）	1303	プラハ（ボヘミヤ）	1347
コローニュ（ドイツ）	1353	クラクフ（ポーランド）	1364
ハイデルベルク（ドイツ）	1383	ウィーン（オーストリア）	1385
ポワチエ（フランス）	1431	ペチ（ハンガリー）	1367
バーゼル（スイス）	1459	ブダ（ハンガリー）	1389
ヴィッテンベルク（ドイツ）	1502	プレスブルク（ハンガリー）	1456

わゆるラテン系のキリスト教に基づく「キリスト教共和国（Respublica Christiana）」という政治，文化，社会的な独自の理念が形成されてくる。ローマを中心とする宗教的な支配下にあるヨーロッパ世界では，ローマ帝国時代から受けつがれ教会で用いられるラテン語が，教育でも共通語とされていた。キリスト教共和国の理念では俗人支配が認められ，宗教と政治は別々な存在とみなされた。ある意味では今日の近代民主主義社会の基礎である。他方，ギリシャ語圏の東側の文明は，ビザンツの皇帝主導型支配，つまり政治的リーダーが宗教的な支配をも集中的に行う「皇帝教皇主義（Caesaropapism）」，またはそれを支える官僚主義的な世界であった。もっとも，皇帝教皇主義について今日の歴史研究では，その概念は事実に合わないと，否定されつつあることを付け加えておこう。

　以上の背景が影響を及ぼし，キリスト教世界が2つに分かれた11世紀中頃から，「ヨーロッパ」という概念は徐々にラテン系のキリスト教を信奉する「西側（Occident）」だけを表すようになる。その思想的影響の範囲を地理的にも社会，政治，文化の側面からも特定できる要因は，教育制度であると考えられる。このようなヨーロッパの形成は，大学（Universitas）という教育手段の下に，全「Occident」ヨーロッパに共通する基準により理念としてまとまった文化が刻まれてゆく中で行われた。14〜15世紀にヨーロッパ各地で次々と設立された大学名リストを見てほしい（表8-1参照）。ラテン系キリスト教の世界では，中世の終わりまではどの国もほぼ同じペースで発展していた。むしろ中部ヨーロッパの方はやや安定して発展する余裕があった。しかし近世までには事情が変わった。中東欧（中部・東部ヨーロッパ）はモンゴル帝国とオスマン帝国の圧力によって抑えられて，西欧にアメリカが登場し，ある意味では大航

海時代以降、海に近い諸国と大陸の中に位置する諸国の発展が異なっていく傾向が出てきた。結果として政治、経済的な理由で中東欧は徐々に遅れてきた。

それでもドイツから東のラテン系キリスト教の地域（ポーランドなど）でも、多少の遅れはあってもルネサンス、ヒューマニズム、啓蒙運動、ならびに技術革新等の面で、19世紀末までは西ヨーロッパとほぼ同時的な動きが見られた。19世紀中ごろの社会革命もほぼ数週間以内にこれらの地域に伝わっている。こうした点から考えると、ヨーロッパとはある共通の理念、エトスに基づいてまとまっている地域、またはそこに生活している住民のことであるということができよう。ただしこういう地域概念は生き物のように動くことがあり、場合によって地域的にすら変わるものである。8カ国のEU加盟、または将来のEU拡大はこういう動きを物語るものだ、と言えよう。

東ヨーロッパ（東欧）

東側（ギリシャ正教のOrient）には、西側におけるのと同じ役割を果たす概念的な意味での統一手段は存在しなかった。したがってOccidentとOrientの発展は、社会的な価値観、理念などの点からも異質であり、時代とともに亀裂が深まることになる。もっとも上に述べたように亀裂を深める歴史発展のプロセスは異なっても、東西間には複雑で矛盾もあるが、あいまいな仲間意識も残った。15世紀に「東側」がバルカン半島に向かうイスラム勢力に脅かされると、「西側」が十字軍を送り、ローマの後継者であったコンスタンティノープルを守ろうとした。19世紀に「西側」で革命の動きがあると、「東側」のロシアが鎮圧のために介入するなどの政治的な動きが見られた。もっとも、そうした動きの範囲と文化的な影響は限られていたが。

また、「東側」では「西側」との一般的な交流（旅行、人の移動、芸術、交易活動等）は非常に限られ、最も重要な理念の相互流動は19世紀まで稀なことで、その後活発になったとも言えない。労働・革命運動では、レーニン（Lenin）などを通してマルクス（Marx）のイデオロギーはある程度伝わっていたが、現地の政治的都合に合わせどれほど変わっていったかを、ロシアの共産主義と西欧の政治のあり方がはっきり示している。

宗教面でのイデオロギーの壁は、今日でもまだ厚すぎる。特に東側に、西側

第8章 「東ヨーロッパ」の概念と日本の投資

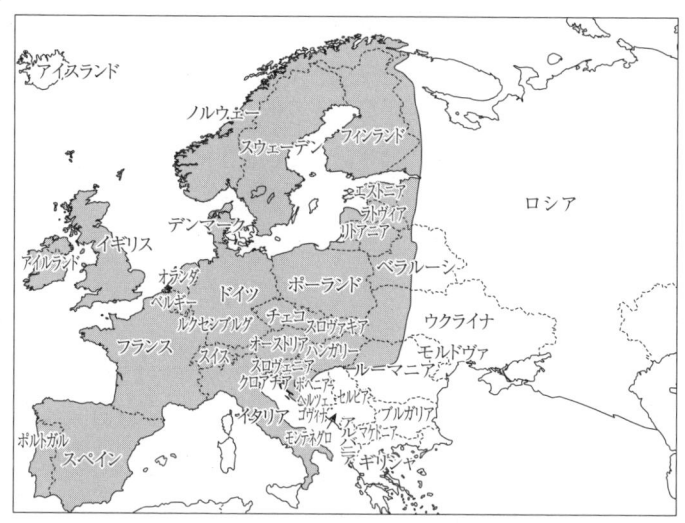

図8-2 ハンチントンによる東西文明の境

に対する抵抗と違和感が根強い。20世紀末から21世紀の初めにローマ法王ヨハネパウロ（John Paul）2世が，東側のキリスト教の中心であるロシア正教会の指導者に呼びかけた対話と宗教的な和解のための会談は，ロシア側に拒否された。2001年春，正教国ギリシャのアテネでは，法王の同国および同国正教会訪問前に，大規模な訪問反対デモが行われ，デモ参加者はデモ現場の地面に数多く貼られた法王の顔写真を踏みつけながら，「ヨハネパウロのギリシャ訪問は望ましくない」と繰り返し叫んでいた。これは私自身が体験したことである。さらにギリシャ正教の世界では，文字も西欧とは異なり，教育レベルも低く，情報交流は難しくて，ほとんどなかったか希薄だったと言える。

「ラテン系キリスト教社会」という表現は，宗教的な意味合いではない。現実には，逆に「世俗化」が進み，個人，俗人の権利（政治的な用語を借りていえば民主主義）が認められ，徐々に強まってきた。このような発展の方向は近代ヨーロッパ理念形成の流れ，原理原則を決めることになった。それとは異なり，東側文明は，皇帝教皇主義の理念からなかなか離れられず，西側とは異なる特徴をもつ社会発展を保ち，その特徴は今日も根強く残り，身近に感じられている。しかし歴史上，国が消滅し，国境が移動することは珍しくない。特にヨーロッパでは，多くの国が歴史の舞台から消え，あるいは新しい国が現れ，場合

199

によっては境界線が移動して国が拡大あるいは縮小することもあった。ドイツをはじめ，ポーランド，チェコ，スロヴァキア，ハンガリー，オーストリア，ルーマニア，バルカン半島の国々や，フランス，ベルギー，オランダ，イタリア等も例外ではない。そしてそこに生活している住民やその文化なども同じように流動状態にさらされた。したがって歴史の流れもあいまいさを強め，地域について明確な定義を簡単に創り出すことはできない。

東西文明の境

こういう悩み，課題は，特に「ベルリンの壁」が消えてから専門家の間で徐々に浮かび上がってきている。ハーヴァード大学教授のハンチントン (Huntington, 1996) は，アメリカの外交戦略を考えて，冷戦後の世界秩序，政治的動機を特定するにあたって，ヨーロッパを2つの文明圏に分けている。彼によると，この西と東の境目はだいたいサンクトペテルブルクから南に向かってベラルーシ，ウクライナの西側を真っ直ぐ南下し，ルーマニアの真ん中から西側の方に向かってアドリア海に至る（図8-2参照）。この見方は宗教的な概念だけではなく，民族的な区分，家族制度など社会のあり方などの点でも共通の特徴に基づいているとして他の研究者らも支持しており，文明的な区分として挙げることができる。

たしかにハンチントンが指摘した境目の東と西に位置する諸国では，使用する文字が異なっている。西の諸国ではすべての国でラテン系の文字が，東の諸国ではギリシャ系の文字が使われている（表8-2参照）。宗教に当然含まれる文化的な理念，思想は各地域に広がり，最終的に定着したので，歴史の中で東西の境目の両側に，それぞれ違った文明が形成された。この境目をよく見ると，冷戦時代の東ヨーロッパの概念とは完全に一致していないし，政治的な国境とも若干異なっている。したがって他の研究者の研究成果から見ても，ハンチントン説は支持されるだろう。

4　中部ヨーロッパ（中欧）

こうした大まかな，文明的な区分を離れて，より詳細な条件を付けて考察す

表8-2 自国の文字と言葉で各国名を表記すると東西文明の境界が見える

西　側	東　側
EESTI（エストニア） LATVIA（ラトヴィア） LIETUVA（リトアニア） POLSKA（ポーランド） SLOVENSKO（スロヴァキア） MAGYARORSZÁG（ハンガリー） HRVATSKA（クロアチア） SLOVENIA（スロヴェニア） ROMÂNIA（ルーマニア） ČESKO（チェコ）	РОССИЯ（ロシア） БЕЛАРУС（ベラルーシ） УКРАЇНА（ウクライナ） МОЛДОВА（モルドヴァ） СРБИЈА（セルビア） МАКЕДОНИЈА（マケドニア） БЪЛГАРИЯ（ブルガリア） ΕΛΛΑΣ（ギリシャ）

ると，西側世界の中により明確な特徴をもつ地域を分けることもできる。しかもそのような研究は，ベルリンの壁崩壊の結果ではなく，すでに19世紀の終わりから20世紀の前半に盛んに行われていた。当時統一されたドイツや20世紀の初め頃に再生したポーランド，新しく生まれたチェコスロヴァキアの歴史学者たちは，自らのアイデンティティを特定するためにこのような研究を行っていたのである。

それらの研究では，まずハンチントン説に似た東西文明の確認が行われている。ドイツのシュペングラー（Spengler）は，東西ヨーロッパの差異を強調してその社会，政治，経済などの違いを明らかにした。20世紀のポーランドとチェコスロヴァキアの歴史学者たちは，自国のアイデンティティは東側文明とは異なるが，同時に完全に西側と一致している存在でもない，と気づいていた。結果として西側文明への依存，価値観への同化が両国で強まり，さらに優先され強化された。そのような発展を考えると，第二次世界大戦後のソ連による政治的な介入，つまり制度，価値観を強制的に押し付ける共産化が，それらの国で抵抗，反発を招いたのは当然である。

中欧概念

20世紀初めの歴史学者たちの議論で，単なる東西理論とは違う独自の中部ヨーロッパ（中欧，ミッテルオイローパ［Mitteleuropa, Middle Europe］）についての概念が提起された。それによると，たしかに中欧では中世以降，西ヨーロッ

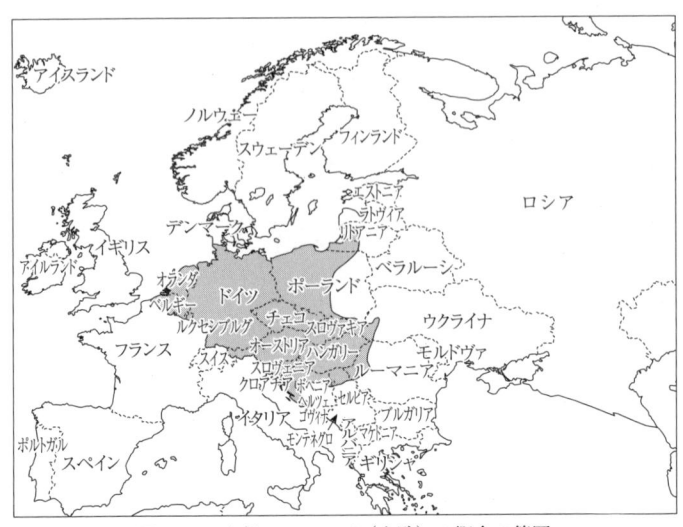

図8-3　中部ヨーロッパ（中欧）の概念の範囲

パに比べて発展が遅れ，社会と経済発展の道筋が西ヨーロッパと若干異なっている。

　中欧諸国は，ライン川からロシアの西側国境までの間に位置する。そこにはロシアが入っていないことが1つの特徴である。その他，中欧内部の各地域にも微妙に異なる特徴が存在する。したがって研究者が定義する際も，どのような特徴を強調するかによって意見が様々に分かれ，新しい定義が次々に登場することになる。

　それらの定義では中欧の概念を強調し，それらの諸国が1つのブロックをなしている点が指摘されている。この範囲にはだいたいドイツとオーストリア・ハンガリー帝国が含まれ，政治的にも利用されて，ドイツの第一次と第二次世界大戦における行動のみならず，戦争終結の交渉準備としてアメリカ合衆国大統領ルーズベルト（Roosevelt）の中欧共同体案（Central European Community Plan），さらにイギリス首相チャーチル（Churchill）のヤルタ会談での戦略，ソ連首相スターリンとの交渉にも反映されている。若干異なる点はあるが，ほぼ同じ意味合いの中欧の考え方は，チェコの作家ミラン・クンデラ（Milan Kundera）や元大統領ハヴェル（Havel）などの知識人の間にも存在する。その他に，ライン川からウラル山脈までのすべての地域を一括して，西欧より遅れている

第 8 章　「東ヨーロッパ」の概念と日本の投資

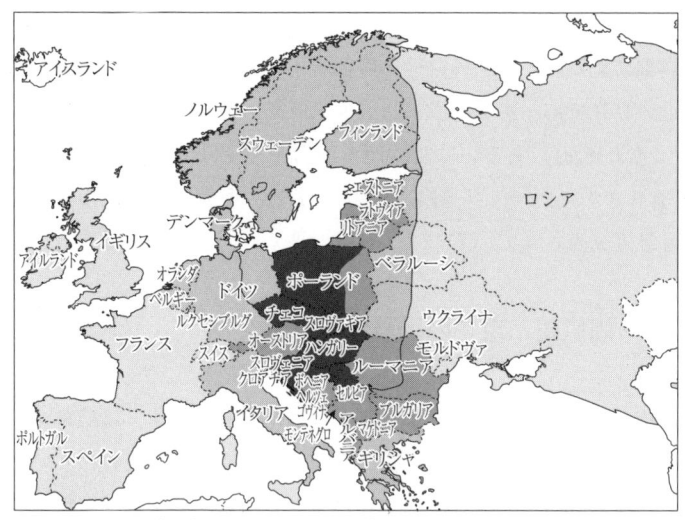

図 8-4　重ね合わせた地図の共通範囲（色が濃いほど共通性が高い）

領域としてまとめて見る学説もある。こうした見方は，中世以降の社会，農業，工業経済発展の分析結果に基づいて指摘され，第二次世界大戦後に現れたものである。

　以上述べた以外にも，幾つかの定義，学説が指摘されている。ただ，以上のように取り上げられている地域の大半は，ハンチントンの定義では西側文明に属し，ヨーロッパ大陸の真ん中にあたる諸国が含まれる。極めて多岐にわたるそれらの指摘をどのようにしてまとめればよいのか，どのような側面から地域を特定できるか，つまり最も共通性の高い地域は一体どこにあるのか，というのはなかなか判断し難い問題である。

共通地域特定の 1 つの試み

　この問題に対処する 1 つの方法として，私は以上の様々な定義を地図に重ね合わせて「中欧」の共通地域を特定することに挑戦してみた。結果として，図 8-4 で最も色が濃い部分は，歴史的に長期にわたって西側から受け入れ，自ら定着させた文化，政治的影響などを示しており，ハンチントンの言葉を借りれば「西側文明」に所属すると考えられる。特定された共通範囲にあたる諸国の名前を挙げると，チェコ，ハンガリー，ポーランド，スロヴァキア，スロヴ

203

ェニア，クロアチアである。

　より詳細に見ると，以上の共通の特徴を示す地域の中にも差異は存在する。互いに近い存在であっても中欧に近いか（旧東ドイツからリトアニア，トランシルヴァニアを含む範囲），あるいは北欧からの影響を受けているか（ラトビア，エストニアを含むスカンディナビア諸国，地域）で分け，所属する文化の特徴を指摘する研究も最近発表されている。

5　中欧の価値観と現在の経済状況

　冷戦に基づく「東欧」概念は東西対立の終焉とともにすでに崩れつつあるが，2004年の10カ国のEU加盟に関連してマスコミではまだ使われているし，一般住民の意識にも同様の遅れが感じられる。その意識的遅れは，現地ヨーロッパから離れるにつれて目立ってくる。したがって，ここでは中欧の帰属とその文明を別の側面から確認しよう。つまり，場合によっては感情的に行動する一般住民の動きやその共通点を調べて，この地域の人々の意識，「生のままの価値観」を特定してみたい。

第二次世界大戦後の歴史的諸事件

　連合軍諸国のヤルタ会談（1945年）の結果として，戦後共産主義はソ連支配下に入った諸国へ強制的に「輸出」された。戦後しばらくの間，共産主義化への準備期間に国内の抵抗が抑圧された後，50年代に入ると直ちに緊張が高まった。ソ連でのスターリンの死をうけたベルリン，ポズナニの暴動（1953年），フルシチョフによるスターリン批判後，多数の犠牲者を生んだ市民とソ連軍との激しい戦いにまで及んだ革命的なハンガリー動乱（1956年），さらに政治改革を求め戦車に蹂躙されたプラハの春（1968年），グダニスクの労働争議（1971, 1980年），連帯による運動は，すべて図8-5の共通地域内で起こった。つまり前節で述べた学術的な定義と戦後の政治的な事件の地域範囲は，ぴったり合致している。この地域では，民衆は共産主義の価値観を認めずに抵抗し，場合によっては命を賭けて衝突したのである。

　しかし，他の共産主義諸国にはこのように国際的に注目を集め，多数の市民

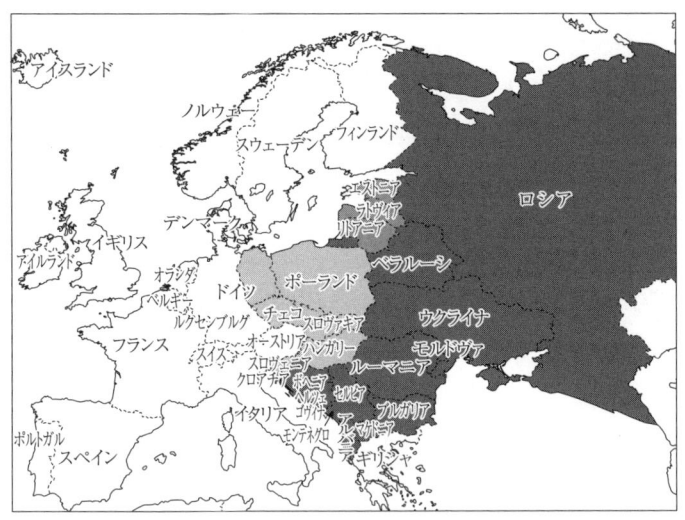

第8章 「東ヨーロッパ」の概念と日本の投資

図8-5 反共産主義の行動があった諸国（灰色），それ以外の共産主義諸国（黒色）

が加わった大規模な反発は見られなかった。興味深いことに，このような民衆蜂起のあった国々となかった国々との境界線は，ほぼハンチントンが示した文明の境目にあたる。旧ユーゴスラビアの内戦（1991年～）におけるクロアチアとセルビアの境界も，同じ境目に沿っている。ソ連の解体もバルト三国の市民運動から始まり，戦車の出動により犠牲者を生んでいる（1990年）。

共産主義時代の終わりを象徴する1989年のベルリンの壁崩壊は，ここに挙げた国々を閉じこめる壁が崩れたことを意味すると同時に，歴史を第二次世界大戦前の自然な流れに戻そうとする試みでもあった。東ドイツは西ドイツに直ちに吸収された（1990年）が，その他の諸国には多くの課題が残った。東西に分断されたドイツと異なり，ポーランド，チェコ，ハンガリーなどは自力で立ち上がらないと誰も助けてはくれなかった。そうした事情はもちろん中欧諸国より東にあたる旧ソ連諸国でも同じであった。

中欧諸国の経済活動

自力で立ち上がろうとする意思や努力こそは，長期にわたり抑えられていた文化的な理念をよみがえらせ，中欧諸国の本音を表すものであった。以下では，

第Ⅱ部　ユーラシアの交流

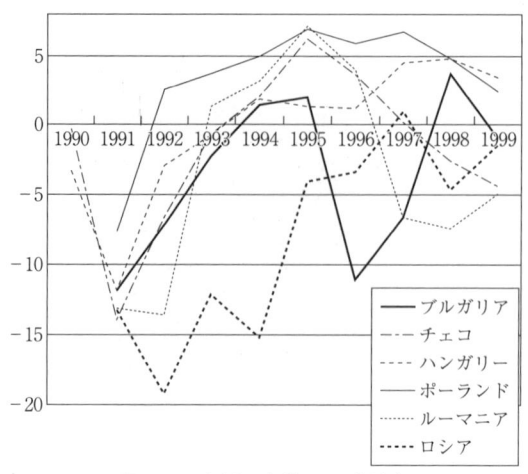

図8-6　各国の実質GDP成長率
（出所）　世界銀行データより執筆者が計算・作成。

1989年から始まり，本格的な市場経済と民主主義へと移行する過渡期における中欧諸国の経済活動を確認したい。なぜなら，自立した経済活動の方向決定とその実現プロセスは，実際にその国に住む人々の価値観を表すからである。

1989年に市場経済への門が開けたとき，すぐにその作業に取り組んだ国々と，取り組みが遅れた国々とがあった。前者では市場経済への準備，改革がショックセラピーのような速さで決定され，実現された。中欧諸国はコメコン（COMECON: Council for Mutual Economic Assistance，ロシア語ではCЭB：Совет Экономической Взаимопомощи，経済相互援助会議）という共産主義時代の経済共同体から離脱した。しかし，それまでの市場をすべて失いながら，西側との貿易で従来のような大規模な新しい市場をすぐに見つけることができず，マクロ経営が弱まり，経済事情が混乱した。さらに，同時に民営化を進めたため，経済活動は激しく落ち込んだ。GDPは5-20％ほど下落し，激しいインフレが起こり，失業者が増え，住民の生活は非常に苦しくなった。それでも住民からの反発があまりなかったことは注目すべきことである。もう1つ注目すべきことは，GDP成長率の格差である（図8-6参照）。GDPの落ち込み，景気の後退と好景気への転換は，国によってかなり異なり，立ち上がりが早かった国と遅れた国とにはっきり分かれている。早く立ち上がった国では，早くから市場メカニズムが働き，様々な，環境，法律，金融体制（銀行，証券取引所）が整い，経済改革もより早く行われている。

一部の国々（図8-6のチェコ，ハンガリー，ポーランド）については，制度的な変化，市場経済の実施も早く，90年代の半ばまでには民営化がだいぶ進ん

でおり，民間経済が成立している。インフレや失業率の面でも同じことが言える。正常な市場経済状態に戻った諸国では，外資の進出が事実上認められている。直接投資（FDI）はハンガリーから始まり，経済事情をさらに安定化させた。こういった諸国の範囲を確認すると，ここでもハンチントンが指摘した西側文明に属する諸国の姿が現れてくる。こういう現象の背景には，苦しくても市場経済にできるだけ早く戻ろうとする市民の強い意欲が，消費者，企業，政府機関などあらゆるレベルで働いていることが，現地で感じられた。

　東側文明に属する諸国は，以上の諸国と比べるとかなりの差が見られる。EU加盟を目指していたルーマニア，ブルガリアでは，民営化や改革が遅れ，加盟は2007年まで遅れた。EU加盟を目指していない東側文明諸国の場合は，差がさらに大きい。セルビアの共産主義的な勢力はユーゴ内戦と深く関わっているし，ウクライナ，ベラルーシでは，政治の安定，新しい経済・社会体制の確立はいまだに先の見えない状態である。こうした問題は，西側文明の民主主義理念と異なっていることが一因であろう。

　チェコ，ハンガリーでは，90年代に入った直後，だいたい二桁のインフレが発生した。そのインフレ率は1年間に15％とか30％の場合もあった。チェコでは短期的にいきなり50％以上も上がった。その他の東側文明諸国（ルーマニア，ブルガリア，ユーゴスラビア，ソ連）では，三桁のインフレが一般的であった。91年に崩壊したソ連では，インフレ上昇率は三桁からときには四桁にまで跳ね上がった。それに対しハンガリーからバルト海までの諸国では，経済は回復し，インフレ，失業率は一桁にもどり，市場経済の準備ができた結果，2004年5月にEU加盟が実現したのである。

6　中欧諸国の経済事情と日本の経済活動

　以上で確認した中欧諸国の実際の動きから見ると，東側文明とは異なる価値観が働いていたことが指摘できる。これが，過渡期の苦しい時代を乗り越え，西側文明の理念を再実行させ，制度的，社会的，政治的な変化をより早く進ませる原動力になったと考えられ，EU加盟交渉にも反映された。中欧諸国の経済成長率はEU旧加盟諸国と比べてほぼ倍ぐらいであり，失業率は下がり，場

表8-3 各国の自由度

国　名	自由度	国　名	自由度
香　港	1	ラトビア	28
シンガポール	2	スペイン	31
エストニア	4	**チェコ**	33
イギリス	7	**ハンガリー**	35
オーストラリア	10	**スロヴァキア**	36
アメリカ	12	日　本	38
フィンランド	15	**ポーランド**	41
ドイツ	18	フランス	44
リトアニア	23	**スロヴェニア**	45
イタリア	26	**ブルガリア**	52

（出所）　Wall Street Journal より（in Portfolio 2005年1月5日）。

合によっては半分またはそれ以下になった。したがって生活水準は旧加盟国の平均水準に少しずつ近づいていく。特にバルト三国ではかなりの発展が見られるが，新加盟国のブルガリアとルーマニアは，その他の新加盟諸国に比べてもまだかなり遅れている。いうまでもなく旧加盟国との差は一夜にはなくならず，追いつくまでにはまだ長い道程が待っている。しかし市場経済の準備は終了し，経済は正常に機能している。社会主義時代の一番大きな欠点であった金融経済の環境，機能と組織は整っているのである。

　徹底的な規制緩和の結果として，これら諸国の経済構造が変わり，効率性と競争力も向上した。それぞれの経済の自由度は前の時代と比べても飛躍的に発展し，場合によってはEUの旧加盟国を超える状態になったこともある。経済の自由度を測るウォール・ストリート・ジャーナルの調査によると，世界諸国の順番は表8-3のようになる（太字は中欧諸国）。

　だが，EUに加盟した中欧諸国の場合，すべての問題が解決されたわけではないことは確かである。中欧は共産主義時代から残された経済構造の問題，未成熟な政治等の問題と戦っている国がほとんどであり，理念の改変ができても住民の日々の経済，生活環境を安定させる状況はまだ整っていない。国民の政界との関係，国づくりへの積極的な参加にはまだ十分な余裕がなく，毎日の生活安定のための戦いが中心である。この結果，これら諸国の政界はまだ不安定な状態にある。各政党への支持は安定も定着もせず，特に経済政策面で改革派と保守派の境目も薄れてあいまいになり，左翼と右翼の区別も困難である。したがって，国民の支持を得るため，場合によってポピュリズムが現れ，経済政策が望ましくない方向へと動いて様々な問題が発生する。さらにサブプライムローン問題（2008年）に次ぐ金融恐慌も大きく影響している。しかし民主主義，市場経済の仕組み，それを動かす組織と枠は揃って機能しており，過渡期へ逆

戻りする恐れはない。したがって他の世界との経済交流，投資活動等は正常に行われている。投資家に好都合な法的環境が整い，直接投資がどんどん中欧諸国に流れ込んでいるのである。

表8-4　中欧とロシア全体における直接投資の結果

投資国	創立された子会社数	採用された人数
ドイツ	22,000	3,800,000
アメリカ	3,400	160,000
日　本	80	6,000

(出所) 通産省白書，1999年，3章，1-4頁。

　ベルリンの壁が崩壊する前から，中欧に対しては先進諸国の注目が集まっていた。その中でも特にハンガリーは，経済改革，市場経済の準備が最も進んでいて，直接投資（FDI）がまだ共産主義の段階で流れ始めた。GE, GM, Suzuki 自動車工場の設立はすでに1989年以前に始まった。1989年から1995年までに，外国からの投資はほとんどハンガリーに集まっていたが，この間，その他の中欧諸国に市場経済の準備が出来上がりつつあり，その後，直接投資はこれら諸国にも流れ始めた。ただし，直接投資を行う側の諸国の間では大きな差が表れていた。

　日本とハンガリーの友好関係は戦前から密接であり，1980年代の後半には友好関係が再開し，投資活動としても，日本からの投資は中欧の中で高い割合を示している。しかし全体として，中欧に参加している日本の投資家はその他の諸国の投資家と比べると少なく，または投資活動の開始が遅いと言われている。

　市場アクセスに関してヨーロッパには色々な規制，制限が存在する。したがって中欧諸国がEUに加盟する前に，投資家は急速に投資を行っていた。ところが，輸出主導型経済として知られている日本の場合は，輸出先の確保が重要であるにもかかわらず，他の先進諸国の投資活動に比べてかなり少なかった。日本の場合は，遠隔地にある現地に対する知識（の不足）が大いに関係するのではないかと考えられるところである。

　日本の投資が他の諸国に比べると明らかに遅れている理由として，文化的，言語的な距離などはよく挙げられるが，他の欧州諸国との経済的な交流に比較すれば，これは実際の背景を解明できる説明にならない。ドイツ，アメリカの場合もある程度は似た理由がいえるにもかかわらず，表8-6から見ると，日本ほどの距離は感じられないからである。他方，中欧全体に対する日本の投資

第Ⅱ部　ユーラシアの交流

表8-5　欧州諸国に創立された日本の子会社数

	1990-1994年	1995-1999年	2000-2001年	合計
ハンガリー	20	17	12	50
ポーランド	13	31	6	51
チェコ	14	13	9	36
ルーマニア	4	5	3	12
スロヴァキア	3	6	2	12
ブルガリア	-	-	-	-
スロヴェニア	1	2	-	3

（出所）Toyo Keizai, Directory of Japanese Affiliates abroad, 2002.

表8-6　中欧に流れ込んだ直接投資の出資国と投資金額全体に占める割合

（単位：％）

ハンガリー		ポーランド		チェコ	
アメリカ	29	ドイツ	18.8	ドイツ	26.3
ドイツ	26	アメリカ	18.0	オランダ	16.3
フランス	11	イタリア	7.5	アメリカ	12.3
日　本	3	日　本	-	日　本	4.7

（出所）MOF Foreign Direct Investment abroad.

活動を見ても明らかな差が見られる。たとえば1980年代の半ばにEUに加盟したスペインでは，加盟準備から2000年までの間に，日本の投資によって156社が設立されたが，これは表8-5で記されたデータと比べると明らかな格差がある。したがって原因の特定は難しいが，バブル崩壊の影響とともに，戦略的あるいは政策的な影響もあると思われ，もしそうであれば，ビジネスチャンスのミスでもあるだろう。いずれにせよ，その根底に，日本の中欧に対する知識不足があることは否定できないであろう。

7　ヨーロッパの諸地域と日本

本章では，ヨーロッパにいくつかの地域が存在することを，2つの側面から確認した。1つは，様々な学術的な定義を総合して得られた地域区分である。もう1つは，こうして特定された地域について，戦後の出来事や過渡期の動向を基に再確認した区分である。結果的に，ヨーロッパの中央にあたる地域は，複雑な影響を受けつつも共通の特徴を持っていることが明らかになった。

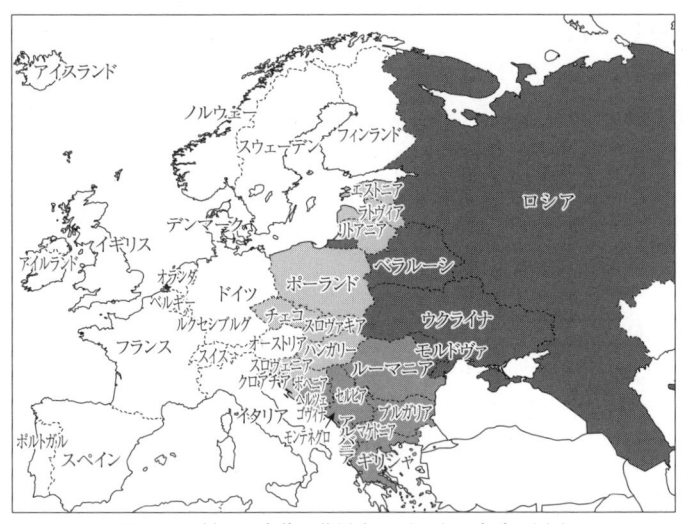

図8-7　様々な定義に共通する西・中・東欧の区分

　これを踏まえ，ヨーロッパの東部は大きく3地域に分けられる。

　第1の「中東欧（Central-East Europe）」（本章で述べた「中欧」）は，歴史的に元々西側文明に所属し，その文明の理念が認められる地域である。西欧と比べ経済的に若干遅れているが，EUに一番近い地域として2004年5月にEUに加盟した。

　第2は，「南東欧（South‐East Europe）」諸国で，「中東欧」より南方のバルカン半島に位置し，元々東側文明（ギリシャ正教世界）に属し，若干イスラームと西側文明の影響も受けた地域である。西側文明の理念をも取り入れようとし，過渡期に民主主義と市場経済へ移ろうとするが，「中東欧」に比べ遅れている。

　第3は，ソ連の解体によって生まれてきた本来の「東欧」であり，元々東側文明に属する正教の地域である。西側文明の影響を受けつつも独自性を維持し，その影響に対して場合により強く抵抗する。

　EUへの統合ができた国々とできなかった国々との間に，または市場経済への移行に速いペースで成果を挙げた国々と，成果を十分出せていない国々との間に存在するのは，以上のような異なる文化的な背景または理念ではないか，と考えられるのである。

　しかし，以上のように複雑な歴史，経済，社会事情は，外部の世界にとって

は理解しにくく,強い挑戦心,冒険心がなければ投資家は動きにくいものである。日本にとってこの地域はいまだに「東欧」であり,以上の事情により積極的な投資が妨げられていると考えられる。しかも日本の遅れは中欧のみならずアジア諸国（インド,中国等）との関係でもある程度は見てとれる（Takahashi, 2010）。これは,「東欧」のみならず,日本の外国に対する認識全体について改める必要性を示唆するものと言えるであろう。

■参考文献■

川角由和ほか『ヨーロッパ私法の動向と課題』日本評論社,2003年。

キグリチュ,イシュトヴァーン「2004年の欧州拡大と『東西ヨーロッパ』の概念［欧州連合からの報告］」『国際文化研究』9号,2005年。

田中宏『EU加盟と移行の経済学』ミネルヴァ書房,2003年。

谷川稔編『歴史としてのヨーロッパ・アイデンティティ』山川出版社,2003年。

ハレツキ,オスカー,鶴島博和ほか訳『ヨーロッパの時間と空間』慶応義塾大学出版会,2002年。

ポミアン,クシシトフ,松村剛訳『増補 ヨーロッパとは何か 分裂と統合の1500年』平凡社,2002年。

百濟勇『EUの「東方拡大」とドイツ経済圏』日本評論社,1999年。

百濟勇『EU・ロシア経済関係の新発展』日本評論社,2003年。

Berend, T. Iván (1996) *Detour from the periphery to the periphery*, Cambridge University Press.

Huntington, Samuel P. (1996) *The Clash of Civilizations and the Remaking of World Order*, Simon & Shuster.（サミュエル・ハンチントン,鈴木主税訳『文明の衝突』集英社,1998年）

Inaba, Kazuo, *Japanese corporate activities in Central and Eastern European countries in 1990s*,『社会システム研究』立命館大学,5号,2002年。

Kiglics, István ed. (2007) *Rebuilding the Market Economy in Central-East Europe and the Baltic*, Budapest : Akadémia Kiadó,.

Sugar, Peter F. (1990s) *History of East Central Europe*, Series Washington.

Takahashi, Kitazume (2010) *Reliance on technology may leave Japan behind*, Japan Times April 30.

第 9 章

西アジア・中央アジアと日本の交流
——飛鳥時代から現代まで

佐野東生／アイスン・ウヤル

　本章では，ユーラシアの中央部に位置する西アジア・中央アジア地域と日本の交流について扱っていく。まず，いわゆるシルクロードを通じた歴史的交流について，奈良・飛鳥地方にその痕跡が見られる古代ペルシアを主とするユーラシア規模の交流を考察する。次いで，近代以降の交流について，1880年代初頭に日本政府使節団としてイラン・トルコを公式訪問した吉田正春らの旅行について見ることとし，中央アジア地域についても触れる。最後に，年々密接になっているトルコとの交流について，日本からの援助をはじめ，貿易・文化交流と観光の諸側面をウヤルが執筆した。以上を通じ，古代から現代まで同地域と日本の間に，ヒト・モノ・文化にまつわる予想外に深い交流がなされてきたことが示されよう。それは日本文化について再考するきっかけともなるかもしれない。

1　古代ペルシアと飛鳥の交流

古代ペルシア文化

　西アジア（中東），そして中央アジア地域は，日本などと異なりアジアの中でも乾燥した風土であり，アラビア半島の砂漠やイラン高原のいわゆる「土漠（土が乾燥してコンクリート状に固まった土地）」が広がる。その中で水は大変貴重であり，メソポタミアのチグリス・ユーフラテス川や中央アジアのアム川，シル川などの大河川の周辺に古代から文明が栄えてきた。初期文明が紀元前3000年頃からエジプトからメソポタミアにかけての古代オリエント地域に発展し，農耕技術・都市建設や青銅器・鉄器の使用をはじめ，後の東西文明に多大な影響を及ぼしたことはよく知られている。

図9-1 ペルセポリス宮殿址（佐野撮影）

こうした古代文明を継承・統合したのがペルシア文明であった。この文明は，紀元前2000年期に北方からイラン高原に移動してきたペルシア人によってアケメネス朝（前559〜前330年）が樹立され，古代オリエントから中央アジアの西半分（以下，西トルキスタンと呼ぶ）まで支配したことで創始された。ペルシア人は古代アーリヤ人の一派で，今日のイラン人の主要な先祖と言え，ギリシア人史家ヘロドトスの『歴史』に，古代ギリシアとの戦争が記録されている。アケメネス朝はイラン南西部のスーサを首都とし，イラン中南部ファールス地方のペルセポリスに祭礼用の荘厳な宮殿を造営した（図9-1）。ペルセポリスには毎年，アケメネス朝皇帝に貢納に来た支配下の諸民族の使節団が訪れ，その模様が同宮殿址の壁のレリーフに残されている。同朝はサトラップ（総督）制と呼ばれる地方行政区制度の下，アジア西半の広大な地域の諸民族を緩やかに支配する，人類史上最初の「世界帝国」であったと言える（足利，1997）。

アケメネス朝は，紀元前4世紀末にギリシアのアレクサンダー大王（Alexandros III：在位前336〜前323年）に滅ぼされ，ギリシアと西アジアの文化が融合したヘレニズム文明が始まった。しかし，イラン高原を中心とした「まとまり」は，その後も西アジア・西トルキスタン一帯で，イラン系諸民族を通じ政治・文化的底流をなすものとなった。イラン系遊牧民のパルティア王国（前247〜224年）は西トルキスタンに発して西アジア一帯を支配し，これを滅ぼしたサーサーン朝（224〜651年）は，逆にファールス地方に発して古代ペルシアの復興を目指し，400年にわたり西アジアに君臨したのである。サーサーン朝は古代ペルシアの宗教であるゾロアスター教を国教とし，主神アフラ・マズダーより王権を授与されたと信じられた皇帝の下，強力な中央集権国家を形成した。同朝は，対外的には西方でローマ帝国と競合し，東方ではやはりイラン系

のクシャーン朝（1～3世紀）——仏教を受容してガンダーラで初めてヘレニズムの影響を受けた仏像を製作したことで知られる——を制圧，6世紀にはホスロー1世（Khosrow I：在位531～579年）の下，全盛期をむかえたのであった。

サーサーン朝は古代ペルシア文明の継承者として，チグリス川中流の首都クテシフォンに建設した円形ドームとアーチか

図9-2　イラン・中央アジア地図

らなる壮麗な宮殿や，イラン高原南部のビーシャープールに建設した離宮などの建築をはじめ，岩やコイン，銀製皿に浮彫りされた皇帝の狩猟図を含む像，そして織物，グラスに至るまで，主に工芸品の分野において高度な文化を発展させた。この工芸品文化は，周辺諸地域，特に同じイラン系民族が居住するソグディアナ，トハリスタン（図9-2）を主とする中央アジア方面に大きな影響を及ぼした。同朝は7世紀半ばにアラブ・イスラーム勢力により滅ぼされるが，その文化はイスラーム文化にも継承され，日本を含む東アジア地域にも受け入れられていったのである。

正倉院の御物

以上のペルシア文化と日本にある程度の関係があったことは，一般的にはいまだに認知されているとは言いきれない。しかしながら，毎年奈良で展示会が開かれる正倉院宝物の一部に見られるペルシア文化の影響は，これを示す最も明快な例であろう。確かに，奈良時代に創建された東大寺の宝物庫である正倉院に残る数々の文物の中には，ペルシアの水差しと同一形態の漆胡瓶，ペルシ

ア系の顔を表現した布作面や酔胡王・酔胡従など伎楽に用いられた面，そしてペルシア皇帝の騎射狩猟図を模した緑地狩猟文錦，等々が存在している。ただし，従来の研究で，これらの文物はペルシアの物と全く同一ではなく，サーサーン朝起源ながら中央アジア風にアレンジされたものが多いこと，そして同朝滅亡後に唐（618～907年）の宮廷工房で製作されたか，それを日本で模倣して製作した可能性が高いことが判明している。

唐は東アジアに加え，7世紀半ばに西トルキスタンを含む中央アジア一帯を支配し，ソグディアナのイラン系ソグド人商人が，交易のため頻繁に中国内地を訪れ，居留していた。その上，サーサーン朝滅亡後に唐に亡命した最後の同朝王子，ペーローズ（Peroz）に随行した多数のペルシア人によって同朝の文化が唐都・長安（現・西安）に直接もたらされたことが，ペルシア系文物の輸入と同時に，これら文物が唐風にアレンジされて製作される因となったのである（米田・長澤編, 1999）。日本は遣唐使を通じてこれら文物に接し，また唐皇室より賜り，その一部を自国でも製作するに至り，正倉院にも収められることとなった。ここには，ペルシアから東アジア，日本に至る文化的ネットワークの存在が示唆されていよう。

これら正倉院の文物の中でひときわ目立つのがサーサーン朝のペルシア・グラスと同一形式の白瑠璃碗であろう。ワイン・グラスと思われるこの碗は，イラン北部ギーラーン地方の墳墓から複数出土したものと同一形式であることが明らかにされている（深井, 1968）。おそらくサーサーン朝のグラス工房で大量生産されたものの1つであり，同朝のグラス技術の高さを窺わせる逸品である。近年の研究では，この碗は江戸時代初期まで正倉院にあった記録がなく，奈良時代から存在したとの通説に疑問を呈する向きもあるが，おそらく6世紀のサーサーン朝期の作成である点は明らかであり，オリジナルの工芸品としての価値は変わらない（由水, 2009）。それは，平城京の時代までに，予想以上のペルシア文化との交流があったことを暗示するものと言えよう。

トハラ人の来訪

当時のペルシアと日本の交流は，唐を経由した文物による間接的なものが主体であった。ただし，奈良時代に先立つ7世紀の飛鳥時代の日本には，中央ア

ジアのトハリスタン（西トルキスタン南部のアム川流域の地域。現在のタジキスタン南部，アフガニスタン中北部にあたる）のイラン系トハラ人が訪問していた形跡もあることが一部研究で指摘されている（伊藤，2001）。日本書紀の記述によれば，孝徳天皇（在位645～654年）の白雉5（654）年に，吐火羅国の男2名，女2名，および舎衛の女1名が日向（宮崎県）に流れ着いたといい，女帝・斉明天皇（在位655～661年）の3（657）年にも，同じ国から男2名，女4名が筑紫（福岡県）に漂着したため，飛鳥に招いたという。斉明天皇は宮廷（後 飛鳥岡本宮）近くの日本最古の仏教寺院・飛鳥寺の西に須弥山（仏教で世界の中心をなす山）の像を作り，盂蘭盆（お盆）を催し，トハラ人を饗応したという。また同じく斉明天皇の5（659）年には，トハラ人が舎衛婦人とともに天皇の元を訪れたといい，同天皇6（660）年，トハラ人乾豆波斯達阿なる人物が本国に帰るため送使を求め，「後に大和に戻って仕えたく，その証として妻を残します」と申し出て，送使数十名とともに西の海に旅立っていったというのである（日本書記［四］）。

この一連の記録について，特に斉明天皇（大化の改新［645年］のときの皇極天皇［在位642～645年］。その後再度即位）の時期にトハラ人が飛鳥に到来し，朝廷に仕え，先祖供養の仏事にも関与した証拠との見方がある。おそらくペルシア人を漢字表記した波斯を名に有する乾豆波斯達阿なる人物がリーダー格で，同行した舎衛の女を妻としたのであろう。彼らはサーサーン朝の滅亡により，亡命ペルシア人が多数いた長安経由で，日本に一種の使節として到来したものかもしれない。

当時のトハリスタンはイスラーム化の端緒にさしかかった時期で，その数十年前に同地を訪れた唐僧，玄奘三蔵が記すように，その南端の大仏で著名なバーミヤンを含め，かなりの仏教徒がおり，ゾロアスター教的信仰と混在していた（桑山訳注，1987／佐野，2009）。さらに，近年の研究ではお盆の起源が実はゾロアスター教の先祖祭（年末に先祖の霊が子孫の家に戻るとされる）にあるとの説があり，仏像の誕生と並び，中央アジアにおいて同教が仏教に与えた影響の一端であったとも考えられる。そして日本とは，ユーラシアの東西で同じく先祖崇拝を重んじる点で共通性があったとも思われるのである。以上の点から，日本に到来したトハラ人たちが先祖供養の仏事に参画したとしても不思議では

なかったとも言える。

斉明天皇の造営事業と酒船石

日本書紀にも明らかなように，当時の日本は東アジアを主とする大陸との関係が，文化のみならず政治面を含め密接にあった。斉明天皇は朝鮮半島の百済滅亡に伴う同国救援の軍を起こし，自ら九州に赴いた直後に没している（その直後に白村江の戦い

図9-3　酒船石（佐野撮影）

[661年] が勃発，日本軍は唐・新羅に大敗する）。日本書紀によれば，このような不安定な国際情勢の中で，同天皇は「狂心渠（たぶれこころのみぞ）」と世人に揶揄された水路を作り，数万人を費やして石を運び，宮廷（後 飛鳥岡本宮（のちのあすかおかもとのみや））東方の田身嶺（たむのみね）に石垣を築き，「両槻宮（ふたつきのみや）」と呼ばれる「観（たかどの）」を建てさせたと伝えられる（日本書紀[四]）。

この施設について，おそらく宮廷の東の丘上にあった謎の酒船石（さかふねいし）（図9-3）を含む一帯（現在の明日香村岡）がそれにあたるのではないかとの推測が成り立つ。現在の多武峰（とうのみね）自体は宮廷から離れており，当時はこの丘も田身嶺＝多武峰の末端として含まれていたとも思われる。酒船石については江戸時代から数々の推測がなされてきたが，2000年末に丘の北麓から亀形石水槽（図9-4）が発見され，一種の複合施設ではないかと新たな論議を呼んでいる。飛鳥地方には猿石や亀石など，一面で日本離れし，今日では用途不明となった当時の石造物が複数存在するが，酒船石はその代表例と言える。飛鳥時代には特に百済（くだら）・新羅系渡来人が多く移住・活動し，大化の改新までは蘇我氏が先進技術を持つ渡来人集団を統率して天皇を凌ぐ権勢を誇った。飛鳥寺は，6世紀末にやはり渡来系の宗教であった仏教保護の名目で蘇我氏が建立したもので，一説には百済系とともにイラン系建築技術者も協力したと言われる（井本，1980：寺工太良未太（てらたくみだらみだ）などの名称より推測）。

作家の松本清張は，かつてこれら石造物を蘇我氏の邸宅の池に使用されたも

第9章　西アジア・中央アジアと日本の交流

のと推測し，その上で酒船石を，その構造（東西に約5mと横長で，南北は後世にかなり削られている。西から東へ約17度傾斜しており，大石の表面に，西から櫛形［半月形］の窪み―溝―中央の楕円形窪み―溝―円形窪み［削られ大部分欠如］の主軸，そして櫛形の両側に約30度開いて伸びる溝とそれに各々付随する円形窪み［一部欠如］，

図9-4　亀形石造物全景（佐野撮影）

そして楕円形窪みから東北に伸びる溝と円形窪み［大部分欠如］という6つの窪みからなる構造［元は窪みが10近くあったともされる］）を基に，おそらく窪みに薬物を入れてゾロアスター教儀礼で使うハオマ酒を調合したものであろうと推測した。ただし，当時天皇を含めゾロアスター教の影響があったかは実証性が乏しく，より一般的には，やはり宗教関係の施設ではあるが，当時影響があった道教の太極図（道教の宇宙構造を示す図）を示すものであろうとされる（門脇，2002）。

亀形石水槽と古代の宗教文化

その形態の特殊性から新聞メディアでも話題となった亀形石水槽施設は，湧水をまず方形の石に流し入れて不純物を沈殿させ，ろ過したものを亀形石の頭の部分から入れて甲羅にあたる窪み＝水槽に溜め，尾の部分から流し出す構造となっている（千田ほか編，2001。図9-5）。7世紀半ばに斉明天皇が造営を開始し，7世紀後半の天武天皇期にかけて二度の増築がなされ，周囲の石垣，石敷きが拡張されており，一定の長期的重要性を有した施設であったことが分かる。酒船石とあわせ，普通の鑑賞用の池水施設ではなく，おそらく何らかの祭祀のための施設だったと推測される。

ここで当時の宗教文化的状況——亀の形態を含め——を一考すべきであろう。斉明天皇は蘇我宗本家滅亡につながった大化の改新から，日本の朝鮮半島からの撤退につながった白村江の戦いに至る激動の時代に，二度にわたり在位した稀な女帝であったが，日本書紀によれば「古の道」に従って政務を行った

第Ⅱ部　ユーラシアの交流

図9-5　亀形石造物拡大（佐野撮影）

とされる。これは天皇家を祭祀の長とする日本古来の神道的信仰に従っていたことを暗示しよう。同女帝は，皇極元年に激しい旱害が襲った際，まず牛馬を犠牲に捧げる中国式雨乞いが効果なく，次いで蘇我氏の提言による仏教式儀式（寺で雨乞いの教典を読誦）を行ったがやはり効果が少なかったため，自ら飛鳥川の南淵（みなぶち）で「跪いて四方（よも）を拝し天を仰いで祈られると，雷鳴がし大雨が降った」といい，5日にわたり雨が続いて天下を潤したとされる（日本書紀［四］）。人々は当然称賛したわけだが，天皇がこの儀式を行った場所は現・明日香村稲淵の飛鳥川水神を祭る神社（飛鳥川上坐宇須多伎比売命神社（あすかのかわかみにいますうすたきひめのみこと））であったとの説が有力であり（井上・門脇編，1987），いわば天皇本来の祭祀主としての立場に則り日本の神々に祈る儀式を司ったことが知られるのである。その上で天皇は仏教も保護し，ある程度は道教などの影響も受けたと思われる。

　酒船石・亀形石水槽は，大化の改新後に譲位した実弟，孝徳天皇の治世末期に，女帝が実子，中大兄皇子（後の天智天皇）らとともに飛鳥に戻った際に造営されたが，おそらく丘の上に酒船石を覆う形で道教様式の「観」を作り，百済滅亡直前の不安定な国内外情勢の鎮静化を祈る祭祀を行ったのであろう。実際に，当時トハラ人が到来していると思われることから，たしかに西アジアの影響も考えられ，その全体構造は井本が指摘するように，後の東大寺二月堂にも反映された可能性がある古代西アジアの「ジッグラト（神を祭る人工的山）」様式をも反映していた可能性すら否定はできない（井本，2002：酒船石はユダヤ密教の「生命の樹［セフィーロート：10個の円からなる宇宙樹］」にも似ているように見える）。

　亀は道教，あるいはインド・イラン系の古代信仰においても世界（または仏教の須弥山）を背負う神聖な生き物として崇拝されることがあった。神道においても古来，一部神社で神のお使いであり，亀朴と呼ばれる亀甲を焼く未来予知の占術にも使われていた（矢野，2005）。斉明天皇は鎮護国家のため，ユーラ

シア規模の大陸文化の影響を受けた水にかかわる祭祀を行った可能性が高い。ただしその本質は，先に見た雨乞いの儀式と同じく，あくまで「古の道」に則り日本の神々に祈るものであっただろう。ここに，宗教を含む多様な文化と交流し，摂取しながら，なお独自の文化を保ち，繁栄させていくという，日本文化のあり方が看取されるのではないか。

　いずれにせよ，当時のペルシアとの直接・間接の交流を含む大陸との交流は，唐にならった律令国家建設途上にあった飛鳥，白鳳，そして奈良時代の日本に影響を与え，正倉院，また当時の仏像にも見られる国際色豊かな文化を生み出す因ともなっていったのであった。仏像としては，すでに白鳳期（7世紀後半から平城京遷都までの時期），斉明天皇没直後の666年に作成された，衣の裾にペルシア様式の連珠文がある野中寺弥勒菩薩像がある。有名な薬師寺金堂の薬師三尊像（白鳳期作成説が有力）は，台座に葡萄唐草文，ペルシア式連珠文，インド風蛮神像，そして中国の四神（北に亀と蛇がからみあう玄武像）を順に有し，ユーラシア諸地域の文化を融合させた，当時の日本文化の国際性を象徴する作品と言える（久野，1984）。

　ペルシアは7世紀半ばからイスラーム化し，9世紀以降，日本が平安京に遷都し，唐も衰退・滅亡していく状況下，天平時代のような直接的交流は薄れていった。しかし，仏教の発展と東アジアへの伝播にも貢献し，イスラーム化以降もイマーム（教主）崇拝を特徴とするシーア派とともに復興を遂げたイラン文化は，意外なまでに「多神教」的日本文化に通底する側面を持つとも言える。明治期以降，双方の交流は再開されるが，その根底に古代の交流とともに文化的な通底性があることを忘れてはならないだろう。

2　近現代のイラン・中央アジアとの交流

吉田使節団

　近代の西アジア・中央アジアは，西洋列強の進出に直面し，（半）植民地化の危機にさらされることとなった。イランではカージャール朝（1796〜1925年）が統一を果たしたものの，コーカサスをめぐる対ロシア戦争に敗れ，1828年のトルコマンチャイ条約でコーカサス領を喪失した。以後，イランは北からロ

シア，南からイギリスの進出に直面し，断続的国内改革の努力もむなしく，次第に半植民地化していったのである。現トルコ・アラブ地域からバルカン半島まで支配したオスマン帝国（1299～1922年：現トルコ共和国の前身）も，19世紀半ばにはタンジマート改革という近代化改革をなしたものの，やはり領土喪失・半植民地化の運命をたどっていった。ブハラ・ハン国などイスラーム系3ハン国に支配された西トルキスタンも同様に，19世紀にロシアの支配下となっていったのである。

他方，日本は明治維新以降，西洋にならった富国強兵の道を進んでいき，アジアを含め海外との関係を深めていった。西アジア方面にも明治初年から日本人の訪問があったのである。中でも，1880（明治13）年にカージャール朝とオスマン帝国を訪問し，両国皇帝と謁見した吉田正春の使節団は公的使節の嚆矢をなすものとして知られている。同使節団派遣のきっかけは，1878年，ロシアの首都ペテルブルクにおいて，当時の榎本武揚駐ロシア公使が，二度目の欧州訪問から帰国途次にあったカージャール朝のナーセロッディーン・シャー（Nāser al-Dīn Shāh：在位1848～1896年。「シャー」は皇帝の称号）に謁見し，シャーから両国交流の希望が伝えられたことによる。

このとき，日本側には同じく1880年に西トルキスタン旅行を行って記録を残した西徳二郎（後に外相）が書記官としており，イラン側には元宰相で当時外相だったセパフサーラール（Mīrzā Hosein Khān Sepahsālār）が随伴していた。セパフサーラールは1871年に宰相となり，国政改革を推進したことで有名だが，いわゆるロイター利権（イギリスのロイター卿にイランの鉱山開発・鉄道敷設・銀行開設などの包括的利権を譲渡する契約）を機に国内の反対が強まって解任され，外相職のみ任されていたものであった。この謁見に際しシャーに極東の新興国，日本との交流を助言したことも想像されよう。

吉田正春（1851～1920年）は土佐藩参政・吉田東洋（1862年暗殺）の長男で，外務省理事官として行ったイラン訪問の記録を『回疆探検　波斯の旅』（「回疆」とはイスラーム地域，「波斯」とは既出のようにペルシア人＝イラン地域のこと）として出版している。吉田の父は新たな学問の必要性を説き，その没後，吉田は従兄の後藤象二郎の養育を受け，中濱万次郎（ジョン万次郎）から英語を学んだという。その後，横浜で法学を修め，1870年代には同じ土佐藩士だった

板垣退助の自由民権運動に参加したのであった（ラジャブザーデ，1994〜95）。また，同行した参謀本部の軍人，古川宣誉大尉（後に陸軍中将）も『波斯紀行』と題する記録を出版している（吉田・古川，1988）。これらの記録によれば，使節団は外務卿，井上馨の指示で派遣され，両者のほか，当時の新興財閥，大蔵組商社副長の横山孫一郎（大蔵省より派遣）ら商人5名，インド人通訳（駐ロシア日本公使館より派遣），その他アフガニスタン人の料理人などから構成されていた。日本として，将来的な外交関係構築の前に，とりあえず現地の調査，通商関係の模索を目的としていたことが推察される。

ブーシェヒルからペルセポリスへ

　一行は軍艦比叡に乗船し，1880（明治13）年4月5日に品川より出港，吉田は香港から別便で一足早くイランに向かい，ムンバイ，カラチ経由でペルシア湾の要港ブーシェヒルに着いた（図9-6）。吉田はそこでイラン側役人の接待を受けるが，折しも夏に向かう時期で暑熱が激しく，住居，食事をはじめ護衛につけられたイラン兵から「バクシーシ」（施し，チップ）を求められるなど不慣れな環境で苦労し，オランダ商人の館に泊まりようやく一息つく状況だった。当時のブーシェヒルはすでにイギリスがインド洋貿易のため船舶の航海権を掌握しており，イランからの輸出品は絨毯，綿花，金銀細工などと並びアヘンがあった。アヘン取引はユダヤ系サスーン商会が独占していたという（吉田・古川，1988）。さて，吉田は残りの一行を待つ間，当時オスマン帝国領だったイラクのバスラ，バグダードを見学してブーシェヒルに帰り，到着した一行とともにいよいよ首都テヘランに向けイラン内陸部の旅に出発した。

　一行は駅馬に乗って極度の暑熱と乾燥の中，イラン南部の古都シーラーズを目指して土漠を夜間に進んだ。途中砂嵐に襲われ，またシーラーズとの間に横たわるザグロス山脈の高俊な山岳地帯を登攀するなど，旅は困難を極めた。山岳を越えるとイラン高原に入り，ある村落では珍しい賓客として屠った羊肉料理を振るまわれ，その代わりに村人から外国の医師と誤解され薬を求められることもあった。こうして一行は7月初めにファールス州州都であったシーラーズ入りし，同市の実権を握るカヴァーモル・モルク市長（Qavām al-Molk：その邸宅ナーレンジスターンは現存し，一般に公開［図9-7］）の別邸に宿泊し，シャー

第Ⅱ部　ユーラシアの交流

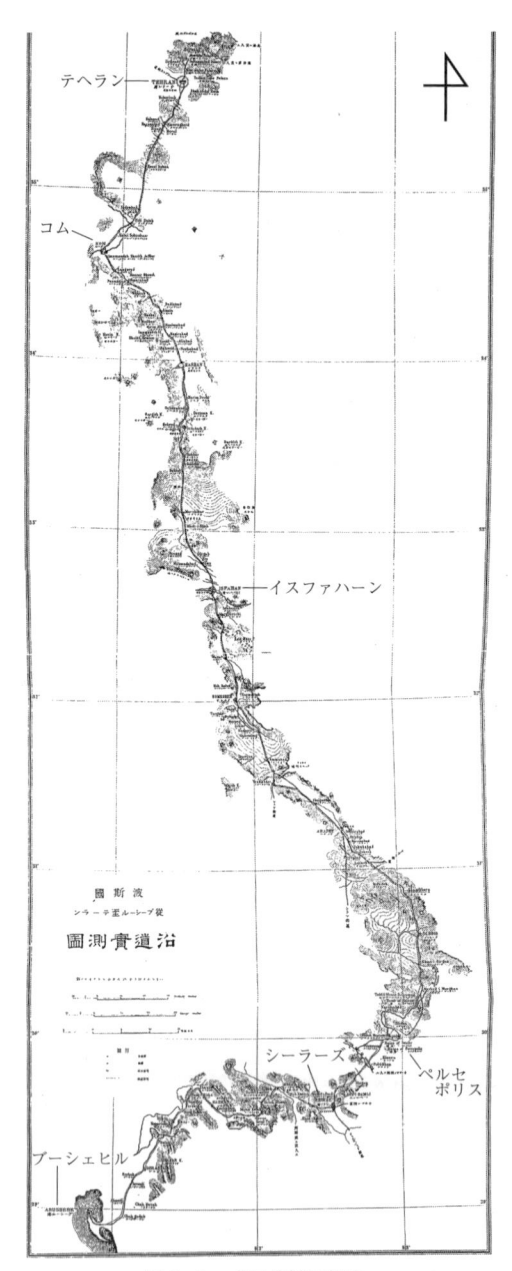

図9-6　吉田使節団経路
(出所)　吉田・古川, 1988。

の叔父にあたるファールス州総督と会見している。シーラーズは昔日の面影はなく、人口4万人ほどを数えるにすぎなかった。当時のイラン人口は1000万人ほどとされ、大多数が農民、遊牧民として読み書きもできないまま伝統的生活を送っており、日本に比べても近代化は大幅に遅れていたのである。

一行はシーラーズを発ち、たまたま出会ったドイツ人考古学者とともにペルセポリスの旧跡に立ち寄り、注意深く観察している。吉田らは一見してこの巨柱が残る壮大な石造の宮殿址の光景に圧倒され、一対の有翼人頭獣の像からなる門（クセルクセスの門）を入った。吉田は正殿（アパダーナと呼ばれる謁見殿）の側壁にある諸国からの貢納者の鮮明な像にうたれ、そこに見られる菊花状の紋章（天皇家の紋章に類似）や、鳥が松枝を咥える図（正倉院の昨鳥文の起源とも見られる）と日本のそれとの類似性を指摘している。また、ペルセポリス近くのナクシェ・ロスタムにある王家の墳墓に見られる有翼円盤を、日本にもある太陽信仰の象徴と見なして、ゾロアスター教は実は太陽教と呼ぶのが適当であると述べているのである（吉田・古川, 1988）。

図9-7 ナーレンジスターンのタイル壁
（佐野撮影）

研究上は、アケメネス朝がアフラ・マズダーを主神とするゾロアスター教を信奉していた確証はなく、ヘロドトスは古代ペルシア人の宗教を、太陽神ミトラへの崇拝を含む自然崇拝に近いものだったと記している。しかし、日本人として初めて当地を訪問し、先入観なく観察した吉田の指摘は、奇しくも飛鳥時代の交流の根底にあった日本とペルシアの文化的共通性を率直に感じ、言い当てていたものと言えるかもしれない。

一行はイスファハーン入りし、ザーヤンデ川にかかる美麗な三十三橋や目抜き通り、王の広場などのサファヴィー朝（1501〜1736年）建築やバーザール（市場）を見学するが、当時は人口6万人にすぎず、衰退していた。その後一

行はシーア派の宗教都市コムを経由し，9月上旬にようやくテヘラン入りしたのであった。

シャーとの謁見

　テヘランはカスピ海南岸に連なるエルブルズ山脈南麓に位置し，カージャール朝になって首都として建設された町である。現在では人口800万人の大都会だが，当時は城壁に囲まれた市内に6万人が居住するにすぎなかった。シャーの王宮の南には現在同様バーザールがあった。古川はこれについて，すべてドーム型の屋根に覆われた幅4-5mの細い道が走り，その左右に商工店舗が並び，その背後に隊商宿があって道沿いに70-90mごとにある門を入ると，布，皮革などを並べて販売している様子を伝えている（吉田・古川，1988）。また古川は，テヘランにおいてシーア派のアーシューラー祭典（シーア派第3代イマーム，フセインが680年のムハッラム月［イスラーム暦1月］10日，ウマイヤ朝軍によりイラクのカルバラーで「殉教」したことを追悼する行事で，毎年ムハッラム月1～10日に開催）に遭遇し，民衆が御輿を先頭に「狂スルガ如ク」行進してフセインの死を悼んで胸を叩き（「シーネ・ザニー［shīn-e zanī］」と呼ばれる），白刀で体を傷つける模様や，殉教劇の開催を観察している（同上）。当時のイランでは民衆の間にシーア派イスラームの信仰が濃厚で，ウラマー（イスラーム法学者）の影響力は司法面を含め強く，女性の服装もほとんど頭から全身を覆う黒いベールを被るものだった。

　一行はシャーの別邸の1つをあてがわれ，シャーとの謁見を働きかけるべく吉田はまずセパフサーラール外相と会見する。権勢を振るう外相は，ロシアでの榎本公使との会見に触れ，歓迎の意を表したが，その翌日突然外相職を解任され，失脚してしまったのであった。外相は保守系の政敵が多く，これに配慮せざるをえないシャーにもその権勢を疎まれるようになっていたのである。吉田は謁見のため談判を続け，改革派のアミーノル・モルク（Amīn al-Molk）侍従長兼駅逓相の仲介で，ようやく実現する運びとなった。

　シャーとの謁見は9月27日，王宮でなされ，商人を含む日本人全員の参加が許された。謁見の間でシャーは宝石をちりばめた王冠・軍服を着して椅子に座っていた。使節団はその御前に進み，吉田が日本政府代表としてシャーによ

る厚遇を謝し，日・イラン両国交流を希望する旨を奏上した（インド人通訳は問題を起こして解雇されており，通訳は横山が英語に，それをイラン側がペルシア語に訳した）。シャーは椅子から立ち，「……假令日本國と朕の國と太だ遠隔せりと雖も，同く是れ亜細亜洲に位置を占めたる國にして，何れも東方の政府と稱すべき者たり，故に朕の精神は日本國天皇陛下の精神と合一なるものにして，朕は日本國天皇陛下を朕の親友なりと思考す，因って両國政府の間に親密なる交際を結び，之を永久に保續せんことを望む」と返答したのであった（同上）。

　その後うちとけた話し合いとなり，シャーは吉田・古川に日本の国情——鉄道，機関車，明治天皇の下の政体，憲法，イランへの行程と所要日程（最短で45日と返答），軍など——を逐一尋ね，アジアの新興国，日本への関心の高さを窺わせた。シャーは商人1人1人を紹介され，両国交流を通商から始める意向を天皇に伝えるように求めたのであった。この謁見は成功裏に終わり，数日後には吉田・横山がシャーから二度目の内輪の謁見を賜っており，その翌日，吉田・古川・横山への叙勲が通達されたのである。シャーが日本との友好関係開始を希望した背景には，通商のみならず，カージャール朝が英露の圧力をかわすためフランスなど利害関係の薄い「第三勢力」を引き入れる外交戦略をとっていたことも考慮されるべきであろう。

　吉田・古川一行はその後テヘランで貴顕らと親交を結んだ後，1880年末にテヘランを発ち，次の訪問国，オスマン帝国に向かった。途中，カスピ海沿いのイラン北部ギーラーン州に入ると風景は一変し，日本を彷彿とさせる緑の田園地帯が広がっていた。しかし，カスピ海はロシアにより名産のキャビアを含む漁業権，航行権が独占され，中央アジア攻略の完成を目指すロシアによる，カスピ海東岸のトルクメン族制圧のための軍需物資の輸送経路となっていた。州都ラシュトではアリーカンというフランス語に堪能な外務官僚の接待を受けるが，同人は改革派であったため，官位を落とされてラシュトに左遷されたとのことだった（同上）。吉田によれば，アリーカンは英露の圧力下，西洋の表面的模倣に満足するカージャール朝の現状を憂え，宗教界の権力を削り，教育改革，軍制改革などを行うべきであると率直に述べたという（同上）。ここには，当時の改革派官僚の偽らざる心境が吐露されていると言えるだろう（アリーカンは1883年にラシュトを訪問したアメリカ大使の回想録にも記述されており，フ

ランス語に堪能で詩才があったという［ラジャブザーデ，1994 - 95］。なお，吉田の記録はここで終わっている）。

オスマン帝国訪問

　一行はカスピ海岸のアンザリー港からロシア汽船でバクーへ向かい，ロシア領入りした。その後，ロシア官憲の接待を受けながら，イランに比べ整然とした駅逓制を使ってコーカサスを横切り，近代都市の体裁を有しつつあったエリザベートポール（現アゼルバイジャン共和国のギャンジャ），ティフリス（現グルジア共和国の首都トビリシ）に至った。ティフリスは人口10万人を超える都会で，コーカサス総督府の所在地であり，ロシアの中東・中央アジア方面への軍事的進出の拠点ともなっていたのである。一行はそこから初めて鉄道に乗って黒海岸のポチに至り，バトゥーム港から汽船でオスマン帝国の首都・イスタンブルに向かったのであった。コーカサス旅行を通じ，古川はイランに比べたロシアの交通インフラや軍事面での近代化の度合いを印象づけられており，イラン内部で感じられたロシアの圧力が本物であることを実感させられたのであった。さらにバトゥームでは，1878年の露土戦争の結果，ベルリン条約でオスマン帝国がロシア側に同港を割譲した事情から，本国への帰還を待つトルコ人家族らがモスクで困窮生活を余儀なくされている状況も目の当たりにしている（吉田・古川，1988）。

　1881年2月にイスタンブルに着くと，一行はヨーロッパ側のペラ（現イスタンブル新市街）に宿泊したが，古川は長旅の疲れからか一時病臥している。その後スルタン（皇帝の称号），アブデュルハミト2世（Abdülhamit II：在位 1876〜1909年）に謁見を許される。スルタンはすでに前年に日本海軍将校らを謁見したこともあり，両国友好のため軍艦を日本に派遣する旨を約したのであった。一行はその後，トプカプ宮殿で日本陶磁器を含むオスマン帝国の財宝を見学し，スルタンの晩餐会に招かれるなど歓待を受け，ウィーン経由で1年ぶりに日本に帰国していったのであった。スルタンが約した軍艦派遣は，1889年のエルトゥールル号派遣で実現したが，翌1990年，紀伊半島の現・串本町沖で暴風のため沈没し，日本側が生還したトルコ兵のための支援を惜しまなかったことは有名な逸話である。

第9章　西アジア・中央アジアと日本の交流

　吉田・古川一行が謁見を許された両国皇帝は，皮肉なことに両国の改革派により「反動的」と見なされ，ナーセロッディーン・シャーは1896年に過激派により暗殺，アブデュルハミト2世は1908年の青年トルコ革命で退位する結果となった。こうして両国ともに近代国家樹立のための革命の時代をむかえていく。吉田はその後，伊藤博文の憲法調査の欧州旅行に同行するなどしたが，不遇の生涯に終わったと伝えられる。しかし，19世紀後半にすでに吉田・古川一行によりなされた公式訪問は国交樹立の最初の一歩であり，またその旅行記は，日本人として両国社会の実態や問題点のみならず，日本とのユーラシアの東西に跨る文化的共通性までも率直に伝えている点で，当時の欧米人の旅行記・外交文書にも劣らない貴重な報告となっている。日本とイラン，トルコ両国との正式な国交樹立は，吉田・古川両人が没し，両国が第一次世界大戦後に近代国家（パフラヴィー朝とトルコ共和国）に生まれ変わった後のこととなるのであった。

トハリスタンの現在

　トハリスタンは先述のようにアム川流域に広がる地域であり，その北に位置するソグディアナとともに，古代に日本との文化的交流もあった（前掲図9-2）。7世紀前半に同地域を通過してインドに向かった玄奘三蔵は，トハリスタン（都貨邏国）の境域を，現ウズベキスタンのシャフリ・サブズ南方の鉄門から，現アフガニスタン中部のバーミヤンあたりまでとし，仏教の寺院・僧が各地に存在している模様を伝えている（桑山, 1987）。その後，トハリスタンはイスラーム化・トルコ化を経て近代をむかえ，大部分がロシアに支配された。同地域には現在までイラン系タジク人が多く，トルコ系ウズベク人と混住している。

　先に触れた西徳二郎は，吉田使節団と同年の1880年に，当時名目上ブハラ・ハン国の領域にあった同地域を踏査し，国王のムザッファルッディーン（Muzaffar al-Dīn：在位1860～1885年）とも謁見している。西は，ロシアとの戦争に敗れたタジク系の国王の様子を，「ロシア・トルキスタン行政地区の総督の意のままに左右されるところとなり」と記している（西・福島, 1990）。その後，トハリスタン一帯は北部がロシア革命を経てソ連に編入され，南部はアフガニスタン領となり，現在ではソ連から独立したウズベキスタン，タジキスタ

ン両国と，アフガニスタンに分かれる状況となっているのである。

　筆者はこれまで数次にわたり，右両国に跨るトハリスタン北部を訪問してきた。特に2004年春にタジキスタンを初訪問した際には，1990年代の内戦による混乱の印象が強く，入国まで懸念を抱いたことを覚えている。しかし，ウズベキスタン国境から陸路入国し，北部ホージェントから空路首都ドシャンベに到達すると，町のインフラこそ老朽化や破損が目立ったものの，人々の様子があまりに穏やか，かつ友好的で，懸念は杞憂に終わった。同国は現在，ラフモノフ大統領の下，日米の援助も受けて国家復興の努力をしており，親日感情も強い。同国の関係者に聞いたところ，内戦自体が，実際には地方や町ごとの「なわばり争い」の性格が強く，大統領らによる調停努力の結果，タジク人としてのまとまりを取り戻し，和平に至ったという。

　同国南西部にはいくつか仏教遺跡があり，ユネスコの管理下，日本も保存に貢献してきている。その代表例であるアジナ・テペ遺跡は，8世紀初めまで存在した郊外型仏教僧院の跡であり，ストゥーパ（仏塔）とともに多くの仏像が発掘され，その中には全長11mの涅槃仏もあった（図9-8）。これらは現在，タジキスタン国立考古学博物館に展示されている（同博物館の主要展示品は，龍谷大学古典籍デジタルアーカイブ研究センターのホームページ［http://www.afc.ryukoku.ac.jp/tj/］で閲覧可能）。このほか，ウズベキスタン国境沿いのコファルニホン川流域にあるカレ・コファルニホン遺跡では，現在日本が協力した発掘が進められており，小型のミトラ神像とともに，仏像とも思われる小像の型が発見されている。さらに中央に拝火壇を有する方形拝殿の跡も発見され，同じく同国にあるペンジケント遺跡やイランの遺跡にある方形拝殿との類似が指摘されるところである。この遺跡は，8世紀初期まで同地で崇拝されていた太陽神ミトラ信仰——吉田のペルセポリス訪問の項で触れたようにゾロアスター教の1つの祖型，あるいは類型であったとも考えられる——と仏教の信仰が混交した町の遺跡と言える。隣国ウズベキスタンでも，南部テルメズ付近にクシャーン朝期の仏教遺跡（図9-9）とともにゾロアスター教的信仰の遺跡が混在しており，おそらくかつてクシャーン朝が支配したトハリスタン一帯で，二種の信仰が混在し，相互に影響を及ぼしたことを示すものと言える。

　イスラーム化以降も同地域は古代の伝統を生活文化の中に維持しており，イ

第 9 章　西アジア・中央アジアと日本の交流

ラン暦新年のノウルーズ（nou-rūz：春分の日にあたる）には人々が街路に繰り出し，盛大なお祭りを行う。なお，タジキスタンのイスラームはスンナ派で，ソ連時代には抑圧される風潮にあったが，古代文化を継承するタジク民族主義とともにイスラームも復興しつつある。同国最大のヤアクーブ・チャルヒー・モスクのイマーム（導師）に筆者が伺ったところ，確かに90年代には南部アフガニスタン国境からタリバーン勢力の進出が見られた時期もあったが，それも沈静化し，穏健なイス

図 9-8　アジナ・テペ涅槃仏（佐野撮影）

図 9-9　フィヤーズ・テペ仏教遺跡（佐野撮影）

ラームが主体となっているとのことだった。同モスクは，モスクの名称でもある14世紀のスーフィー（イスラーム神秘主義者）によって建立されたもので，毎週金曜日には集団礼拝に訪れた人々であふれかえる。このスーフィーは次に触れるナクシュバンディー教団に属し，同地のイスラーム化に大きく貢献したと言われ，モスクに付属した廟には参詣者が絶えない。古代以来の文化を有するトハリスタンにおいて，内面を重視するスーフィズム（イスラーム神秘主義）が大きな役割を果たした点は一考に値すると言えるだろう。

聖なるブハラ

　ブハラはサマルカンドと並び，古代ソグディアナの都として繁栄した由緒あ

第Ⅱ部　ユーラシアの交流

図9-10　ディーヴァーン・ベギ・マドラサ（佐野撮影）

る町である。イスラーム期にも東方イスラーム世界の文化的中心として数々のモスク，マドラサ（神学校）を擁し，学者らを輩出してきた。このため，「聖なるブハラ（Buhara-i Sharīf）」とも呼ばれ，現在では世界文化遺産に指定されている。2009年夏，筆者は大学の学生研修旅行で同地を訪問した。町の中心にあるハウズ（hauz：溜め池）の周りに展開するイスラーム遺跡の数々は圧巻であり，特に10世紀建立のイスマーイール・サーマーニー廟はドームを擁する淡灰色のレンガづくりの方形建築で，古代イラン建築とイスラームが融合した極めて貴重な例である。また，ハウズ近くのディーヴァーン・ベギ・マドラサは門の上部に人面の太陽と，左右に動物を摑む極彩色の巨鳥2羽（古代イランの神鳥スィーモルグと言われる）がタイルで描かれており，融合文化の有り様を伝えている（図9-10）。夕刻，学生らと同マドラサの中庭で民族舞踊を見る機会があり，現地のうら若い女性が体を旋回させて踊る姿は，唐の長安ではやったペルシアの胡旋舞を彷彿とさせた。

ブハラ近郊には，先に触れたナクシュバンディー教団の開祖，バハーオッディーン・ナクシュバンド（Bahā' al-Dīn Naqshband）の聖廟があり，参詣者が絶えない。ウズベキスタンはタジキスタン同様，独立後イスラームが復興基調にあり，首都タシュケントではイスラーム専門の大学でアラブから専門家を招いて教育を行っている。ただし，スーフィズムは公的イスラームとはやや異なり，ズィクル（zikr：神名の唱名）などの修行を通じ，万物を生み出した根源存在と見なされる神との一体化を図るものである。タリーカ（神秘主義教団）とは卓越したスーフィーを開祖として信者が組織化されたもので，12世紀頃からイスラーム世界各地に成立した。西側ではトルコのメヴレヴィー教団が著名で，

セマー（semā）と呼ばれる独特の体を旋回させる修行法を行うが，13世紀の開祖ルーミー（Jalāl al-Dīn Rūmī）は古代トハリスタンの主要都市バルフの出身であった。タリーカの信者による修行や聖者崇拝が各地の異教徒にもアピールし，イスラームの拡大・定着に貢献した点は評価されるべきであろう。

　ナクシュバンディー廟は聖廟を中心に，男女別々のモスクと祈禱所，池や研究施設も有するかなり大きな複合施設である。教団関係者のタタール系（南ロシアのトルコ系民族）の画家の方が，われわれのために聖廟を前に同教団の由緒・教えについて説明してくれた。それによれば，開祖は14世紀のブハラに生まれた花の型染職人であった。その教えの特色は，ズィクルを口で唱えるよりも日常生活の中で心で唱え，最後に神を映す鏡となることを目指すものであり，「手に職業，心は神に」をモットーとし，バハーオッディーン自身，生涯貧しい職人であり続け，職業を持たない者の入門を拒否したという。「専業」のスーフィーと異なるこの現実主義的立場は，同教団の11原則に集約され，開祖同様の仕事や生活を送る大衆の共感・支持を得，王朝の崇敬をも獲得することとなったと思われる。スンナ派の公的教えを守り，現実生活の中で悟りを目指す同教団は，教えの特色から強い組織性を持たないまま各地に広がり，南アジア，中国，そして現在では欧米やオーストラリアにまで「自然」に拡大を続けているのである。

　この説明の後，画家の方がわれわれのために女性用の祈禱所（男性用より装飾が美しいとの理由）で，自発的に旅行安全の御祈禱を行ってくれた。われわれの前で床にかしこまって瞑目し，祈禱文を唱えながら両手を少し開き，聖バハーオッディーンの魂を通じ神のバラカ（baraka：祝福）を受け取り，われわれに授けようとするのであった。これは日本の神社での御祈禱にも相通ずるものがあり，日本人を含む非ムスリムへ親しみやすさを喚起する例と言える。

（佐野東生）

3　近現代のトルコとの交流

日本・トルコの歴史的交流

　ヨーロッパとアジアを結ぶ「橋」と言われるトルコと日本の関係は，第2節

の吉田使節団のトルコ訪問でも触れたように，長い交流の歴史があり，現在も発展している。この交流はシルクロードの時代からあるが，近代の二国間関係は19世紀後半から始まった。その中で，エルトゥールル号事件は現在のポジティブな日本・トルコ関係の起源となった。オスマン帝国のアブデュルハミト2世は，吉田使節団を前提に，小松宮彰仁殿下および同妃殿下が1887年にオスマン帝国を訪問したことに対して，軍艦エルトゥールル号を日本に派遣したが，帰国する途中で台風に遭遇し，和歌山県紀州沖で沈没した。約580人が死亡したこの事件の後，救出された人に関して日本側からの援助やオスマン帝国への訪問がなされ，両国の友好関係が始まった。現在でも和歌山県串本町には「エルトゥールル号殉難将士慰霊碑」が建立され，毎年慰霊式典が開催されている（MOFA, 2009）。

　日本・トルコ関係は第一次・第二次世界大戦期を除き20世紀にも継続した。1923年に独立したトルコ共和国は日本から1924年に承認され，1925年にイスタンブルに日本大使館，東京にトルコ大使館が開設された。表9-1はオスマン帝国時代および明治時代からの二国間関係の主な事件のまとめである。これらの両国関係を，まず日本からの国際協力・援助活動，次に経済・貿易関係，最後に文化・観光上の交流という3つの視点で説明することが可能である。これらの一部が二国間関係の主流となる時期がある。それを1980年代「国際協力および日本政府からの援助」，1990年代「二国間貿易および日本からの直接投資活動」，2000年代「二国間の文化交流および経済協力」の時代と，年代ごとに読むことができよう。そこで以下のように，二国間関係をそれぞれの年代の特徴に注目しながら分析することとする。これを通じ，日本とトルコはアジアの一番東と西にあって，ユーラシアを結ぶ「2つの端（橋）」と言えることが了解されるであろう（図9-11）。

1980年代──国際協力と援助

　トルコ共和国が設立されてからの日本・トルコ両国の関係は，トルコ共和国の経済開発政策に関する日本政府からの協力と援助活動が中心だった。トルコは1950年代から，経済発展戦略と国内の各地域の開発レベルを円滑にする目的で，ヨーロッパの各機関，アメリカから援助を受け，日本からも援助を得た。

第9章　西アジア・中央アジアと日本の交流

表9-1　日本・トルコ関係の年表

年度	実行
1887	小松宮彰仁親王同妃両殿下のオスマン帝国への公式訪問
1890	エルトゥールル号事件
1923	トルコ共和国の成立
1924	トルコ共和国の承認
1925	在トルコ日本大使館の開設
	在東京トルコ大使館の開設
1930	通商航海条約の署名
1965	在イスタンブル日本領事館の開設
1967	査証免除取扱の署名
1970	OSAKA-EXPO（大阪万国博覧会）
1972	総領事館の昇格
1985	イラン・テヘランで孤立した邦人の救出
1988	ファーティヒ橋の開通
1989	航空協定の署名
1990	エルトゥールル号事件の100周年記念
1993	投資促進保護協定の署名
1994	租税条約の署名
1995	JICA アンカラ事務所の開設
1999	マルマラ地震，デュズジェ地震
2003	日本におけるトルコ年
2005	AICHI-EXPO（愛・地球博）
2010	トルコにおける日本年

（出所）MOFA, 2009／DB, 2009。

図9-11　アジアの端(橋)——日本とトルコ
（出所）http://maps.google.co.jp.

トルコは日本のエネルギー問題に関し最も重要である中東諸国，ロシア，中央アジアと東地中海の間という戦略的な位置にある。また，西アジアと東ヨーロッパ諸国の中で，市場経済に基づいて民主主義とイスラーム文化をつなぐ近代的なモデルとして，欧米から見ても重要性がある。さらに，日本の中東と東ヨーロッパをめぐる投資および経済協力政策に関しても重要であり，以上の理由から日本からトルコの経済発展と国内安定に向けた援助・協力活動は，積極的に実施されてきた。

こうした日本の活動は，基本的にはJICA（国際協力機構）とODA（政府開発援助）の枠組みで実施され，特に80年代頃に二国間関係の中心となる。初めからプロジェクトごとの支援という形になった日本からのODA活動は，トルコの各地域の経済発展に関する基盤整備を目指して実施された。1988年に開通したファーティヒ橋（Fatih Köprüsü）は，日本の援助のシンボルであると言える。その後次々にプロジェクトが実施され，日本からの政府援助は80年代から90年代にかけてトルコの各地域の発展に寄与した。また，JICAのアンカラ事務所は1995年に開設され，1999年に西トルコで発生したマルマラ地震に対する援助活動は二国間関係をさらに深める事件となった。JICAの活動は，経済協力だけではなく技術協力，無償資金協力および有償資金協力の形態で2000年代前半まで続いた。

世界銀行によれば，トルコは2006年から1人当たりのGNPが高くなり，中進国になったため，日本の援助政策も若干変わった。無償資金協力のプロジェクトは少なくなり，主な援助活動は円借款および技術協力の形になった（表9-2）。現在，全体の援助は環境改善，経済発展に直接寄与する人材の育成，各地域の格差の是正と災害対策という分野によって実施されている状況である（JICA, 2009）。

JICAの2007年までのデータによると，円借款，無償資金協力と技術協力に関するプロジェクトでは，トルコからの研修員4238人の受け入れ，日本からの専門家1117人の派遣，および調査団1957人の派遣が見られる（JICA, 2009）。現在，日本からの支援の中でメインになるプロジェクトは，2005年に決定された「ボスポラス海峡横断地下鉄整備事業」である。さらに，2010年現在実施中であるプロジェクトとして，「東部黒海地域営農改善プロジェクト

表9-2 日本のトルコにおける援助活動

(単位:億円)

年度	円借款	無償資金協力	技術協力
2003	268.26	1.04	16.61(13.51)
2004	987.32	0.55	15.19(12.05)
2005	-	3.05	11.57(9.86)
2006	-	0.16	7.57(6.38)
2007	-	4.42	8.66
援助開始以来の累計	5,501.14	22.79	400.71

(注) 1:年度の区分は,円借款及び無償資金協力は原則として交換公文ベース,技術協力は予算年度による。

2:「金額」は,円借款及び無償資金協力は交換公文ベース,技術協力はJICA経費実績及び各府省庁・各都道府県等の技術協力経費実績ベースによる。草の根・人間の安全保障無償資金協力と日本NGO連携無償資金協力,草の根文化無償資金協力に関しては贈与契約に基づく。

3:円借款の累計は債務繰延・債務免除を除く。

4:2003〜2006年度の技術協力においては,日本全体の技術協力事業の実績であり,2003〜2006年度の( )内はJICAが実施している技術協力事業の実績。なお,2007年度の日本全体の実績については集計中であるため,JICA実績のみを示し,累計についてはJICAが実施している技術協力事業の実績の累計となっている。

(出所) JICA, 2009。

(2007年2月〜2010年3月)」,「カレイ類養殖プロジェクト(2007年7月〜2010年12月)」,「自動制御技術教育普及計画強化プロジェクト(2007年8月〜2010年9月)」がある。

1990年代——二国間貿易・投資の拡大

現在,経済関係は日本とトルコを結ぶ最も大事な橋の1つである。ヨーロッパとアジアをつなぐアナトリア半島はシルクロード時代から交易ルートであり,日本の経済発展と同時に再度重要性を増した。オスマン帝国時代から商売を行う日系の会社もあったが,トルコ共和国の承認の後,最初の共同活動は1925年に大阪で開設した「日土貿易協会」と1926年に東京で開設した「日土協会」である(三沢,2008)。次いで,1930年に通商航海条約が署名された。その後徐々に拡大した二カ国経済協力に加えて,1967年に査証免除取り決め,89年に航空協定,93年に投資促進保護協定,94年には租税条約が署名されたのであった(前掲表9-1)。1980年代後半から市場経済を中心にし,中東,ロシア,

中央アジア，北アフリカ，東ヨーロッパおよびEEC（EUの前身）との経済協調を進めたトルコと日本の経済関係は，80年代からの援助活動の影響も含めて，より増加したのである。

二国間の経済協力は，貿易，日本からトルコへの直接投資，日本企業のトルコにおける経済活動，特に観光会社の活動という形で進んでいる。直接投資に関してトルコ財務庁の発表によると，2006年に日本からトルコへ投資した企業は56社で，投資合計は1500万ドルである（MOFA, 2009）。他の企業の活動は，三井銀行（現三井住友銀行）が1985年に開始した現地法人設立と，1990年代に増加した自動車や自動車の部品を中心にする自動車企業である。トヨタ自動車は1994年に，ホンダ自動車は1997年に現地生産工場を設立した。このほか，ブリヂストンや三菱グループなどが，中東，中央アジアおよびヨーロッパを連結するトルコで企業活動を展開している。

表9-3は，両国の2001年から2007年までの貿易関係を示したものである。現在の日本からトルコへの輸入内訳は，トラック，ディーゼル／半ディーゼル車両，ガソリンエンジン車両，自動車用エンジン，自動車用ギアボックスと部品，荷積用／建設用車両，印刷機械部品，テレビ，デジタルカメラとレコーダーなどである。トルコから日本への輸出内訳は，飛行機および航空関連機器，生鮮まぐろ，トマト加工品，金属鉱石，ゴマ，カーペット，他の水産物，タイヤとウールカーペットおよびラグである。

図9-12は二カ国の貿易における相互依存を比較している。2002年から増えたトルコから日本への輸出はトルコの総輸出の0.23％である（2007年の比率）。この比率は日本の総輸入のうちではさらに少なく見える（0.043％）。同じように，2007年のトルコの日本からの輸入は2007年のトルコの総輸入のうち2.18％で，日本の総輸出のうちの0.56％にすぎない。二国間の貿易比率によると日本のトルコへの貿易は全貿易額のうちでは少ないが，日本からの輸入はトルコの総輸入の中で12番目になる（DTM, 2009）。しかし，表9-3でも指摘されるように，二カ国の貿易額は徐々に増加している。今後，歴史的関係を基盤とし，トルコの戦略的位置，周辺諸地域との協調関係に鑑み，日本はトルコへの投資をさらに増加させるべきではないだろうか。

第9章　西アジア・中央アジアと日本の交流

表9-3　二国間の貿易関係

年度	トルコから日本への輸出(千$)	トルコの総輸出における比率(%)	日本の総輸入における比率(%)	日本からトルコへの輸入(千$)	トルコの総輸入における比率(%)	日本の総輸出における比率(%)	全貿易額(千$)	均衡(千$)
2001	120,664	0.45	0.038	1,307,357	2.35	0.34	1,428,021	-1,186,693
2002	129,980	0.36	0.042	1,465,507	2.84	0.37	1,595,487	-1,335,527
2003	156,288	0.33	0.046	1,927,096	2.78	0.43	2,083,384	-1,770,808
2004	190,117	0.30	0.047	2,684,287	2.75	0.51	2,874,404	-2,494,170
2005	234,227	0.32	0.051	3,109,218	2.67	0.56	3,343,445	-2,874,991
2006	263,084	0.31	0.051	3,216,725	2.33	0.53	3,479,809	-2,953,641
2007	246,838	0.23	0.043	3,702,849	2.18	0.56	3,949,687	-3,456,011

(出所)　DTM, 2009。

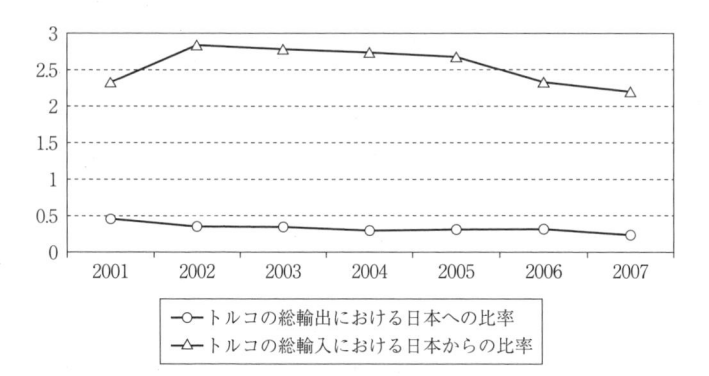

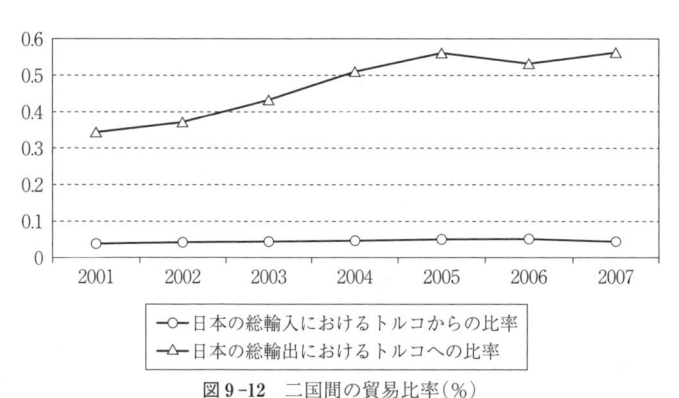

図9-12　二国間の貿易比率(%)

(出所)　表9-3よりウヤル作成。

2000年代——文化協力と観光の時代へ

　80年代の日本からの援助活動によって拡大し，90年代の経済協力で深化した両国の交流は，21世紀をむかえて多様な形で進んでいる。ただし，エルトゥールル号事件の影響で友好裏に始まった日本・トルコ関係は，最初から文化交流に基づいて続いてきているとも言えるだろう。アジアの両側にある日本とトルコのつながりはシルクロード時代からあるが，2000年代，あるいは21世紀の初めは両国の文化交流と相互理解がさらに深化する時代になるだろう。その前提として，イラン・イラク戦争中の1985年に起こった，イランで孤立した251人の在イラン邦人をトルコ航空が救出した事件において，文化交流の基となる両国の信頼関係が強化されていたことも忘れてはならない。

　文化交流および協力を強化する側面の1つは，両国が地震発生地域にあることだろう。歴史的に地震の経験が多い日本は，1999年8月に西トルコで発生したマルマラ地震（M7.4規模で死者約1万7000人）と11月に発生したデュズジェ地震（M7.2規模で死者約818人）の直後，緊急援助を実施した。また人命救助，医療，ライフライン復旧支援，耐震対策や仮設住宅建設指導などの国際緊急援助に参加し，緊急円借款供与，緊急物資，無償援助，仮設住宅供与およびNGO援助の形態で直接支援もしたのである。これに応える形で，2011年3月に発生した東北関東大震災に際し，トルコから緊急援助隊が派遣されている。

　現在，両国の文化交流はトルコの経済開発を目標とした経済協力，専門技術協力，トレーニング研修，日本からのボランティアプログラムや留学生をサポートする奨学金プログラムなどの形態で行っている。表9-4では日本とトルコを経済面を主体に比較している。2008年のデータを中心にするこの表によると，トルコの面積は日本の2倍で人口は日本のほぼ半分ぐらいである。両国の経済成長率（GDP：国内総生産）について，2008年に日本のGDPは-0.7％に対し，トルコのGDPは3.8％となり，両国はグローバル金融危機に対しても別々に対応している。

　こうした両国の経済的相違や問題にもかかわらず，その友好関係の基になる文化交流は昔から両国を結ぶ基だと言える。多くの日本人は，古代文明に貢献したアナトリア半島とトラキア半島（ヨーロッパ側トルコ）の数々の歴史遺産に関心を持っている。日本人観光客は2000年代に急増し，2007年には16万

表9-4 トルコと日本のプロフィール

2008年	日　本	トルコ
人　口	1億2770万	7391万
人口成長(％)	－0.1	1.2
面積(km^2)	377.9	783.6
平均余命	83*	72
GDP 成長率(％)	－0.7	3.8
GNI 人当たり PPP (US$)	35,220	13,770
インフレ(％)	－1.0	10.6
総合輸出 (GDP％)	14**	24
総合輸入 (GDP％)	13**	29
森林エリア(km^2)	287.7**	101.8**
農業土地(％)	12.9	53.6
携帯利用者（単位：百人）	86	89
インターネット利用者（単位：百人）	69	33.1
トルコに在留する日本人数	1,353*	
日本に在留するトルコ人数	2,366*	

(出所) 世界銀行, 2008。＊は2007年, ＊＊は2005年から。トルコと日本の在留データは, MOFA, 2009。

図9-13 アジアとヨーロッパを結ぶボスポラス海峡（ウヤル撮影）

8852人がトルコを訪問している。また，2008年付けでトルコに在留している日本人は1353人で，日本に在留しているトルコ人は2366人である（表9-4）。こうした文化的な人的交流をもっと深めるために，2003年は日本におけるトルコ年になり，1年間にわたり日本の各地域でトルコの歴史，文化や社会に関する展覧会，学会および講演会が開催された。それに対してトルコ政府は2010年をトルコにおける日本年と決定し，様々なイベントが挙行された。日本の援助・経済協力および文化交流に基づく両国間の協調はこれからも進めていくべきであると言えるだろう。

（アイスン・ウヤル）

■参考文献■

足利惇氏『世界の歴史9　ペルシア帝国』講談社，1977年。
伊藤義教『ペルシア文化渡来考　シルクロードから飛鳥へ』ちくま学芸文庫，2001年。
井上光貞・門脇禎二編『古代を考える　飛鳥』吉川弘文館，1987年。
井本英一『古代の日本とイラン』学生社，1980年。
井本英一『穢れと聖性』法政大学出版局，2002年。
門脇禎二『飛鳥と亀形石』学生社，2002年。
久野健『飛鳥白鳳天平仏』法蔵館，1984年。
桑山正進訳注『大唐西域記』大乗仏典（中国・日本編9），中央公論社，1987年。
坂本太郎ほか校注『日本書記（四）』岩波文庫，1995年。
佐野東生「タジキスタンのイスラーム化とタジク文化の創生について」蓮池利隆編『ミトラ仏と覩貨邏の仏教』科研費基盤研究（B）報告書，2009年，73-84頁。
千田稔ほか編『亀の古代学』東方出版，2001年。
西徳二郎・福島安正『シルクロード紀行Ⅰ──『中亜細亜紀事』『波斯紀行』』金子民雄訳　雄松堂出版，1990年。
ハーシェム，ラジャブザーデ『吉田正春旅行記』テヘラン，1994-95。(Rajabzāde, H., *Safarnāme-ye Yoshida Masaharu*, Tehrān, 1994-95.)
深井晋司『ペルシア古美術研究　ガラス器・金属器』吉川弘文館，1968年。
松本清張『ペルセポリスから飛鳥へ』日本放送出版協会，1979年。
三沢伸生「日本・トルコ関係小史」藤原良雄編『環／トルコとは何か　14』，藤原書店，2008年，164-173頁。

矢野憲一『ものと人間の文化史126　亀』法政大学出版局，2005年。
吉田正春・古川宣誉『明治シルクロード探検紀行集成（2）』（復刻版），ゆまに書房，1988年。
由水常雄『正倉院ガラスは何を語るか』中公新書，2009年。
米田雄介・長澤和俊編『正倉院への道――天平の至宝』雄山閣，1999年。
世界銀行（http://www.worldbank.org/），2008年。
DTM（Dış Ticaret Müsteşarlığı：外交貿易次官）（http://www.dtm.gov.tr），2009年。
DB（Dışişleri Bakanlığı：トルコ共和国外務省）（http://www.mfa.gov.tr），2009年。
JETRO（日本貿易振興機構）（http://www.jetro.go.jp），2009年。
JICA（国際協力機構）（http://www.jica.go.jp），2009年。
MOFA（外務省）（http://www.mofa.go.jp），2009年。

第 10 章

南アジア・中央アジアからの仏教の伝播と交流

三谷真澄

　この章では，地域の仏教化と仏教の地域化の一側面として，日本における仏教の受容と日本人の生活や思想文化への影響について考える。

　「カレー」の起源がインドにあることは，日本人の誰もが知っている。しかし，現在の日本の「カレーライス」は，ふっくらと炊かれたジャポニカ米に牛肉の入ったとろみのあるルーをかけてスプーンで食べる。これはインドにはない日本独特の食習慣であり，「おふくろの味」と言えるほどに定着している。

　インドに端を発した仏教も，中央アジアを経て東アジアの東端に位置する日本に根づいたが，アジア各地域に展開している仏教とはずいぶん異なっているように見える。インドのカリーも日本のカレーライスも，香辛料を多用した料理（法）という点で共通しているように，誕生の地インドの仏教も日本の仏教も，その基層の部分では共通しているはずである。

　インドに生まれた仏教は，歴史的にも地理的にもアジア全体に広く影響を与えてきた。仏教は，その伝播にあたって，固有の文化や宗教土壌を否定せず，外来宗教でありながら異文化の地に根づいていった。龍谷大学は，大谷探検隊が収集した貴重な中央アジア出土文物の一部を保管しているが，それらはまさにその歴史の証人である。

　一方，現代日本で使用される「カタカナ」や「五十音図」，そして「いろはうた」も仏教に関係している。また，「人間」，「世界」，「平等」，「我慢」，「玄関」，「挨拶」，「縁起」など仏教に由来する日常語は枚挙に暇がなく，「もったいない」，「おかげさま」などの表現に見られる独特の思考方法も仏教に関係していると考えられる。

1　インドと日本

インドの特色

　読者は「インド」に対して，どのようなイメージを抱くであろうか。暑い国，貧しい国，IT産業の新興国，安い自家用車を製造する国，仏教が誕生した国，ターバンを巻いた彫りの深い顔，丸い顔……それらは，いずれも間違っていないが，それのみがインドの姿ではない。インドは，多民族，多言語，多宗教の国であり，それらを包摂した総体が，ヒンドゥー文化なのである。

　では，「インド」とはどんな地域を指すのだろうか。現代のインド共和国は，日本の9倍近い面積に10億を超える人口を抱え，民族的には，インド・アーリヤ族，ドラヴィダ族，モンゴロイド族等が居住し，連邦公用語はヒンディー語，ほかに憲法で公認されている州の言語が21もある。宗教は，ヒンドゥー教徒80.5％，イスラーム教徒13.4％，キリスト教徒2.3％，シク教徒1.9％，仏教徒0.8％，ジャイナ教徒0.4％であり，まさに「多様」という言葉がふさわしい国である。

　ところが，ユーラシア大陸からインド洋に突き出た半島部は「インド亜大陸」と言われるように，この語は，パキスタン・スリランカ・バングラデシュ・ネパール・ブータン・モルジブ地域を含む広大な地域を包括しており，「南アジア」とも総称される。

　地理的には1つの地域としてまとめられてはいるが，歴史的には，この地域の文化は実に多様であり，異民族の侵入に伴って文化交流が進んでいった。最も古い文明は，紀元前2300年頃に興ったインダス文明であるが，文明衰退の後，言語学的にインド＝ヨーロッパ語族と呼ばれる，かつて共通の祖語を持っていた人々の一部がイランに入り，他の一部が，ヒンドゥークシュ山脈を越えてパンジャーブ地方に侵入した。それは，紀元前1500年から前1300年頃のことと推定されている。彼らは一般にインド・アーリヤ人と呼ばれ，ドラヴィダ族などの原住民を征服していった。このように，インドの文化は，ヨーロッパ系の人種と，アジア系の人種との接触によって，新たな文化を構築していったのである。その代表的な宗教文化が，アーリヤ人の宗教的指導者を中心とする

「バラモン教」である。一方，紀元前6〜紀元前5世紀には，輪廻転生の考え方が常識説となり，宗教的儀礼を重要視してきたバラモン教の聖典『ヴェーダ』の権威を認めない，新たな自由思想家群が現れ，輪廻からの解脱の道を模索しはじめていた。今から約2500年前，仏教を開いた釈尊（ブッダ）もそのような時代に生まれ，これまでの宗教的権威や，社会的通念などから離れ，世界宗教となっていく真理を明らかにしていったのである。

仏教伝播の地域

仏教は，今から約2500年前に，インドのガンジス河中流域に端を発し，スリランカなどの南方へ伝えられ，また，陸路（いわゆるシルクロード）および海路（南方ルート）を通して中国に伝わり，朝鮮半島を経由して日本に伝えられた。さらに仏教はスリランカからビルマ（ミャンマー）・タイへ，そしてチベットにも伝わった。いわば空間的・時間的な広がりを持って，仏教という宗教文化がアジアのほとんどの地域に伝播したことになる。

仏教伝播の文化圏

仏教が興起し，伝播した地域は大きく，インド文化圏，東アジア文化圏，チベット文化圏に分けられる。この3文化圏は，それぞれその伝播の時代，状況を異にし，現在実際に信じられている仏教の様相も様々である。

インドは仏教を生み育んだ地域であるが，13世紀初頭には歴史的使命を終えたかのように姿を消してしまった。しかし現在，アンベードカルの新仏教運動や佐々井秀嶺の活動によって，1億人以上の仏教徒がいるという。

西アジア・中央アジア（西域）では，かつてはシルクロードの展開とともに繁栄していたが，現在は遺跡がそれを語るのみである。中国は，元来，外来宗教であった仏教を受け入れ，自国の文化である漢字を用いて翻訳し，それを基に「中国仏教」を成立させた。「日本仏教」は当初，中国仏教の輸入から始まった。

また，マレーシアやインドネシアにかけては，かつては仏教が信仰されていた。ビルマ（ミャンマー）のように，5，6世紀頃「大乗仏教」が広まったが，11世紀に「上座仏教」を採用した例もある。チベットでは，7世紀に中国側，

ネパール側からほぼ同時期に仏教が伝わり、国家的に中国仏教かインド仏教かを選択するということが行われ、インド仏教を基盤にして展開した「チベット仏教」が信仰されている。

表10-1 仏教文化圏

インド仏教文化圏	インド仏教（仏教の源流）南方仏教……パーリ語聖典
東アジア仏教文化圏	中国仏教・朝鮮仏教・日本仏教……古典中国語（漢字）聖典
チベット仏教文化圏	チベット仏教……チベット語聖典

このように、歴史的伝播状況と、現在の信仰形態を一律に区分することは不可能であるが、ここでは、現在仏教が信仰されている地域を中心として、聖典言語によって便宜的に表10-1のように分けておきたい。

地域の仏教化と仏教の地域化

上述の文化圏は、信奉する聖典の使用言語によって、パーリ語仏教、古典中国語（漢字）仏教、チベット語仏教と言い換えることも可能であり、伝播地域を特徴づけるとともに、その仏教の性格をも決定している点で注意すべきである。つまり、パーリ語仏教では、上座仏教いわゆる小乗仏教が、古典中国語仏教では、主に7世紀までに伝来した仏教、特に大乗仏教が、またチベット・蒙古語仏教では、インドにおける最後期の仏教（密教）が伝えられているということである。

仏教は、インドから南方へ、あるいは中国へ、あるいはチベットへ伝えられた。その理解は一面では正しいが、しかしながら、その伝播の歴史は一様ではなく、その内容を大いに異にしている。インドにおける誕生の背景や仏教の歴史的展開と深くかかわっていることをまず知った上で、伝播地域個別の事情を考えていかねばならない。

すなわち、「仏教」という固定的な何ものかが、インドから輸出され、各地域にそのまま輸入されたというよりも、各地域において個別の変容をしつつ今日に至っているのである。こうして、外来宗教である仏教は、固有の文化や宗教的土壌を持つ各地域に伝播するにあたり、「受容」と「変容」を経ながら根づいていったのである。

それは、地域の仏教化と仏教の地域化という両面を持つと言い換えてもよい。

単なる受容であれば、それが発展することもないし、その民族固有の心性にそぐわないことも出てくるかもしれない。一時的に政治的な背景から広まったように見えても、それが長い伝統にはならないであろう。また、固有の文化や信仰形態に迎合し、変容が激しければ、それはすでに仏教とは呼べないものに変貌してしまう。各地域の仏教伝播の跡をたどることは、仏教としての一貫性はどこにあるのかを知ることにもつながるであろう。

日本のプロ野球で使用されるボールは、大リーグ、ワールドベースボールクラシック（WBC）、オリンピックの使用球とそれぞれ異なっている。また軟式野球とソフトボールの使用球も異なっている。それぞれ「野球のボール」と言い、基本的な使用法や形状は同じでも、大きさや反発係数等が異なっていることは周知の通りである。軟式野球のボールは、日本で、京都出身の鈴鹿栄によって、少年たちが安全に野球をするために公案されたものである。

たとえて言えば、仏教の伝播は、1つの野球のボールをAが投げ、Bが受けとり、さらに同じボールをCに投げ渡すというような伝わり方ではない。Bは、B独自の文化を持ち、それに適応する形にボールも変容し、さらに受け渡されたCでも独自の文化に適応しながら受容するという側面がある。「受容」と「変容」がそこにはあるのである。現在の東南アジア諸国の仏教（上座仏教）と、中国・日本・チベットの仏教（広く大乗仏教）とは、その歴史的背景や教義を異にしているだけでなく、受容した地域の土着文化や、宗教土壌も異なっている。それでもなお、仏教は受容され、変容しながら、その地域に根づいて現在に至っている。

中央アジアが、単にモノが一方通行的に通る道ではなかったように、仏教という宗教も双方向的に影響を受けながら、それぞれの文化に即した形で根づいていき、独自の様式を生み出していった。1つの文化が固定的に他の文化に伝えられたのではなく、相互に影響し合いながら、その形を変え、受容と変容を経ながら、人々の心の拠りどころとなっていった。

アジアには、キリスト教、イスラーム教、仏教の世界3大宗教のほか、ヒンドゥー教、儒教、道教など多様な宗教が信仰されているが、現在信仰されている地域はもとより、他宗教が信仰されている地域においても、歴史的に仏教の果たした役割は決して小さくない。

第10章　南アジア・中央アジアからの仏教の伝播と交流

　全世界の仏教徒総数の統計を取ることは難しいが，現在，その大半はアジアに居住している。総人口1億3000万の日本が「仏教国」であると言うと，種々の意味で違和感を抱く人もあろうが，『仏教文化事典』（佼成出版社）の世界宗教地図によれば，日本は「神道・仏教」に色分けされ，仏教国であることに間違いはない。

歴史的仏教と現代仏教

アジアにおける仏教の様相を考える際には，

① 各地域で，仏教がどのように受容され根づいていったかという，伝播の歴史的様相

② 各地域に受容された仏教が，どのような形で今を生きる人々の上に表れているかという，現在の信仰状況

という両面を考慮しなければならない。

　現在その地域で信仰されている仏教が，どういうルートでもたらされ，根づいていったのか，そしてそれは現在の信仰状況とどのようにかかわっているかという点を見落としては，その地域で展開される仏教文化を正しく理解することはできない。

　その両者が連続している場合と，ある時点で断絶してしまった場合がありうる。たとえば，インドネシアは現在イスラーム教国であるが，ボロブドゥール遺跡群は，かつて大乗仏教が栄えたことを物語っている。

　現在のインドでは，仏教は13世紀初めにはヒンドゥー教に埋没してしまったが，新たに仏教徒に改宗する人々も増えはじめている。一方，風土的にも地理的にもインドと近接している東南アジアには，現在，約1億人の信者がいると言われる仏教を含め，キリスト教国のフィリピンなど世界3大宗教のすべてが存在している。そのうち，仏教に関しては，仏教的建造物の遺構によって歴史的に仏教が信仰されていた事実のみが知られる場合と，現代なお生きた信仰として存在している場合とがあるのである。

　人々の信仰という現実的側面と，それがどのようにもたらされたのかという歴史的側面は，セットで考えなければならないであろう。

仏教信仰の地域性

　仏教そのものに，上座仏教（Theravāda）と大乗仏教（Mahāyāna）という大きな2つの流れがあるのに加えて，伝播した地域には固有の文化があったはずであり，各々伝播状況を異にするのであるから，同じ仏教とは言っても，各地域で行われている仏教の様相は実に多種多様である。日本国内において150を超える多数の宗派が存在していることはよく知られているが，アジア諸地域に目を転ずれば，いっそう相違が顕著となる。いったい，これが同じ仏教なのかという思いを強くするであろう。しかし，そこには歴史と地域を超えて通底する側面が存在することも忘れてはならないであろう。

インド文化と仏教

仏教のインド的側面──輪廻と解脱　輪廻業報説は，「因果応報」と「自業自得」とを原則とする。前者は，善因楽果・悪因苦果という，因果の必然性を意味し，後者は，およそある人が行った行為が善であれ悪であれ，その報いを受けるのはその人自身であって，他人がその報いを受けることはない。自分のまいた種はどこまでも自分が刈り取るという，厳格な自己責任性を意味している。

　輪廻説は，今から約2500年前に仏教が誕生したときには，すでにインドの人々の常識となりつつあり，いつまでも死と再生を繰り返していかねばならないという観念は，人々に恐怖を抱かせ，そこからの脱出の道が模索されはじめたのである。仏教と同時代の六師外道の考え方も，現代に至るヒンドゥー教徒たちも，その目的は，否定するにせよ肯定するにせよ輪廻の観念を前提とするもので，そこからの解脱こそが共通の目的なのである。

仏教の非インド的側面　仏教は，インドにありながら，インド的側面だけでなく，従来の階級制度を否定し，「生まれ」ではなく，「行為」による階級の平等を説いた。

　生れによって賤しい人となるのではない。生れによってバラモンとなるのでもない。行為によって賤しい人ともなり，行為によってバラモンともなる

（Sutta-nipāta［Sn.］136, 142　中村元『ブッダのことば スッタニパータ』岩波文庫，1984年，35, 36頁）

　また，すべての生物の生命の平等を説き，どうすれば争いを鎮めることができるのかについては，

生きものを(みずから)殺してはならぬ。また(他人をして)殺さしめてはならぬ。また他の人々が殺害するのを容認してはならぬ。世の中の強剛な者どもでも，また怯えている者どもでも，すべての生きものに対する暴力を抑えて……
　（Sn. 394　同上81頁）
実にこの世においては，怨みに報いるに怨みを以てしたならば，ついに怨みの息むことがない。怨みをすててこそ息む。これは永遠の真理である
　（Dhammapada［Dhp.］5　中村元『ブッダの真理のことば 感興のことば』岩波文庫1978年，10頁）
すべての者は暴力におびえ，すべての者は死をおそれる。己が身をひきくらべて，殺してはならぬ。殺さしめてはならぬ（Dhp. 129　同上28頁）

　一方，苦楽の生じることについては，

ものごとは心にもとづき，心を主とし，心によってつくり出される。もしも汚れた心で話したり行なったりするならば，苦しみはその人につき従う。……車をひく（牛）の足跡に車輪がついて行くように（Dhp. 1　同上10頁）
ものごとは心にもとづき，心を主とし，心によってつくり出される。もしも清らかな心で話したり行なったりするならば，福楽はその人につき従う。——影がそのからだから離れないように（Dhp. 2　同上10頁）

と，心の転換による苦しみからの解放の道を指し示したのである。このような，生命観・平等観・倫理観が仏教の伝播に伴ってインドから他の文化圏に広まっていったのである。

2　中央アジアと仏教

仏像の誕生と仏教伝播

　インドに誕生した仏教は，紀元前3世紀のアショーカ王の時代以降，他の地域へと伝播していったが，大乗仏教は，伝統に固執して枯渇してしまった仏教を，釈尊本来のあり方へと回復させる革新的な運動として始まり，北西インドからアジア諸地域へと伝えられた。一方で，インド文化圏内で起こったいま1つの大きな仏教の変化は，仏像の製作である。インド仏教の伝統を破ってまで出現した仏像は，仏教の異文化・異民族への浸透という側面で特に重要である。チベットへの仏教の伝播や，日本への仏教公伝の際は，仏像が重要な役割を果たした。さらに現代，仏教の煩瑣な教義は知らなくとも，古い仏像を鑑賞することは老若男女を問わず盛んであり，あたかも仏教と仏像（造像）とは密接不可分の関係のように考えられている。

　しかし，インドにおいては，釈尊の在世当時はもちろん，入滅してから500年ほどの間は，仏像を礼拝することはなかった。その習慣がなかったのではなく，仏像そのものがなかったのである。つまり最初期の仏教徒たちは，ブッダの姿を人間の形に作ることをしなかったのである。以下，宮治昭『ガンダーラ仏の不思議』（講談社選書メチエ90，1996年）より概説する。

象徴的表現

　入滅後の釈尊に代わる在家者の礼拝の対象は，仏塔であったが，それをめぐる欄楯（玉垣）や塔門には，仏伝説話図が彫刻されるようになった。バールフットの欄楯浮彫（紀元前2世紀末）やサーンチーの第一塔塔門浮彫（1世紀初）においては，主人公たる釈尊は決して人間像で表されることはなく，菩提樹（聖樹）・台座（聖壇）・法輪・仏足石といった象徴的図像によって，その存在が示されているのである。つまり「ブッダなき仏伝図」という不思議な現象が，インド古代初期仏教美術（紀元前3世紀前半〜後1世紀前半）の特徴となるのである。悟りを開き，般涅槃に入ったブッダは，不可視であり，人間の姿形によっては表現されないと考えたからであろう。

仏像の誕生

　この「ブッダ不表現」の規制が強く，ブッダを人間像では表しえないという意識が根強く存在した状況の中で，ブッダを人間像で表す，すなわち仏像の出現には，一方では，外部からの新たな歴史状況の変化が必要であり，また他方では，仏教内部から，仏塔を礼拝の対象としてきた在家の信者の間に，より具体的な礼拝の対象として，人間的容姿を持った仏像の出現を願う傾向が強くなってきたということも考えられよう。

　ついに規制を破って仏像が誕生したのは，異民族であるクシャーン王朝の時代である。紀元前2世紀，中央アジアで遊牧生活を続けていた月氏民族は西へ移動し，オクサス川の流域に進出して，ギリシャの植民地であったバクトリアを滅ぼして，ここに根拠を置いた。紀元前1世紀の中頃には，この月氏の一族であるクシャーン族が勢力を得てクシャーン王朝を建てたのである。仏像は，このクシャーン王朝下のガンダーラ地方で，紀元後1世紀後半頃より始まり，ほぼ同じ頃，インドのマトゥラー地方でも作られるようになり，一般的になっていった。

カニシュカ王

　クシャーン朝第3代カニシュカ (Kaniṣka) 王（即位年78, 128, 144年の3説あり）は，深く仏教に帰依し，仏教徒たちから第2のアショーカ王と称讃されたと言われる。発見されているカニシュカ王の金貨には，ギリシア，ペルシア，ヒンドゥーの神々を表したものや，拝火教の神々も多いが，仏像を貨幣面に表した最初の王であった。

　王の貨幣の裏には BODDO (Buddha)，もしくは SAKAMANO BOUDO (Sākyamuni Buddha) の銘を伴う仏像が刻まれている。また，1908～1909年にD. B. スプーナーらが発掘調査を行ったところ，カニシュカ王の舎利容器が出土した。その蓋の上には，インドラとブラフマンに礼拝された仏の坐像があり，側面には上部に水鳥の列があり，下部には花環を担う童子たちと3体の仏の坐像と，カニシュカらしい北方ステップの遊牧民の服装をした供養者像，それらを挟んで，日神，月神の像がある。銘文については「カニシュカ大王の元年，ある都市において，マハーセーナの僧伽藍のカニシュカ寺院に託すべく，この

表10-2　釈尊に対する初期仏教美術の表現法

象徴的表現……聖樹や聖壇による表現
説話的表現……本生図や仏伝図による表現
人体像による表現……仏像による表現 　・仏伝浮彫中の仏陀像……仏像の最初の出現 　　　　　　　　　　　（太子の菩薩像→梵天勧請場面の仏陀像） 　・単独像としての仏陀像 　　　王者的イメージ……転輪聖王、三十二相 　　　聖者的イメージ……苦行者，世俗を離れた聖なる世界の王者

寄進の品がつくられ，説一切有部の諸師の所有とせられた」(S.コーノーによる)と解読され，仏教に帰依した王の姿が窺える。

仏像の展開

このようにして，クシャーン帝国では，東西の諸文化が自由に交流し特色ある国際的文化環境を生み出していたが，仏教もこうした環境の下で変容し，発展を遂げたのである。

ブッダは通常の人間とは異なる，三十二相，八十種随形好を有する存在として，転輪聖王に比すべきものとして，最初期の仏像から意識的に造形されていた。それは教義の上にしだいに起こってきた，ブッダ釈尊の超人化が，造像の上にも顕著になっていったとも言える。「三十二相」の造形表現は，5世紀のグプタ仏になるとほぼ定式化してくるが，これらはインドのみならず，広くアジアの仏像に受け継がれていく（表10-2）。

以上のように，仏像は，まさに「異文化交流」「異文化接触」によってもたらされたものであった。それによってそれまでタブーとされていた事象が破られ，他文化へと伝播していく。仏像が，時空を超えて仏教徒の帰依の拠りどころとなり，一般の人々が仏教に触れる契機ともなっていることを考えるとき，インドという地域の宗教から，中央アジアという異文化接触の現場を経由して，世界の仏教へと脱皮するための変容であったことが知られる。

中央アジアと仏教・イスラーム

「中央アジア」とは，かつてのロシア領トルキスタン（1991年独立のカザフス

第10章　南アジア・中央アジアからの仏教の伝播と交流

タン・ウズベキスタン・キルギス・タジキスタン・トルクメニスタン）のみを指す場合と，新疆ウイグル自治区，さらにはチベット文化圏までを含む広義のそれとがある。

　中央アジア史の大きな転機は，トルコ化とイスラーム化である。その中に仏教の伝播とその影響が加わる。一般にシルクロードと呼ばれる東西交易路が早くから開けていたが，それは，文物の交易路のみならず，宗教文化も行き交う道であった。特に，イスラーム化以前のそれは，仏教伝播のルートにほかならず，「ブッダ・ロード」と呼んでも差し支えないであろう。

　オアシス都市を結ぶ東西交易路に沿う地域にはイラン系住民が居住していたが，6世紀に突厥（とっけつ）が興って国家を建設すると，しだいにトルコ系の要素が加わるようになった。さらに8世紀頃からモンゴル高原に進出したウイグル人は，ソグド商人の協力を得て，豊かな遊牧国家を建設した。

　西トルキスタンでは，ソグド人を中心としてゾロアスター教が信仰され，東トルキスタンでは，トルコ系のウイグル人を中心としてマニ教や仏教の信仰が盛んであった。

　ソグド人は，「紅毛碧眼（こうもうへきがん）」と称されるコーカソイドであり，言語は，インドヨーロッパ語族イラン語派のソグド語であった。アラム文字からソグド文字を作り，後にウイグル文字（唐代），モンゴル文字（13世紀），満州文字（17世紀）へと発展した。以下，森安孝夫の『シルクロードと唐帝国』によって，その活動を示したい。中央ユーラシアの遊牧民に史上初めて文字文化をもたらしたのが，突厥（6～8世紀）におけるソグド人であり，その故郷は，ソグディアナ（「ソグド人の土地」，第9章図9－2を参照）で，アム河・シル河（現在ほとんどはウズベキスタン）の中間地帯に，サマルカンド（康国）・キッシュ（史国）・クシャーニヤ（何国）・ブハラ（安国）・チャーチ（現タシケント，石国）・カブーダン（曹国）・マーイムルグ（米国）・パイカンド（畢国）などを成立させた。彼らは，4～9世紀のシルクロード東部における遠隔地貿易の主役であり，7～8世紀商業活動に才能を発揮した。

　また，武人や外交使節，宗教の伝道者や通訳，音楽や舞踊・幻術などに携わる芸能者などとして活躍した。ソグド人コロニー（植民地・植民聚楽（しゅうらく）・居留地）を各地に作り，草原の道沿いで西は黒海周辺に達し，東はタラス河以東イリ河

255

第Ⅱ部　ユーラシアの交流

図10-1　ソグド人の風貌
(出所) 森安, 2009, 91頁。

流域に至るセミレチエのみならず，さらにその東のジュンガリアからモンゴリア・満州へも，そしてオアシスの道沿いには東トルキスタンのクチャ・コータン・トゥルファン・ロブノール地方から河西回廊の沙州（敦煌）・涼州（武威・姑藏）に，さらに北中国のほとんどの大都市にまで存在し，ソグド移民聚楽に家族という生活基盤を置いたソグド商人が，短～中距離で次々に商品を中継していき，結果的に長距離を移動するようにしたシステム，すなわち，「ソグド＝ネットワーク」が展開された（森安，2007：87-136）。

商胡・賈胡・客胡・興生胡・興胡・胡商・胡客などは，ソグド商人を指す場合が多く，胡桃（くるみ）・胡瓜（きゅうり）・胡麻（ごま）・胡椒（こしょう）・胡床（こしかけ）・胡瓶（水差し）・胡粉（おしろい）のように，西域のオアシス農業地域の産物が，「胡」のついた言葉で言い表され，胡椒も，最初インド産のものが西域を通じてもたらされたことを物語っている。現在の日本の食文化や生活文化の一部が，西域経由でもたらされたことを示している。

10世紀に，トルコ系イスラーム王朝であるカラ・ハン朝が，東・西トルキスタンをあわせたことにより，イスラーム化が進展した。10世紀後半以後，トルコ人が支配者となり，トルコ語が優勢となる（西トルキスタン）。こうして，最後まで仏教を信仰していたトルファン地域を最後に，18，19世紀に至って，中央アジア全域がイスラーム化されることになった。

シルクロードとは

シルクロードの原語は，"Seidenstrassen"（ドイツ語，「絹の道」）であり，リヒトホーフェン（Ferdinand Freiherr von Richthofen, 1833〜1905年）の著作『中国』第1巻（1877年）で初めて使用された。それがスタイン（Aurel Stein, 1862〜1943年）によってSilk Road（英語，「絹の道」）と呼称され，「シルク・ロード（日本語）」，「絲綢之路（中国語）」として一般に知られている。どこかエキ

ゾチックな香りと，古代に発祥した東西文化交流のルートのイメージが定着している。

現在は，さらに敷衍して，

①　オアシス路（狭義のシルクロード）……中央アジアを貫く道
②　ステップ路……ユーラシア北方のステップ地帯を貫く道
③　南海路（海のシルクロード）……南アジアを迂回する海上交通路

という3つのシルクロードが考えられ，東西交流に留まらない交易ネットワークとして考えられている。森安孝夫は，シルクロードとは，「東西南北交易ネットワークの代名詞」であるとしている。

シルクロードで交易されたのは，絹に限定されない。東の中国からは，絹織物・紙・茶が，西のペルシア・東地中海方面からは，金銀器・ガラス製品・乳香・薬品・絨毯が，南のインド・東南アジアからは，胡椒・香木・宝石・珊瑚，象牙・犀角・鼈甲・藍が，北のロシア・シベリア・満州からは，高級毛皮・朝鮮人参・鹿角・魚膠が交易された。また，中央アジアからコータンの玉，バダクシャン（現アフガニスタン東北部）のラピスラズリ，クチャの硇砂，チベットの麝香やヤク牛の尻尾など，多くの産品が交易されたのである（森安，2007）。

シルクロードは，様々なモノが行き交う道であったが，それだけでなく，様々な民族，言語，宗教の行き交う道でもあった。仏教だけでなく，ゾロアスター教（祆教），マニ教（摩尼教），ネストリウス派キリスト教（景教），イスラーム教（回教）も，そのルートを通って遠く長安にまでもたらした。

仏教は，5世紀に法顕（337〜422年）がインドへ，5世紀に西域の亀茲（クチャ）国出身の鳩摩羅什（350〜409？年）が中国へ，7世紀に玄奘（602〜664年）がインドへというように，双方向的に中央アジアを挟んで中国とインドとの間で交流が進み，仏教文化が華開いた。

3 中央アジアと大谷探検隊

大谷探検隊とは

20世紀初頭にスウェーデン・イギリス・フランス・ロシア・ドイツといったヨーロッパの列強が相次いで中央アジアに探検隊を派遣した。それらは，国家的事業として行われたもので，地理的空白を埋めようとする地理学的関心や，未知の文字資料を発見して解読するなどの言語学的関心からであった。しかし出土品の多くが仏教遺品であり，その状況を知った大谷光瑞（1876～1948年）は，1902年から三次に渡って中央アジアやアジア全域を視野に入れた探検を志した。光瑞は，龍谷大学と深い関係のある，西本願寺の第22世宗主であったことから，収集品の一部が9000点以上所蔵されている。

大谷探検隊は，日本唯一の組織的な中央アジア探検隊であるとともに，世界で唯一の，仏教者の仏教者による仏教者のための総合的探検隊であったと言える。大谷探検隊は，時間的にも空間的にも狭広2つの意味が考えられる。

狭義の大谷探検隊……西域の仏跡調査（1902～1914年：図10-2）
広義の大谷探検隊……インド・チベット・南洋などアジア全域を含む調査
　　　　　　　　　　（1899～1923年：表10-3，図10-3）

一般に，大谷探検隊の目的は西域探検と見なされ，シルクロード探検ばかりが強調される傾向がある。しかし，そればかりでなく，広く仏教が伝播した地域がその調査対象となっている。ただ，全体として大きな成果を挙げているのは西域探検であったのは確かである。

大谷探検隊が収集した資料は，日本のほか，中国，韓国に分散して保管されているが，そのことによって，現代の研究者が国家や言語の境界を越えて協力し合わなければ，全容解明ができない状況にあり，いまだ研究途上と言わざるをえない。

光瑞は，『西域考古図譜』「序」の冒頭に，「西域は是れ仏教興隆し，三宝流通せる故地なり。殊に新疆の地たるや，印度と支那との通路に当り，両地文化

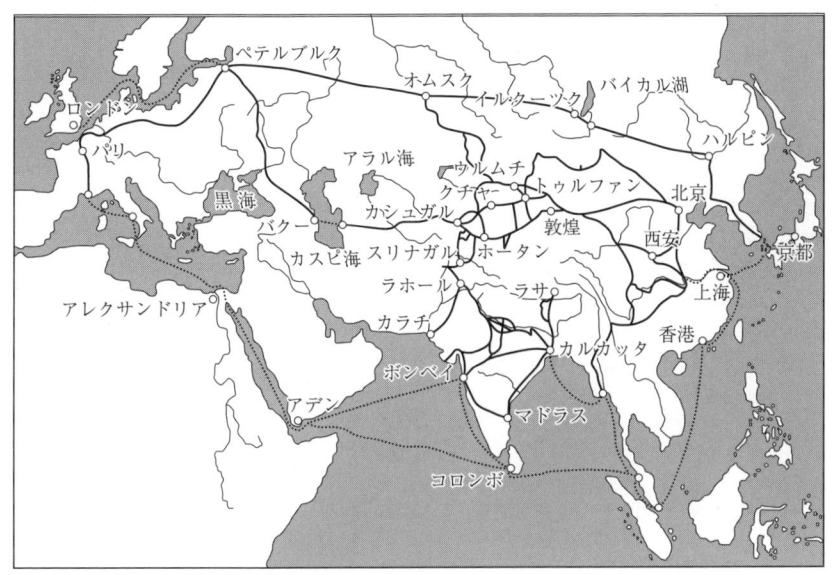

第 10 章　南アジア・中央アジアからの仏教の伝播と交流

図10-2　大谷探検隊の活動域

（出所）　白須淨眞『大谷探検隊とその時代』勉誠出版, 2002年, 23頁, 図8, 潮留哲真氏作図。

表10-3　広義の大谷探検隊

第一次探検（1902-04年）				
中国・新疆	渡辺哲信	堀　賢雄		
インド	大谷光瑞	本多恵隆	井上弘円	藤井宣正
	日野尊宝	薗田宗恵	上原芳太郎	升巴陸龍
	島地大等	秋山祐頴	清水黙爾	
ビルマ・中国	渡辺哲乗	吉見円蔵	前田徳水	
（南方）	野村礼譲	茂野純一		
第二次探検（1908-09年）				
中国・新疆	橘　瑞超	野村栄三郎		
インド	大谷光瑞	足利瑞義	和気善巧	
	青木文教	柱本瑞俊	（橘・野村合流）	
第三次探検（1910-14年）				
中国・新疆	橘　瑞超	吉川小一郎		
チベット	青木文教（1916年まで）	多田等観（1923年まで）		

の接触せし処にして，又実に仏法東漸の衝衢たり」(香川黙識編『西域考古図譜』「序」冒頭，国華社，1915年，1頁，大正4［1915］年3月識)として，西域の仏教史上の意義を明らかにしている。

また，探検の目的は，仏教東漸の経路を明らかにし，むかし中国の求法僧がインドに向かった折の遺跡を訪ね，また中央アジアが早くにイスラーム教徒の手に落ちたために仏教が被った圧迫の状況を推察するような，仏教史上における種々の疑問を解こうとすることであった。加えて，地理学・地質学・気象学上の疑問の解決が，副次的なものとして挙げられ

図10-3　第三次大谷探検隊の隊列
(龍谷大学大宮図書館蔵)

ている。まず第1に，玄奘三蔵などの求法僧の跡を訪ね，アジアの仏教史を解明し，遺跡となった仏教関連施設を調査することが目的であった。

広義の大谷探検隊（仏教伝播ルート調査）

大谷探検隊が収集した資料は，中国・韓国・日本に分蔵されている。中国では，遼寧省大連市の旅順博物館と北京市の国家図書館に所蔵され，韓国では，ソウル市の国立中央博物館に所蔵されている。また，日本の場合は，東京国立博物館，京都国立博物館，龍谷大学に所蔵されているほか，個人・機関の手にあるものも多数ある。たとえば，出光美術館，MOA美術館，シルクロード研究所，天理大学付属図書館，東京大学東洋文化研究所，根津美術館などである。

龍谷大学には，文献資料と美術考古資料が所蔵されている。

文献資料の内容としては，宗教・歴史・地理・法制・経済・文学・言語などであり，特に重要なのは宗教文献である。多数を占める仏教文献（図10-4）のほか，マニ教（摩尼教）・ゾロアスター教（祆教）・ネストリウス派キリスト教（景教）・道教などの非仏教文献がある。一方，文字は，大多数を占めるのは漢字文献であり，西域胡語と総称されるブラーフミー文字・チベット文字・

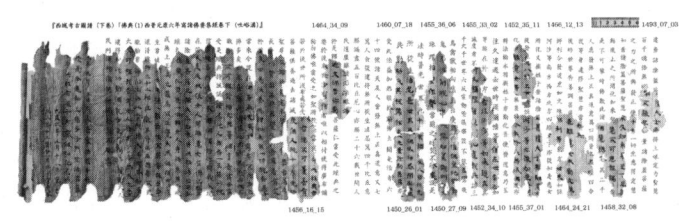

第10章　南アジア・中央アジアからの仏教の伝播と交流

図10-4　仏典写本断片の接合
（出所）　旅順博物館・龍谷大学共編『旅順博物館蔵トルファン出土漢文仏典断片選影』
　　　　　法蔵館，2006年，2頁。

カローシュティー文字・マニ文字・ソグド文字・ウイグル文字・モンゴル文字・西夏文字・パスパ文字など計13種の文字（15種の言語）が確認されている。

錦

　一方，美術考古資料の内容は，仏像・塑像・絵画・壁画・土器・染織品・古銭などであり，これらとは別に，龍谷大学には，探検に使用した装備や隊員の写真，日記なども所蔵されており，総計約9000点以上の資料が保管されている。
　それらの資料の中で，東西交流の特徴が表れているものを紹介したい。それは錦（図10-5）である。

「朱晒地連璧鳥形文綿」「白地連璧闘羊［天馬］文　綿」
絹　縦13.2cm　横7.3cm（［上］3.6×3.7cm［下］9.6×7.3cm）7世紀後半

　橘瑞超・吉川小一郎による第三次大谷探検隊（1910～1914年）の収集した資料で，トゥルファン周辺のアスターナやカラホージャ出土と考えられる。
　この錦は，二種の錦が縫い合わされ1枚の布を形成している。両者とも経錦である。坂本和子は，西域製ではなく中国（蜀）製であると推定している。上部は，連珠円文内に双鳥文，下部は，連珠円文内に向かい合う有翼の動物が配されている。この動物は，当初「天馬」とされたが，坂本は，胴がずんぐりして尻尾が丸くなっていることなどから羊と断定した。また本資料は，従来死者の面覆いと解釈されてきたが，副葬品の俑（人形）に着せられた衣服であり，

261

中央の三角形の切り込みはVネックに相当し、俑の首が入る。アスターナ206号張雄夫妻合葬墓の妻（688年合葬）の墓から木製女俑が出土しているが、その衣服に用いられた錦と形状・意匠が酷似している。

連珠円文内に動物が対称形に配される文様は、サーサーン朝ペルシアで完成し、広く西アジア、中央アジア、そして東アジアに広がっていったものであり、法隆寺の四騎獅子狩文錦（緯錦）などとも共通している。このような西方から伝わった意匠と、経錦という中国古来の織法とが融合し、トゥルファン周辺の墓から出土したこれらの錦は、それ自体が東西文化交流の証言者であろう。

図10-5　錦断片
（龍谷大学大宮図書館蔵）
（出所）『広報龍谷』67、2009年、27頁。

4　日本と仏教文化

日本への仏教伝来——公伝と私伝

日本への仏教の公式の伝来は、百済からであった。中国の北朝と南朝の仏教は、それぞれ性格を異にしていたが、百済は当初から双方の仏教を受容していた。百済第25代の聖明王（聖王）は、中国南朝の梁の崇仏で有名な武帝と同時代の人で、その影響を強く受けていた。彼も百済国内の仏教を保護奨励したばかりでなく、同盟国日本へ仏法を広めることを真剣に考えた。

『日本書紀』によれば、552（欽明13）年10月、百済の聖明王は、西部姫氏、達率、怒唎斯致契らを遣わして、仏像、幡、蓋、経論を献じたという。一方、『日本書紀』と異なる伝承を記した文献として、『上宮聖徳法王帝説』、あるいは『元興寺縁起并流記資財帳』がある。これらには538（欽明7）年に伝わったとある。552年説と538年説とは、種々に検討が加えられているが、今のところ、538年を仏教公伝の年と考えておきたい。

ところで、仏教は公伝以前に、個人的に民間に伝わっていた（私伝）と考え

られる。平安末期の延暦寺の僧皇円（？〜1169年）が著したという『扶桑略記』に「継体天皇の十六年、大唐の漢人案部村主司馬達止、この年の春二月入朝す。すなわち草堂を大和国高市郡坂田原に結び、本尊を安置し、帰依礼拝す。世をあげてみないう。これ大唐の神なり」とある。蘇我氏と司馬氏三代の達止・多須奈・止利との深い結びつきから考えても、いわゆる仏教公伝以前に、渡来人たちにより仏教が個人的に伝えられ、公伝以前にある程度仏教の信仰が私的に行われていたと考えてよかろう。

仏教受容を巡る争い——蘇我氏と物部氏

仏教が伝えられたとき、大和朝廷を構成していたのは、大和およびその周辺地域に分散土着している豪族たちであった。天皇家から分かれたと主張し、臣の姓を持つ有力豪族や、代々天皇家に仕えてきたと言われる連の姓を持つ豪族がいた。6世紀中期の欽明期において、有力な豪族は、大臣蘇我氏と大連物部氏であった。仏教が伝えられたとき、天皇は諸豪族に意見を問うた。蘇我稲目（？〜570年）は、「西番の諸国、一に皆礼ふ、豊秋日本、豈独り背かむや」と言って、仏教受容を主張する。ところが、物部尾輿（6世紀中頃）や中臣鎌子らは、「我が国家の、天下に主とましますは、恒に天地社稷の百八十神を以て、春夏秋冬、祭りたまふことを事とす。方に今改めて、蕃神を拝みたまはば、恐るらくは国神の怒を致したまはむ」と言って反対した。

仏教受容に関する両氏の相違を整理すると、以下のようになる。

蘇我氏……崇仏　仏教の受容、革新的性格（渡来人）
物部氏……廃仏　国神の崇拝、保守的性格（神祇の祭祀）

この両氏の抗争は、天皇として初めて仏教信仰を表明した用明天皇の滅後、皇位継承者の擁立をめぐって武力衝突にまで発展、587年、蘇我馬子が物部守屋を滅ぼしたことによって決着した。以後、蘇我氏のリーダーシップの下、仏教は著しい興隆を示すことになった。

ところで、『日本書紀』には、稲目が仏像をいただいて自宅を寺として拝んだところ、国内に疫病が流行し、人々がたくさん死んだ。そこで尾輿らは、天

皇に仏像の破棄を求め、天皇の許しを得て、これを難波の堀江に流し捨て、寺を焼いたとある。つまり、疫病流行の原因を、廃仏派は蕃神（外来神）を礼拝したために、国神の怒りを招いたものと考えたのである。しかし一方で、崇仏派は、外来神を排斥したから外来神の怒りに触れたのであるとして、蘇我馬子は仏像を安置し、善信尼などを出家させ、災禍の消滅を乞うために祈願させている。

このように、仏は外来神として、日本古来の国神と同じく、攘災招福という現実的欲望を達成してくれるものとして受容されたのである。したがって、仏教を受容するかどうかは、その教義の普遍性によってではなく、呪術的側面にかかっていたのであり、国神よりも効果のあるものであるかどうかであったのである。崇仏派とは言うものの、蘇我氏が仏教そのものについてどれほどの理解をしていたかは疑わしい。端的に言えば、崇仏というも廃仏というも、日本古代社会における外来神に対する、2つの対応（客人歓待と拒絶反応）を代弁していると言ってよく、それは、日本的な信仰の次元に立脚していたのである。

あるいは、政治的権力をめぐって、国際的感覚を持った蘇我氏が、中国・朝鮮半島の諸国において重要な位置を担っていた仏教という宗教文化を積極的に導入しようとの配慮もあったであろう。したがって、仏教受容とは言っても、その最初期においては、仏教の宗教的意義と言うよりも、病気平癒等に寄与するという呪術的性格、あるいは大陸の先進文化といった側面によって受容されたと言えよう。

仏教と日本文化──言葉と生活様式

日本の宗教として定着している「仏教」という言葉から連想すること（もの）を挙げてもらうと、「お寺」、「仏壇」、「数珠」、「お墓」、「線香」、あるいは「葬式」、「法事」、「お経」など他の諸宗教と異なる仏教特有の建造物や道具、または、一般に触れる機会の多い仏教儀式（儀礼）にかかわるものが多く出てくる。日本は世界的に見れば、「仏教国」と見なされるように、生涯仏教とかかわることなく過ごす日本人は少数であろう。また、煩瑣な教義や宗教思想について知ることはなくとも、いわば、日本文化の底流として、仏教が存在しているのも事実である。仏教の影響は、言葉、建築、美術、儀礼や行動様式など

日本文化全般に及んでいると言ってもよいであろう。美術館・博物館で，国宝級の仏像をはじめとする仏教関連の展覧会があると，行列ができるほど大挙して人々が押しかけるのはなぜなのだろうか。

　ともかくも，日本文化の基層に流れる仏教文化の源流はインドにあることは言うまでもなく，中国，朝鮮半島の仏教文化の影響を受けつつ，日本において開花したのである。

「五十音図」

　「五十音図」は，誰もが最初に習い，辞書の配列にも採用されており，その並びを疑う人はいないであろうが，その並びはどうして決められたのだろうか。実は，それがインドに関係しているのである。

　「はは（母）には二度あひたれども，ちち（父）には一度もあはず」という古い謎々の答えが「唇」だと言ってもぴんとこないであろう。この謎々ができた当時の日本語の発音では，「母」は「fafa」あるいは「papa」のように唇音であったことを示しているのである。「あいうえお」は，インドの古典語であり仏教典籍の言語でもあるサンスクリット語の母音の配列に一致するし，「あかさたな　はまやらわ」の行も，サンスクリット語の文字配列（図10-6）を基本として，当時の日本語の発音に適用させた「アカチャタナ　パマヤラワ」であったのである。

「いろはうた」

　一方，五十音図よりもさらに早く，「いろはうた」が手習い歌として知られていた。

　　いろはにほへと　ちりぬるを　わかよたれそ　つねならむ
　　うゐのおくやま　けふこえて　あさきゆめみし　ゑひもせす
　　いろはにほへと（色は匂へど）　　ちりぬるを（散りぬるを）
　　わかよたれそ　（我が世誰ぞ）　　つねならむ（常ならむ）
　　うゐのおくやま（有為の奥山）　　けふこえて（今日越えて）
　　あさきゆめみし（浅き夢見じ）　　ゑひもせす（酔ひもせず）

第Ⅱ部　ユーラシアの交流

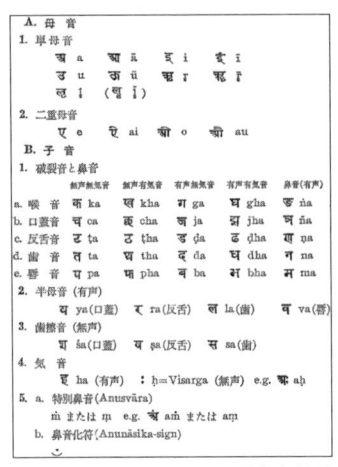

図10-6　サンスクリット語文字配列
（出所）辻直四郎『サンスクリット文法』
　　　　岩波書店、1974年、1-2頁。

妙なる香りを発して咲き誇る花ではありますが、これもいずれは散りうせねばなりません。ものはすべて、かように無常なるものであります。いったい何が無限の存在を保ち得ましょうぞ。いったい誰が永遠の栄華を続け得ましょうぞ。

生滅変化する無常の世界を、今日ここに越え過ぎることができたからには、表面の華やかさに惑ってありもしないものを夢見、刹那でしかない世界を常と酔いしれる、こんなことはもはや決してありはしないでしょう。（相馬一意訳『仏教がわかる本』伝道新書13、教育新潮社、1992年、138-139頁）

「いろはうた」は、日本語言語文化の粋とも言える作品で、日本語版完全パングラム（pangram）である。弘法大師空海作とされるが、作者不詳である。

47の仮名を重複することなくすべて使用して、「今様」という形式（七五を4回繰り返す）を守り、しかも（大乗）『涅槃経』に登場する以下の「無常偈（雪山偈）」の日本語訳とも言える歌が作られたことは、奇跡と言ってよい。

諸行無常　　諸行は無常なり
是生滅法　　これ生滅の法
生滅滅已　　生滅し滅し已りて
寂滅為楽　　寂滅を楽となす

この無常偈は、仏教の旗印である「諸行無常」「諸法無我」「涅槃寂静」（三法印）ともかかわっており、「いろはうた」によって、仏教的精神が継承されてきたのかもしれない。

「いろはうた」は、辞書配列にも採用されたり、近代に至るまで広く手習い

歌として用いられた。文献上に最初に見出されるのは1079年成立の『金光明最勝王経音義』であり、「大為爾の歌」で知られる970年成立の源為憲『口遊』では、同じ手習い歌として「あめつちの歌」については言及していても、「いろは歌」のことはまったく触れられていないことから、10世紀末〜11世紀中葉に成ったものと思われる。

一方、英語のアルファベット26文字のパングラムとして代表的なものは、コンピュータのフォントリストでも馴染みの深い"The quick brown fox jumps over the lazy dog."（すばしっこい茶色の狐はのろまな犬を飛び越える）であるが、母音の重複があり35文字であって完全パングラムではなく、意味も深みに欠けるきらいがある。

カタカナ（片仮名）

ひらかなとカタカナは、どちらも中国起源の漢字から作成された文字である。特にカタカナは外来語の音写に便利な文字として使用されているが、その起源が仏教にあることは意外に知られていない。

『日本国語大辞典第二版』（小学館）には、

> 「（「かた」は完全でない、一部分の意。「かな」は「かりな」の転）①国語を書き表わすのに用いる音節文字で、四十八個を一組とする。平安初期に、南都仏教の学僧たちの間で、経文に訓点を加えるために万葉がなを簡略化して用いたところに発すると考えられている。平安時代には、その字源、その省略法がさまざまで、字体に統一がなかったが、次第に整理され、明治三三年（一九〇〇）に小学校令施行規則で現在通用の字体が定まった。（中略）ひらがなが主として万葉がなの草書体に発したのに対し、かたかなの多くは省筆によるので、これを略体がなとよぶこともある」

とある。

日本で創始されたかどうかは別として、日本の南都仏教の学僧たちによって、おそらくは仏典の学習や講義録の速記のために漢字の一部を用いて作られた文字が、一般に取り入れられて普及していったのであろう。「カタカナ」は、元

来，仏教という外来宗教を日本語で解釈したり，音を表記したりするために作られたのであるから，現在，コンピュータ用語や，政治・経済用語など，外来語を音写する文字として使用されていることは理由のあることであろう。

仏教語と日本語

　人間・世界・有頂天・金輪際，愛・慈悲，挨拶・玄関，四苦八苦，我慢，大丈夫，縁起，方便，不思議，分別，意識，魔・邪魔，旦那，億劫などは，日本語の中にとけ込んでしまって，仏教語であることさえ意識されなくなった言葉である。「縁起」については，釈尊の悟りの内容とも，仏教の中心的思想とも言われ，他宗教と仏教とを峻別する重要な用語でありながら，縁起が良い・悪いというように，吉凶・禍福の起こる兆し，前兆といった意味で使われている。また，「平等」や「宗教」のように，元来は仏教語であったが，西洋の言葉の翻訳語として用いられるようになった言葉もある。

　「おかげさま」は，可視・不可視を問わず，対象を特定しないで，自己があらゆる命によって支えられていること，つまり「縁起」のあり方を一言で示す表現であると言えよう。若年層は用いなくなってきたが，英語などのヨーロッパの言語には直訳できない優れた言葉の1つである。

　「もったいない」は，仏の慈悲・救済を自己の上に感得し「畏れ多い」という意味で用いられてきたが，2004年にノーベル平和賞を受賞したワンガリ・マータイ（Wangari Muta Maathai, 1940年～）が，主として環境問題の場面で用いたことから，現代用語として復活した。

　以上，日本語の中の文字も，語彙も，語順も，あらゆる意味で，仏教は言語文化の中に重要な役割を果たしてきたことが分かる。

■参考文献■

上山大峻『仏教を読む——釈尊のさとり親鸞のおしえ』本願寺出版社，1991年初版，1996年第4版。

桂紹隆『インド人の論理学』中央公論社，1998年（中公新書1442年）。

金岡秀友・柳川啓一監修『仏教文化事典』佼成出版社，1989年。

菅沼晃編『講座仏教の受容と変容1　インド編』佼成出版社，1991年。

第 10 章　南アジア・中央アジアからの仏教の伝播と交流

中村元『原始仏教　その思想と生活』(NHK ブックス)，日本放送出版協会，1970 年。
中村元・田辺祥二著，大村次郷写真『ブッダの人と思想』(NHK ブックス)，日本放送出版協会，1998 年。
中村元・福永光司・田村芳朗・今野達編『岩波・仏教辞典［第 2 版］』岩波書店，2002 年。
奈良康明『仏教と人間——主体的アプローチ』(東書選書 136)，東京書籍，1993 年。
ひろさちや『日本語になった仏教のことば』講談社，1988 年。
宮治昭『仏像学入門——ほとけたちのルーツを探る』春秋社，2004 年。
森安孝夫『シルクロードと唐帝国』(興亡の世界史 05)，講談社，2007 年。

索　引
（＊は人名）

ア　行

赤米　65
飛鳥　216, 218, 220, 221
預け牛（馬）　71
＊有賀長雄　6
二里頭文化　78, 90
＊アレクサンドル1世　176, 178, 184
＊アレクサンドル2世　189
イコン　189-191
イスラーム　38, 158, 159, 215, 217, 221, 222, 226, 230, 232, 233, 236, 245, 248, 255-257, 260
稲作文化圏　66
稲刈り　60
＊井上哲次郎　6
＊イブン・バットゥータ　14
移民社会　23, 24
移民ネットワーク　29
イルクーツク　166, 167, 169, 170, 175, 176, 178, 181, 183
いろはうた　244, 265, 266
インド系移民　11
＊ヴァリトン　170
ウイグル人　255
雨季稲作　54
浮稲　52, 60, 61
ウルチ米（粳米）　64
岳石文化　82, 90
＊エカテリーナ2世　176-178
エルトゥールル号（事件）　228, 235, 240, 234
エルミタージュ　190, 191
エレキブーム　122, 130, 133, 140, 144
王子製紙　111
欧州連合（EU）　194, 207, 209, 211
＊大谷光瑞　258, 259
大谷探検隊　244, 258, 260
＊大槻玄沢　181

大津事件　191
ODA　236
後李文化　81
オリエンタリズム　98
温帯稲作　54

カ　行

夏王朝　74, 80
カザーク（コサック）　163, 165, 172, 174
貸し牛（馬）　71
華人系移民　11, 12
＊桂川甫周　175, 181
カトリック　161, 171, 172, 188, 196
＊カニシュカ王　253
＊カミゾノ・モリノスケ　101, 102
亀形石水槽　218-220
＊加山雄三　126, 127, 131, 133, 136, 137, 141
刈穂祭　49
カレン族　53
『環海異聞』　177, 180
乾季稲作　52, 54
環壕系集落　73, 74
環壕集落　75
環壕集落遺跡　73, 75, 82, 86
漢字文化圏　9
ガンダーラ　215, 252, 253
＊金士衡　16
曲轅犂　47, 57
＊キング, T.　105
クメール族　51
＊クルーゼンシテルン, I.　180
グループサウンズ（GS）　122, 127, 135, 137, 141-144
グローカル　27, 38
グローバル化（グローバリゼーション）　25, 26, 32, 37
解脱　246, 250
原始キリスト教　188

索 引

元文の黒船　170
高台山文化　91
工部美術学校　189
五縁　34
五十音図　244, 265
胡椒　256, 257
胡椒交易　11
コメコン（COMECON）　206
コメ文化　55
＊ゴロヴニーン（ゴローニン），V.　182, 183, 186, 192
混一疆理歴代国都之図　13-15
＊ゴンザ　166, 167, 170, 192
昆布の道　10

サ 行

サーサーン朝　214, 216, 262
＊斉明天皇　217-219
酒船石　218, 220
＊阪本寧男　65
＊佐々木高明　65
＊サニマ　164, 165, 169
サブカルチャー　120, 121, 123, 125, 134, 144
＊澤辺琢磨　186
＊三八（アンドレイ・タターリノフ）　168
シーア派　159, 221, 226
ジェー・フォース　112, 113
＊志賀重昻　104
自然景観　44
＊柴四郎　6
＊司馬遼太郎　180
＊シパンベルグ，M.　169, 170
夏家店下層文化　75, 89-91
夏家店上層文化　89
JICA　235, 236
小珠山上層文化　93
小珠山中層文化　93
小河沿文化　87, 89, 90
小河西文化　86-88
ジャズ　119-125, 127, 129, 135, 137, 142
＊シャバーリン，D.　169, 170, 177
ジャバニカ　53
ジャポニカ　53

商文化　78, 90
宗族　30, 35
上位文化　9, 11
城郭系集落　74, 75
上座仏教　246-248, 250
正倉院　158, 215, 216, 221, 225
縄文時代　93
条里田　58, 59
初期鉄器時代　74
新移民　31, 32, 34, 40
神昌丸　175
深水稲　52
新石器時代　74, 75, 81, 92-94
人文景観　44, 45
興隆窪文化　86, 88, 89
水タイ族　50, 51, 54
水田跡　92
水田養鯉　51
スーフィー　231, 232
スーフィズム　232
＊菅江真澄　168
犂　56, 59, 70
スパイダーズ　129, 136-140, 142
スミレーニエ　190
スンナ派　159, 231, 233
正教（ギリシア，ロシア）　161, 162, 164, 171, 174, 178, 185-190, 196, 198, 199, 211
青銅器時代　75, 80
『斉民要術』　47, 49
赤飯（おこわ）　66
戦国時代　75
＊善六（ピョートル・キセリョーフ）　178, 180, 182, 183
＊ソウザ　165-167
ソグド人　216, 255, 256
ゾロアスター教　38, 214, 217, 219, 225, 230, 255, 257, 260

タ 行

ダイアスポラ　24, 26, 27, 31
＊大黒屋光太夫　169, 175-177, 181, 192
大乗仏教　246-250, 252
田植え　60

271

大汶口文化　79, 82-85
＊高田屋嘉兵衛　180, 182, 192
　多賀丸　167-169, 175, 176
　多文化主義　24, 29, 113
　炭化米　92
　短床犂　71
　短粒米（ジャポニカ種）　54
　地域文化　4, 16, 17, 27, 38
　千島列島　162, 165, 167, 184
　地政文化　4
＊チノコウギン　101
　趙宝溝文化　87, 88
　中欧　201-210, 212
　中華文化　9
　屈家嶺文化　79
　長安　149
　朝貢貿易　10, 11
　潮州　34-36
　長床犂　57, 71
　朝鮮通信使　150-152
　長粒米（インディカ種）　54
＊チンギス・ハーン　14
＊月川喜代平　101
　津太夫　169
　蹄耕　54
＊ティムール大帝　14
＊鄭和　14
　寺内タケシ　126-131, 133, 137, 140
＊デンベイ　164, 165, 171, 192
＊東海散士（柴四郎）　5, 6
　動乱時代　172
　トーキョー・サウンド　139
　トハリスタン　215, 217, 229, 231
＊鳥居龍蔵　58

　　　　　ナ　行

＊ナーセロッディーン・シャー　222, 223, 226, 229
　ナロードニキ　189
＊ニコライ（皇太子，2世）　191
＊ニコライ（主教，大主教）　185-187, 189, 191, 192
　ニコライ堂　187, 190, 191

＊ニコラス　171-173
　日露修好通商条約　185
　日露通好（和親）条約　184, 193
　日本語学校　166, 167, 170, 183
　『日本滞在日記1804-1805』　181
　日本ハリストス正教会　185, 187, 191
　『日本幽囚記』　183, 186
　熱帯ジャポニカ種　54
　ネットワーク　22-26, 29, 30, 33-38, 40, 41
　野鍛冶　60
＊野田アサジロウ　100, 101
＊ノダ, M.　100, 101, 109

　　　　　ハ　行

　バーミヤン　215, 217, 229
　海岱文化区　81
　廃仏　263, 264
　白水境　171, 173
　白凛居　192
　パケハ　98, 99, 103, 104
　ハニ族　49, 50, 66, 70
＊ハンサード, A.　105
　藩周楨　6, 8
＊ハンチントン, S.　200, 201, 203, 205, 207
＊伴野兄弟　109, 111
　ビートルズ　121-123, 126, 130, 131, 136-138, 140, 142, 143
＊ピョートル1世（大帝）　160, 162, 163, 165, 169, 171, 174, 177, 178
　ヒンドゥー教　40, 245, 248-250
　花腰タイ族　54
　富河文化　89
　フェザーストン事件　109
＊フェノロサ, E.　191
＊フォンタネージ, A.　189
＊福沢諭吉　7, 8
＊プチャーチン, E.　184, 185, 187
　仏教公伝　262
　福建　34, 38, 41
　ブルーコメッツ　137-139, 141, 142
　ブルージーンズ　128, 129, 140
＊古川宣誉　223, 226-229
＊プレスリー, E.　124, 132, 134

索 引

文化ネットワーク　24, 32, 34, 37, 40, 41
文化魯寇　181
分離派　173, 174
平安京　149
平城京　149
北辛文化　81
ベーリング　169
戸田　185
ヘダ号　185
ペテルブルク（サンクトペテルブルク）　163, 165-167, 176, 178, 180, 189, 200, 222
＊ベニョフスキー, M.　170
＊ペリー, M.　160, 183, 184
ペルシア文化　215, 216
ペルシア文明　214
ペルセポリス　214, 225
ベルリンの壁　194, 195, 200, 201, 205, 209
ベンチャーズ　125-135, 138, 141
『北槎聞略』　176, 177, 181
牧畜　58, 70
ポップス　119-121, 123, 124, 126, 131, 135, 136, 138, 142-144
ポピュラー音楽　119-123, 126, 127, 132, 134, 135, 137, 144
紅山文化　87, 89

マ 行

マオリ人　96-100, 103, 104, 109
媽祖　38
＊マルコ・ポーロ　14
＊宮田峯一　104
苗族　66, 70
無床犁　57, 71
＊メージャー, F.　105
モチゴメ（糯米）　64
モチ文化　65
＊森浩一　58

ヤ 行

＊山下りん　188-192
弥生時代　75

ヤルタ会談　202, 204
仰韶時代　80
仰韶文化　77-79
楊家圏文化　82
＊吉田正春　213, 222, 225, 226, 229, 234
＊吉野作造　103, 104

ラ 行

＊ラクスマン, A.　169, 177, 178
＊ラクスマン, K.　175-177
洛陽　149
＊ラング, S.　106
陸稲　53
＊リコルド, P.　182, 192
琉球　29, 41
＊梁啓超　6
旅順博物館　260, 261
輪廻　246, 250
『レクシコン（露日辞典）』　168
＊レザーノフ, N.　169, 176, 178, 180, 181
＊レドヤード, G.　15
ローマ帝国　196, 197
ローリングストーンズ　123, 130, 135, 136, 138-140, 143
ロック　119-124, 126, 129, 135, 136, 139, 144
露日新辞典（新スラヴ・日本語辞典）　166
龍山時代　74, 79, 80, 82, 83, 93
龍山文化　78, 82, 83, 85, 90, 93

ワ 行

ワイタンギ条約　98, 102
ワイルドワンズ　137, 138, 140-142
若潮丸　165
若宮丸　178, 181, 192
渡辺プロ（ナベプロ）　125, 128, 134, 137, 139, 141, 142
＊渡辺美佐　123-125, 132, 136
＊渡部忠世　65
ワラ細工　62
ワラすぐり　61

《執筆者一覧》

松原広志（まつばら・ひろし）編著者，第Ⅱ部リード文，第7章
    編著者欄参照。

須藤　護（すどう・まもる）編著者，第Ⅰ部リード文，第2章
    編著者欄参照。

佐野東生（さの・とうせい）編著者，第Ⅱ部リード文，第9章
    編著者欄参照。

濱下武志（はました・たけし）序章，第1章
    龍谷大学研究フェロー，東京大学名誉教授。

徐　光輝（Xu Guanghui）第3章
    龍谷大学国際文化学部教授。

チャプル・ジュリアン（Chapple Julian）第4章
    龍谷大学国際文化学部准教授。

マイケル・ファーマノフスキー（Michael Furmanovsky）第5章
    龍谷大学国際文化学部准教授。

泉　文明（いずみ・ふみあき）第6章
    龍谷大学国際文化学部教授。

キグリチュ・イシュトヴァーン（Kiglics István）第8章
    龍谷大学国際文化学部教授。

アイスン・ウヤル（Aysun Uyar）第9章
    人間文化研究機構総合地球環境学研究所助教。

三谷真澄（みたに・ますみ）第10章
    龍谷大学国際文化学部准教授。

《編著者紹介》

松原広志（まつばら・ひろし）
　1942年　生まれ。
　1971年　京都大学大学院文学研究科西洋史専攻博士課程修了。
　現　在　龍谷大学名誉教授。
　主　著　『ロシア・インデリゲンツィヤ史』ミネルヴァ書房，1989年。
　　　　　『ロシア近現代史』（共編著）ミネルヴァ書房，1999年ほか。

須藤　護（すどう・まもる）
　1945年　生まれ。
　　　　　武蔵野美術大学造形学部建築学科卒業。
　　　　　博士（歴史民俗資料学）（神奈川大学）。
　現　在　龍谷大学国際文化学部教授。
　主　著　『木の文化の形成』未来社，2010年ほか。

佐野東生（さの・とうせい）
　1965年　生まれ。
　1995年　ハーヴァード大学修士課程修了。
　2001年　慶應義塾大学文学研究科博士課程修了。
　　　　　博士（法学）（龍谷大学）。
　現　在　龍谷大学国際文化学部教授。
　主　著　『近代イラン知識人の系譜』ミネルヴァ書房，2010年ほか。

　　　　　　　文化交流のエリアスタディーズ
　　　　　　　――日本につながる文化の道――

2011年6月20日　初版第1刷発行　　　　　　　　　　検印廃止
　　　　　　　　　　　　　　　　　　　　　定価はカバーに
　　　　　　　　　　　　　　　　　　　　　表示しています

　　　　　　　　　　　　松　原　広　志
　　　　　編著者　　　　須　藤　　　護
　　　　　　　　　　　　佐　野　東　生
　　　　　発行者　　　　杉　田　啓　三
　　　　　印刷者　　　　林　　初　彦

　　　　　発行所　株式会社　ミネルヴァ書房
　　　　　　　607-8494　京都市山科区日ノ岡堤谷町1
　　　　　　　　　　　電話代表　（075）581-5191番
　　　　　　　　　　　振替口座　01020-0-8076番

　　©松原・須藤・佐野ほか，2011　　　　太洋社・藤沢製本

　　　　　　ISBN978-4-623-05965-2
　　　　　　　Printed in Japan

近代イラン知識人の系譜
――――――――――――佐野東生著　四六判　400頁　本体3800円
●タキーザーデ・その生涯とナショナリズム　一知識人の生涯から，近現代イランの成立史を見通す。

芸術・メディアのカルチュラル・スタディーズ
――――――――――佐々木英昭／松居竜五編著　A5判　258頁　本体2800円
●国境を超えて媒介する芸術，芸術するメディア。あらゆる文化的つながりを解きほぐそうとする試み。

文化社会学入門
――――――――――――井上　俊／長谷正人編著　B5判　244頁
●独自のアイディアを摑むためのヒント集　文化社会学が扱うさまざまな具体的テーマとそれをうまく扱うためのツールを厳選し，解説した，斬新な入門書。

現代文化の社会学　入門
――――――――――小川伸彦／山　泰幸編著　A5判　298頁　本体2800円
●テーマと出会う，問いを深める　お笑いなどの14のテーマを社会学的に読み解き，調査・立論を舞台裏から学ぶ。

文化社会学の視座
――――――――――南田勝也／辻　泉編著　A5判　328頁　本体2800円
●のめりこむメディア文化とそこにある日常の文化　現代文化を実証的・経験的にとらえるための案内の書。

―――ミネルヴァ書房―――
http://www.minervashobo.co.jp/